2012 年度教育部人文社会科学重点研究基地重大项目
"民族地区教育优先发展的法律保障问题研究"
（项目编号：12JJD880001） 最终研究成果

民族地区教育优先发展法律保障研究

李　祥　陈恩伦　著

中国社会科学出版社

图书在版编目(CIP)数据

民族地区教育优先发展法律保障研究 / 李祥,陈恩伦著. —北京:
中国社会科学出版社,2016.5
ISBN 978-7-5161-8333-5

Ⅰ.①民… Ⅱ.①李…②陈… Ⅲ.①民族地区—少数民族教育—
法律保护—研究—中国 Ⅳ.①G759.2②D922.164

中国版本图书馆 CIP 数据核字(2016)第 123956 号

出 版 人	赵剑英
责任编辑	孙铁楠
责任校对	林福国
责任印制	张雪娇

出 版	中国社会科学出版社
社 址	北京鼓楼西大街甲 158 号
邮 编	100720
网 址	http://www.csspw.cn
发 行 部	010 - 84083685
门 市 部	010 - 84029450
经 销	新华书店及其他书店

印 刷	北京君升印刷有限公司
装 订	廊坊市广阳区广增装订厂
版 次	2016 年 5 月第 1 版
印 次	2016 年 5 月第 1 次印刷

开 本	710×1000 1/16
印 张	16
插 页	2
字 数	263 千字
定 价	59.00 元

前　言

　　法律具有规范性、普遍性和强制性特征，因此在促进民族地区教育优先发展战略落实过程中具有不可替代的重要作用。我国民族地区教育优先发展相关问题在《宪法》《民族区域自治法》《教育法》等诸多法律文本中得以直接或间接体现，近些年来，通过加强民族教育立法，落实教育优先发展战略，进而促进民族地区社会经济发展和保障少数民族教育发展权，已经成为学界共识。可以说，民族地区教育优先发展是民族地区社会经济发展的经验总结和时代需要，也是学界的广泛共识和社会自觉愿望；而民族地区因其地理、历史、文化等的复杂性和差异性，教育发展具有特殊诉求。但在民族地区教育优先发展法律保障机制逐渐形成的背景下，人们却质疑现有法律保障机制未能在民族地区教育优先发展过程中发挥预期的保障作用和法律价值，对这些问题的回应，关系到对法律保障机制在民族地区教育发展过程中价值和功能的定位，进而影响到民族地区教育优先发展的方向和路径选择。

　　正是基于此，本研究从实践基础、法理分析、立法保障、法律实施、法律实效、法律保障机制重构等多个角度，系统地对民族地区教育优先发展法律保障问题进行分析，以求为新时期民族地区教育优先发展战略转型寻找新的突破口和应对之策。第一，在实践基础问题上，我们提出法律保障机制要直面民族地区教育发展现实难题，适应社会转型期发展的新需要和新诉求；第二，民族地区教育优先发展的法理分析，涉及法律价值分析和内涵界定两个基本问题；第三，民族地区教育优先发展法律实践问题可以从立法保障、法律实施和法律保障实效三个方面展开讨论，其中立法保障使民族地区教育优先发展利益协调和秩序安排具备合法性和合理性，法律实施作为民族地区教育优先发展立法的价值和目标转化为实际效果的动态过程，是位于立法保障与法律实效之间的中介环节，法律保障实效讨论法律制度是否实现了法律价值和达到了预期的立法目标，这是重构民族地区教育优先发展法律保障机制的现实依据；第四，民族地区教育优先发展法律保障机制的重构应以保障教育发展权为逻辑起点，重点优化立法保障机制、法律实施路径、法律机制运行环境三个问题。

我们始终认为，无论民族地区教育发展的社会背景如何变迁，优先发展民族地区教育事业的战略定位不会改变，基本内涵也不会改变。但是我们也清醒地认识到，民族地区教育事业发展还存在诸多问题，在不同的历史阶段，民族地区教育事业发展有着自身阶段性、差异性的发展诉求，从时代诉求角度讲，当前民族地区不同类型、阶段教育发展的定位也显示出差异性，《国务院关于加快发展民族教育的决定》（国发〔2015〕46 号）（以下简称《决定》）对当前民族地区各级各类教育办学水平提出了明确的提升要求，即加快普及学前教育、均衡发展义务教育、提高普通高中教学质量、加快发展中等职业教育、优化高等教育布局和结构、积极发展继续教育、重视支持特殊教育。《决定》还提出今后相当长一段时期，我国民族地区教育事业发展的基本原则是五个坚持，即坚持中国共产党的领导、坚持缩小发展差距、坚持结构质量并重、坚持普特政策并举、坚持依法治教。不仅如此，《决定》明确提出要依据国家法律法规，运用法治思维和法治方式深化民族教育综合改革，扎实推进教育行政部门依法行政、学校依法治校，加强法治教育，增强各民族师生法律意识。应该说，坚持依法治教原则的提出为民族地区教育优先发展法律保障机制变革提供了重要的指导思路和路径指向，值得我们进一步关注。在本书的最后，我们对研究存在的不足和展望提出了自己的思考，在后续研究中将继续深入讨论。

目　录

绪　　论

一　民族地区教育优先发展法律保障的问题提出

作为一个多民族的社会主义国家，我国 55 个少数民族拥有 1.14 亿人口，在历史进程中，少数民族逐渐形成了大杂居、小聚居的居住特点；同时，民族自治地方占我国国土面积的 63.75%，9 个省、自治区与 17 个国家和地区接壤，超过 30 个民族属于跨境民族，民族问题的复杂性决定了党和政府必须坚持民族团结和平等，尊重民族地区自治权利，实现各民族共同发展进步的民族政策，这是中国社会主义发展道路的本质要求和社会主义现代化建设需要的现实反映。教育是民族地区社会经济发展的全局性、基础性和先导性事业，这决定了加快民族地区社会经济发展需要把教育放在优先发展的位置，但是与国家长期以来一直强调教育优先发展战略形成鲜明对比的是，民族地区因其地理、历史、文化等的复杂性和差异性，教育优先发展诉求又具有特殊性。学界普遍认为，法律因其具有的规范性、普遍性和强制性特征，在促进民族地区教育优先发展战略落实过程中具有不可替代的重要作用，但是在民族地区教育优先发展法律保障机制逐渐形成的背景下，无论是理论层面还是实践层面，人们却质疑现有法律保障机制未能在民族地区教育优先发展过程中发挥预期的保障作用和法律价值，具体而言又涉及三个方面，一是民族地区教育优先发展立法内容偏离民族地区教育发展的实际需要，二是民族地区教育优先发展法律实施没有全面落实教育优先发展相关立法要求，三是民族地区教育优先发展法律保障实效不佳，受多方面因素影响，法律保障机制作用有限。对这三个问题的回应，关系到对法律保障机制在民族地区教育发展过程中价值和功能的定位，进而影响到民族地区教育优先发展的方向和路径选择。

（一）民族地区教育优先发展立法保障与民族地区教育发展现实诉求脱节

从立法保障角度看，教育优先发展战略已成共识，民族地区教育优先发展也被法律认可，但民族地区教育优先发展具体实施路径缺乏法律的明确规定，民族地区和少数民族特殊性的教育发展诉求没有得到彰显。

一方面，目前民族地区教育优先发展立法保障更多是提出民族地区教育发展的"优先原则"，但"为什么优先"的问题解决了，教育优先发展战略目标是什么却仍然没有得到厘清，这导致一些地区"教育优先发展"仅仅演变成一种宣示性的口号和形象工程，推进教育优先发展战略还没有形成一种规范和制度。教育优先发展战略是指，"在国家和社会的发展中，以教育的发展作为核心动力和主导因素，以提高人的素质、培养人才和提高知识贡献为主要措施，带动科技的发展，从而促进经济和社会的整体发展"。[1] 教育优先发展战略相比其他发展战略（例如工业主导型、市场主导型等），具有知识性、文化性、跨越性、和平性等特征[2]，优势十分明显，因而受到当前世界各国的青睐，也成为我国现代化建设中的基本共识。然而从立法实践层面来看，虽然我国从中央到地方，围绕教育优先发展战略出台了相关制度规定和许多具体措施，但是由于将教育优先发展问题立足于一个简单因素的逻辑推导之上，措施呈现随意性和零散化，许多具体落实措施都是针对教育发展中出现的具体问题临时出台的方案。如推进民族地区教育优先发展战略的过程中，增加教育经费投入成为当地政府、学校、教师和社会人士最强烈的呼吁，似乎给我们形成了这样的一种错觉，教育优先发展就是经费优先，教育发展不好就是经费投入力度不足。

另一方面，民族地区教育优先发展立法保障必须回应解决谁的诉求、什么诉求的问题，这既是民族地区教育发展现实目标界定的需要，也是明确法律保障机制在民族地区教育优先发展中功能和价值的首要问题，但是民族地区教育优先发展具有鲜明的阶段性特征，回答这一问题又是十分困难的。自 1997 年党的十五大确立教育优先发展为核心的科教兴国战略以来，"促进教育发展和教育公平"一直是教育优先发展相关研究的重点，

---

① 孙霄兵：《教育优先发展法理研究》，教育科学出版社 2007 年版，第 264 页。

② 同上书，第 275—276 页。

教育发展具有长期性和动态性，因此教育优先发展自然是教育研究中的永恒主题，但在不同阶段实际情况和阶段任务不同，其讨论的视角会有区别，可以说，教育优先发展与和谐社会构建、与科教兴国、与西部大开发、与小康社会构建等的关系讨论都显示出鲜明的时代特征。在社会转型时期，回答民族地区教育优先发展要解决谁的诉求这一问题，就涉及民族地区教育发展权利是个人发展权利还是集体发展权利的争论，作为个人发展权利，受教育者个体的教育成就是教育优先发展的最高目标，作为集体发展权利，少数民族群体的整体教育水平进步是最高目标，在理想化的状态下，我们自然希望能实现少数民族个体与群体的教育共同发展，但是，限于教育条件的相对有限性，个人与集体的矛盾始终存在。以高层次少数民族骨干计划为例，许多通过骨干计划培养的人才，为了自身的进一步发展和良好的工作环境，宁愿缴纳高额的违约金也要"东南飞"，个人发展权利得到保障了，但其对民族地区群体的促进和影响实在有限，有学者就此认为"外在的政治经济环境及毕业生内在的价值观念取向影响学生的就业抉择"[1]，2015 年起骨干人才计划取消了少数民族骨干可以违约的规定[2]，显示出对民族地区教育优先发展在解决谁的诉求问题上的摇摆性；与此同时，社会转型时期民族地区教育优先发展还需要进一步回答"什么诉求"的问题。民族地区教育资源如何配置直接反映了民族地区教育优先发展的内容，我们已经意识到，当前民族地区教育资源配置的问题已从早期的增加投入变成了教育资源如何优化问题，特别是民族地区汉族人口占相当大的比例，但许多民族优惠政策只针对少数民族，一些汉族群众为了获取这些教育资源，不惜更改自己的民族身份，例如近年来出现的高考民族身份造假问题。民族地区教育资源的配置方式反映出对民族地区教育发展权利是区域发展权利还是民族发展权利的争议，即使在民族地区内部，也同样存在教育差距的问题，例如有学者提出"虽然中国西部少数

---

①　朱志勇：《向思·凤凰为何不还巢？——"少数民族高层次人才计划"学生违约个案研究》，《清华大学教育研究》2013 年第 2 期。

②　与以往教育部拟定的《少数民族高层次人才骨干研究生招生计划的通知》相比，2015 年的文件最明显不同之处是明确规定："学生毕业后，必须按协议回定向地区和单位就业，不得违约"，2016 年的文件再次强调"骨干计划学生毕业后，必须履行协议回定向地区和单位就业，不得违约"。

民族的教育获得仍显著落后于汉族，但其教育不平等更多地来自城乡和阶层之间的差异"①。在社会转型时期，推进民族地区教育优先发展战略过程中如何兼顾区域发展需要和民族发展需要将是一个必须认真对待和回应的问题。

（二）民族地区教育优先发展的法律实施与立法目标有偏差

不仅民族地区教育优先发展立法保障机制没有彰显民族地区教育发展的特殊性诉求，即使是已有的相关教育优先发展法律条款，在法律具体落实过程中也存在偏差的问题，主要表现为象征性实施偏差、选择性实施偏差、替代性实施偏差等几个方面，排除法律制度本身的可操作性因素和监督制度外，我们认为，这些实施偏差的核心在于相关法律制度的实施并不遵循法律制度的实施逻辑，而是利益群体的逻辑，在民族地区，因为文化差异，还体现出实施的文化逻辑。在实践中我们发现，片面理解教育与经济的关系以及对教育优先发展战略目标的理解偏差，造成民族地区教育发展过程中的"等靠要"思想。出于群体利益逻辑的思考，民族地区教育发展存在短视和滞后的问题，在实践中，能够直接看见的基础设施建设、短期内收效最快的升学率等往往成为民族地区教育发展乐于追求的重点目标。在许多媒体上我们都可以看到这样的标题，"坚持教育优先发展，办人民满意的教育""坚持教育发展，促进教育公平""确立教育优先发展，推进教育强市行动计划"，甚至"坚持教育优先，建设美好家乡"，似乎"优先发展是个筐，什么都能里面装"，作为一种象征性的口号，至于教育优先发展是什么优先、怎样优先，已经显得并不重要了。造成这种现象的原因，一是基于当前政府绩效评价方式的功利性和短期性，教育本身又具有长期性和滞后性，很难在短时间收效；二是教育发展深受社会各种因素共同影响和作用，而一些地区存有将教育视为经济的附属物的消极思想，因此教育优先发展战略的落实逐渐演变为一种象征口号或者面子工程。此外，民族地区教育优先发展还受到文化逻辑的阻碍，民族地区的宗教、文化、语言等对法律实施都产生了影响，从法理上看，少数民族教育发展权问题是民族地区教育优先发展的主要法律问题之一，但教育与社会

---

① 洪岩璧：《族群与教育不平等：我国西部少数民族教育获得的一项实证研究》，《社会》2010 年第 2 期。

其他子系统关系呈现复杂性和交叉性等特征，少数民族教育发展权问题还涉及语言权、文化权等，民族地区的道德、风俗、宗教、文化等差异性在很大程度上对教育优先发展相关法律的实施产生了积极或者消极的影响，导致法律实施与立法目标的偏差。

（三）民族地区教育优先发展法律保障实效不佳

随着民族地区教育优先发展战略的落实，民族地区与非民族地区教育发展差距已明显缩小，但与此同时，学界却对法律保障实效并不满意，除了提出民族地区教育发展过程中存在的教育投入、教育基础设施、人才培养和使用、教育与地方社会发展的契合等问题外，许多学者还提出当前民族地区教育优先发展与非民族地区同质化的问题，认为民族地区教育发展权缺乏专门的法律保障，少数民族特殊的教育需求、文化需要及民族地区社会经济发展的现实诉求没有得到彰显。

民族地区教育优先发展问题源于民族地区与其他地区教育发展的差距，改革开放初期，受经济物质条件、教育体制及教育自身特性的制约，关于民族地区教育优先发展的重要切入点是基于各类学校办学经费短缺、一些地方拖欠中小学教师工资严重等具体问题提出来的，主要涉及教育经费投入、师资配置、校舍修缮等方面，总体上，通过加大教育投入缩小教育差距成为许多民族地区教育发展过程中的优先选择。进入 21 世纪后，民族地区教育经费投入力度逐步加大，特别是 2012 年我国实现国家财政性教育经费支出占国内生产总值比例 4% 目标实现后，教育资源分配逐渐向民族地区和贫困地区倾斜，教育公平法律保障实效明显提高。教育"十二五"规划明确提出"优先支持民族地区教育发展"，党的十八大进一步提出要"将教育资源向民族地区倾斜，促进民族地区经济社会又好又快发展"，2013 年国务院转发《关于实施教育扶贫工程意见》提出"集中连片特困地区要加快教育发展和人力资源开发，到 2020 年使片区基本公共教育服务水平接近全国平均水平"的目标，2015 年国务院《关于加快发展民族教育的决定》提出力争到 2020 年，民族地区教育整体发展水平及主要指标接近或达到全国平均水平，党中央、国务院明确作出了"决不让一个少数民族、一个地区掉队，推进民族教育全面发展"的庄严承诺。这一系列的政策宣示和利益倾斜，进一步明确了民族地区教育优先发展的战略地位。随着加大教育经费投入、改善办学条件、加强师资队伍建设等一系列强有力措施的推进，民族地区教育得到了很快发展，民族地区与教育发达地区的教育差距逐渐缩小。可以说，在新时期，民族地区迎来了教育事业发展的春天。而正当我们为所取得的成绩欢欣鼓舞时，民族地区教育发展同质化的问题又慢慢凸显，有学者提出教育同质化"在一定程度上促进了教育的普及与均衡，但也导致了教育和受教育者的工具性异化"①。民族地区教育发展同质化造成学校办学目标趋同、课程体系相似，从而导致教育实践与受教育者自由全面的教育发展目标脱节，与少数民族文化发展需要错位，与民族地区社会经济发展结构失调。如果说受历史条件制约，同质化的发展道路有利于规模经济的形成，在成本和效率上都具有较大优势，但进入新的历史阶段之时，民族地区特殊的教育诉求决定着在民族地区教育发展如果仍然坚持同质化的发展道路，在教育效益上并不占优。我们必须意识到，民族地区教育优先发展已不是仅仅满足民族地区教育与全国同步发展这一问题，在新的历史时期，民族地区教育发展一方面具有紧迫性，如工业化与城镇化背景下少数民族流动性加强、少数民族文化传承和保护意识提升、部分民族地区民族分离思想抬头、少数民族国家认同弱化等现实因素，另一方面也具有特殊性，"改革开放以来现代化的强烈冲击以及国家和社会对少数民族传统文化着力弘扬的双重作用，使当前少数民族传统文化呈现出复兴、衰退和变异并存的状况"②，民族文化多元化、教育需求多样性、地理环境差异性等决定了民族地区在追求教育平等的同时，应进一步思考，如何以教育差异为切入点，促使民族地区教育优先发展与地方社会经济发展相协调，并符合民族文化传承及满足少数民族教育诉求等特殊需要。

同时，教育法律的实效也受到社会环境因素如传统法律文化、社会关系变迁、社会经济发展水平、教育行政管理体制等因素的影响，法律实效不佳成为社会各界对教育法律价值和功能质疑的主要原因之一。例如早在1993年，《中国教育改革和发展纲要》就提出逐步提高财政性教育经费支出占国民生产总值的比例，计划在2000年达到4%的目标，但这个目标一直到2012年才变为现实，这在很大程度上造成社会各界对民族地区教

---

① 奚丽萍：《教育同质化现象论》，《教育研究与实验》2009年第5期。

② 王希恩：《论中国少数民族传统文化现状及其走向》，《民族研究》2000年第6期。

育发展过程中法律价值和功能的困惑，也导致在实践中，法律保障陷入工具主义困境，成为一种实现某个目的的工具，而法律本身的独立价值却被忽略。此外，我们还要注意到，随着我国政府职能转变和机构改革步伐的加快，民族地区教育发展正由教育行政主导型的治理方式向政府主导、市场与社会积极参与的合作共生多元治理方式转变，如何积极提高各方面参与民族地区教育发展的积极性，也成为提高民族地区教育优先发展法律实效必须认真思考的新课题。

二　本研究对已有成果的发展和探索

（一）学界研究概况及评述

1. 国内研究概况

我国学界的相关研究，大体可以分为三个方面。第一是民族地区教育优先发展的实践研究。这是基于马克思主义关于教育与生产力不平衡性理论，邓小平社会主义现代化建设中教育优先发展战略思想，学界对教育本质争论，以及西方人力资本理论等理论依据支撑基础上延伸的；同时也是在我国长期以来将教育作为事关全局性、基础性和先导性的事业来发展背景下，基于教育自身规律、社会发展现实、人民群众高质量教育需求增加、少数民族受教育权等诸多因素考虑的。第二是少数民族受教育权的法律保障研究。受教育权是教育法学研究的重点和热点话题，少数民族受教育权法律保障问题因具有自身的特殊性需求，而被许多学者单独列出予以系统研究，主要涉及少数民族受教育权保障的理论问题与保障现状两个方面。第三是民族地区教育优先发展法律实效研究。学界认为运用教育法律促进民族地区教育优先发展战略落实情况并不乐观，一方面这有法律实施的问题，另一方面，根源上法律实施的社会效果受法律制度之外许多因素的影响，这增加了法律实施和立法目标实现的难度。除了前述的少数民族受教育权保障实效问题外，民族地区教育优先发展法律实效研究主要从民族教育条例实施成效、教育促进社会经济发展实效和教育促进民族文化传承发展实效三个方面展开。

总的来说，当前相关研究由于关注角度的差异形成了不同的讨论和研究范式，例如民族认同研究立足于民族文化传承的法律保障，教育公平研究立足于少数民族受教育权保障和实现，教育促进地方经济发展研究立足于教育与地方经济发展关系的问题挖掘。而在社会转型时期，也有学者提出民族地区教育问题研究新的范式问题。例如"民族地区教育不均衡发展研究范式认为，在中国，地区差别、城乡差别和阶层差别所造成的教育不平等要远远显著于族群差别"。① 这些研究为我们更全面地思考民族地区教育优先发展问题提供了更为广阔的思路，具有积极而重要的作用。

2. 国外研究概况

不同于国内少数民族研究对象的界定，西方学者所关注的对象主要是少数人、种族和土著人的教育优先发展法律问题，但这些研究同样搭建在教育优先、平等与差异等理论上，我们可以分为教育优先发展的问题研究和少数族群（少数人）教育法律问题研究两个方面分别阐述。第一是国外关于教育优先发展问题的研究。西方教育优先理论多受舒尔茨人力资本理论的影响，对其价值已形成共识，在新的历史时期，教育优先发展的战略地位呈现新的特征，有学者提到，人类的未来和解决严重的经济、社会和生态问题取决于所谓的知识经济的发展。为了实现知识经济发展的需要，国家的重点在科学和教育的发展。西方国家相关问题的研究热点包括美国的补偿教育，英国和法国的教育优先区政策，以及俄罗斯的教育优先战略等。第二是少数民族教育法律保障问题的比较研究。这主要涉及美国、加拿大、澳大利亚等国家的多元主义民族教育法律制度。西方国家对少数民族教育问题的关注，是以研究社会公平为切入点，提出社会平等、机会平等和结果平等概念，并探讨其运行机理（罗尔斯、哈耶克、艾德勒、乔·萨托利、阿瑟·奥肯、大须贺明等）。但是一些学者关注群体和个体差异性及其教育权利（米尔恩、迈克尔·沃尔泽、利奥塔等），还关注平等与差异的关系问题，这深深影响到少数民族教育法律保障问题的研究价值取向。事实上，西方国家少数族群相关教育立法已较完善，如美国《部落管理学校法》、《双语教育法》、NCLB 法案，澳大利亚《土著民族教育（目标援助）法案》等，许多学者围绕这些法律的实施和实效展开了分析。

3. 已有研究评述

应该说，学界对民族地区教育优先发展法律保障相关问题的研究是十

---

① 陆春萍：《1980～2010 年中国少数民族教育研究范式综述》，《西北民族研究》2013 年第 3 期。

分丰富的，主要呈现以下几个方面的特点。一是研究的实践性。许多研究都是基于实地调研特别是在田野考察基础上进行的反思，研究所挖掘的是民族地区教育优先发展所存在的法律保障相关问题，具有较强的说服力。二是研究的现实性。教育发展本身是一个动态性的过程，在不同阶段，研究关注的角度有所区别，当前民族地区教育优先发展法律保障问题研究，已从缩小教育差距、实现教育平等这一单一目标转向实现教育平等和尊重教育差异目标并存的局面。三是研究的前瞻性。许多学者是运用发展观的视角看待民族地区教育优先发展法律保障问题，比如"教育优先区"的构想、少数民族教育法的构建等，实践中虽不存在，但也为我们看待民族地区教育发展的前沿问题提供了启发。总体上看，我国当前更多从价值分析、法教义学等视角评价民族地区教育法律，更关注解决其形式效力问题，民族地区教育优先发展法律问题是和少数民族教育法律问题交织在一起，较少有学者单独研究民族地区教育优先发展法律问题。相比之下，英美国家受实证主义哲学影响，少数民族（少数人）法律保障问题研究更关注法律制度运行的实际效果，研究涉及多学科，集中在反对种族歧视、文化多样性角度，但受自由竞争价值观念的影响，较倾向于教育机会平等的法律保障，对结果平等关注却较少。

　　当前我国学界的相关研究，还存在以下不足。第一是研究的重要性认识不够。民族教育法律规范所具有的"软法"① 特征，而许多学者认为，国家强制力介入较弱是其法律实效难以提升的重要原因。研究偏重对民族教育法律规范本身进行注释、民族教育法律立法框架完善等内容，似乎只要强调国家强制力和健全法律体系，其立法目标就定能够实现，并不重视对教育法律实施和实效问题进行深层次探讨和挖掘，法律保障问题研究在法律实施和实效这部分关注不够。第二是研究问题和目标界定不清。处于社会转型时期的民族地区教育问题研究受诸多因素影响，是一个十分复杂的研究领域，民族地区教育优先发展法律研究的定位存在的最大问题就是力图提炼、归纳民族地区教育优先发展存在的共性问题，将其转化为建构

---

　　① 通常意义上，软法（soft law），是指那些难以运用国家强制力保证实施的法律规范。在民族教育法律中软法规范主要体现为两大类，一是国家和地方立法机关通过的具有引导性、倡议性、激励性等非强制性规范；二是中央和地方行政机关特别是教育行政机关制定的规范性文件中的法规范。与"硬法"相比，其在实现方式上这些规范往往不通过国家强制力作为保障。

民族教育法律问题，从而设计出可以放之四海而皆准的法律制度，以图彻底解决民族教育法律保障问题。事实上，不同的民族地区教育问题既有共性也有差异，同一民族地区不同阶段教育问题既有相同点也有不同点，加之民族地区许多教育问题甚至是通过社会治理或者制度设计无法实现的，因此研究的问题界定和目标存在不足。第三是民族地区教育法律研究范式面临转型。范式本质上代表了研究的思维方式，民族地区教育优先发展法律问题的研究，当前学界在方法上主要是通过内容分析（对法律文本的分析）、学理阐释（对法律价值目标等问题的思考）、比较研究（对国外相关研究的总结）、实证研究（通过田野考察等挖掘民族教育发展的问题）等，但立足于相关法律，关注其法律实施过程和实际产生效果的研究较少。需要指出的是，民族地区教育优先发展，并不仅仅是单一的民族地区教育问题，在社会转型时期，我们还要注意到，不同民族社会发展历史不同，民族地区地理空间的复杂性与多样性、现代技术对民族地区教育变革的影响、城镇化背景下少数民族人口流动加快、少数民族教育权利诉求增加且教育目标多元化等问题都影响到民族地区教育优先发展法律的实施和实效提高。因此采取多种研究方法，从多个维度系统地关注民族地区教育优先发展法律保障问题，挖掘其发展过程中存在的不足并进一步思考改进对策，具有重要意义。

（二）本研究的基本思路及特点

1. 研究思路及框架

本研究思路如图 1 所示（见下页。）

如图 1 所示，本研究以"法律保障机制是否在民族地区教育优先发展战略落实进程中发挥了积极的保障作用，是否显现了应有的法律价值"为问题缘起，并通过法理分析回答法律保障机制应该在民族地区教育优先发展战略落实中发挥怎样的保障作用（应然），在此基础上，从立法保障、法律实施、法律实效三个方面讨论民族地区教育优先发展法律保障问题（实然），这三个方面分别回答了"保障什么""如何保障"及"保障的怎么样"三个问题，最后，结合法律保障存在的不足，提出重构民族地区教育优先发展法律机制的对策建议。在研究的过程中，我们也充分借鉴美国、澳大利亚等国少数民族（少数人）教育发展权利法律保障以及英法俄等国教育优先政策等的实践经验，但由于国外相关实践经验并不都

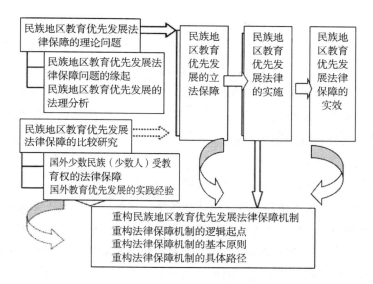

图 1　研究基本思路

能适应我国民族地区教育优先发展的实际情况，因此思路图以虚线标示。

本研究主要分为三个部分，框架设计如下：

第一部分是民族地区教育优先发展法律保障的理论基础研究，包括第一、二章。这部分主要讨论民族地区教育优先发展法律保障的实践基础和法理两个问题，回答的是法律保障机制应该在民族地区教育优先发展战略落实中发挥怎样的作用这一问题（应然）。在第一章，我们从正视教育差距、回应差异诉求、转换研究范式、重视理论推动四个方面分析民族地区教育优先发展法律保障问题的实践背景，反映出从教育法学角度探寻解决民族地区教育优先发展问题的必要性和可能性。第二章集中讨论民族地区教育优先发展的法理问题，主要依托教育发展权理论分析相关法律在民族地区教育优先发展战略落实中的应有价值与基本内涵。

第二部分是民族地区教育优先发展法律保障的现状分析，包括第三、四、五章。这部分主要从立法保障、法律实施和法律实效三个方面讨论法律保障的现状问题，试图进一步明晰当前法律保障机制在民族地区教育优先发展战略落实中是否起到了应有作用这一疑问（实然），并反思原因。在第三章"立法保障"，我们从民族地区教育优先发展的立法演进、法规体系、立法内容等方面进行了全面分析，并讨论了立法保障存在的困境。在第四章"法律实施"，鉴于相关法律实施的复杂性，我们归纳提炼了实施的三种模式，并对不同模式的具体做法进行了分析和评价，在评价环节，采用专家评估法的方式，对不同模式的优缺点和选择思路进行了分析，最后提出了法律实施存在的障碍问题。在第五章"法律实效"，我们从教育平等、教育差异、教育与社会经济发展关系三个方面，分析民族地区教育优先发展法律是否符合民族地区教育发展的优先法律的内涵要求，进而讨论法律实效的影响因素。

第三部分是重构民族地区教育优先发展法律保障机制，这部分包括第六章和结语，重点讨论的是法律保障机制如何才能在民族地区教育优先发展战略落实中发挥积极作用和显现应有法律价值的问题。基于前述对法律保障存在的不足与原因分析，在本部分从重构保障机制的逻辑起点、基本原则、具体路径三个方面进行分析讨论。在第六章我们首先阐述了保障教育发展权作为重构法律保障机制逻辑起点的理由和表现形态，然后提出重构民族地区教育优先发展法律保障机制，必须坚持国家统一与地方差异相结合原则、适度原则、平等原则、实效原则等基本原则，在此条件下，分别从健全保障机制、优化实施路径、改善机制运行环境三个角度对法律保障机制的重构问题进行深入分析。在本书的最后，还对民族地区教育优先发展研究趋势、本书存在的不足和研究展望做了梳理，以期对后来研究者有所借鉴和参考。

2. 本研究的特点

随着教育优先发展战略成为社会共识和自觉愿望，本研究以价值分析为原点，借鉴国内外研究经验，在民族地区教育法律体系研究基础上，关注功能和实施的研究，并通过建构科学的法律实效评价体系，从相关法律促进社会经济发展、传承民族文化和保障受教育权实现程度等实然层面检测法律实施的效果，思考教育法律如何在民族地区教育优先发展中发挥作用，从而理清对民族地区教育优先发展战略落实中法律保障机制的价值和地位问题，并为民族地区教育优先发展和少数民族教育发展权保障增加新的理论内涵和实践指导。研究的主要特点在于以下三个方面。

第一，观点的创新性。主要是从教育发展权角度对民族地区教育优先发展基本内涵的理解深化，以往的相关研究主要是从权利保障和教育平等角度论述少数民族受教育权，较少谈及少数民族整体和民族地区区域性的教育发展权问题，而民族地区区域教育发展是从整体意义上重构民族教育关系的重要路径，需要基于正义的视角探寻其法本体论根源。研究计划依托教育发展权理论，提炼出对民族地区教育优先发展法律基本内涵的基本看法。本研究中，我们还提出民族地区教育优先发展法律正处于资源配置从资金投入向优化配置转变，教育倾斜政策从优惠性向特殊性转变，教育权利保障从单一性向多样性转变，以及教育目标同质化向多元化转变的转型期，这一结论在其他研究中没有学者系统讨论过。

第二，研究方法的适切性。本研究选择词频分析的方法对民族地区教育优先发展立法内容进行提炼归纳，符合我们对民族地区教育优先发展法律内容分析的需要，我们认为法学研究绝对不能忽略对法律文本本身价值选择的关注，规范性、价值性是法律的重要特征，和学界对法律的应然价值讨论不同，法律文本本身有价值判断在其中，是实然层面的，它表明了教育法律的立法动机和目标问题。词频分析方法通过提炼法律文本内容不同词汇出现的词频，能较好地反映相关立法的应然价值，并为后续法律实施和法律实效研究提供评价依据。

第三，研究视野的扩展。以往学者除了更关注法律文本本身外，少数相关法律实施和实效研究也是针对具体的某部法律，但民族地区教育优先发展法律保障问题涉及多部多层级法律，很难说明某个教育问题的解决是某一部法律实施的结果（例如教育经费的增加，是民族地区教育条例实施的结果，还是《教育法》、《义务教育法》等实施的结果）。本研究关注多部法律对民族地区教育优先发展战略落实的共同作用，既有教育法律在民族地区实施的实效，也有民族教育法律和其他法律关于民族教育问题的实施实效的相关思考，无论是法律文本的选择，还是研究视野的定位都有一定幅度的扩展。此外，不同于以往法律保障对立法的关注，本研究还考虑到法律实施和法律实效问题，从健全保障机制、优化实施路径、改善机制运行环境三个角度提出了重构法律保障机制的积极思考。

三　核心概念辨析

（一）受教育权与教育发展权

受教育权是指公民享有并由法律保障实现的接受教育的权利，其保障内容涉及教育机会、教育条件和教育结果三个方面。在我国法学界，一般认为受教育权是宪法确认和保障的一项基本人权，是自由权和社会权的统一。学界认为，作为基本权利，受教育权兼具消极的防御权功能和积极的受益权功能，同时对立法、行政和司法具有一定的拘束力①。虽然教育发展权一词属于人权概念和法律概念，但是教育发展权与教育发展的概念既有联系也有区别。按照学界观点，发展权是关于发展机会均等和发展利益共享的权利②，但与受教育权关注公民个体的权利不同，教育发展权重视保障作为一个"类别"人教育权利，教育发展权是教育发展问题的法律化。其中，"发展"一词作为哲学术语，意味着事物的变化发展过程，这个过程是由小到大，由弱到强，由低到高，由简单到复杂的动态趋势。教育发展"一种是数量的增加和规模的扩张，一种是质量和效益的提升"③，少数民族教育发展即为"随着少数民族教育内外部关系等方面从外延的数量增长和规模扩张到内涵的教育质量和效益的转化过程"④。杨明将教育发展的内容划分为教育条件改善、教育数量增长、教育质量提高、教育结构优化、教育效率提高、教育社会经济效益提高、教育制度完善、教育体制改革等八个方面。我们认为，教育发展概念界定不仅需要考虑教育活动适应外部环境发展的需要，还要考虑教育的本质是促进人的发展，正如张诗亚提出的教育发展应"完成从'以物为中心的发展'到'以人为中心的发展'的根本转换"。教育发展权即指地区或群体教育权利主体自主运用合适的教育发展模式发展本地区（群体）教育事业的权利，它是区域教育发展的综合性权利。教育发展权与其他发展权相比最大的不同就在于教育发展权利的优先性。从本质上看，人的发展是教育发展权保障的动因和归宿。从实现形式上看，教育发展权保障需要基于实现人的发展需要和适应社会经济发展需要，实现教育发展的规模、结构、质量和效益优化。

（二）教育优先发展与民族地区教育优先发展

教育优先发展不等同于教育发展。我们需要看到，一方面，教育优先发展概念主要源于对教育与社会其他子系统（包括政治、经济、文化等）的关系考虑，回答的是教育在实现人的发展过程中如何处理与外部环境系统的关系问题；另一方面，如果从教育与其他社会子系统的关系角度看待

---

① 申素平：《受教育权宪法含义的比较研究》，《中国教育法制评论》2009 年第 7 辑。

② 汪习根：《法治社会的基本人权——发展权法律制度研究》，中国人民公安大学出版社 2002 年版，第 60 页。

③ 王世忠：《少数民族教育发展研究》，人民出版社 2013 年版，第 8 页。

④ 同上书，第 9 页。

教育发展问题，还衍生出教育均衡发展、协调发展、可持续发展等诸多概念，教育优先发展与这些概念密切联系，但并不能完全等同，例如因为民族地区教育与东部非民族地区教育发展差距过大，因此我们提出要优先发展民族地区教育事业，其目的是为了达到教育的区域均衡发展。在本研究，教育优先发展主要是指基于促进人的发展之目的，在教育发展与其他社会子系统之间做出的教育发展地位的优先安排。

民族地区教育优先发展虽然也体现人的发展这一教育本质特征，但是"民族地区教育优先发展"这一概念的内涵和外延均与"教育优先发展"概念有很大区别，这是因为民族地区教育优先发展不仅是教育与其他社会子系统的比较，"民族"一词显现了其对少数民族语言和文化的关注，"地区"一词显现了其对地区间的教育发展机会和利益均衡问题的关注，因此所谓民族地区教育优先发展，除了在教育与其他社会子系统比较中的秩序和地位优先外，还体现出教育发展权的地域优先性和文化特殊性。鉴于此，本研究所提的民族地区教育优先发展是指，基于促进人的发展之目的，考虑到教育特征、地域差别、利益群体诉求、文化差异等因素，在教育发展与其他社会子系统之间、教育发展地域间的秩序和利益安排的社会优先选择，以及在民族文化传承过程中教育路径的优先地位。

（三）法律与法律保障

本研究采用的是广义上的法律概念，即指法律、行政法规、部门规章、政府规章、地方性行政法规及自治条例等，其所涉及的教育法律是有关教育方面的法令、条例、规则、规章等规范性文件的总称，这些文件由国家权力机关和有权的行政机关制定，均对人们的教育行为具有约束力，并保障和规范人们接受教育的权利和义务。民族地区教育优先发展法律涉及两方面，一是中央层面的教育法律在民族地区的落实和其他中央法律特别是民族法律中教育相关内容在民族地区的落实，二是民族地区层面的教育法律和民族地区其他法律中教育相关内容。

法律保障即通过法律的保障，它作为民族地区教育优先发展的重要保障机制①，是指依照法律法规的相关要求，促使民族地区教育优先发

---

① 除了法律保障机制外，民族地区教育优先发展还有其他的保障机制，如政治保障、组织保障等。

展战略实现的推动机制，包括立法保障、法律实施和法律实效三个方面，立法保障是法律保障机制运行的依据和基础条件，法律实施是法律保障机制的运行过程，法律实效是法律保障机制运行的结果，他们分别对法律保障的起点、过程和结果进行关注，是联系紧密，不可分割的整体。

（四）少数民族与民族地区

少数民族和民族地区是有区别又紧密联系的一组概念，通常意义上，民族地区教育发展问题包含了少数民族教育发展问题，但并不仅仅等同于少数民族教育问题。本研究所提的少数民族是指我国汉族以外的其他民族，在特定的历史条件中，形成的拥有共同语言、共同经济生活方式、共同心理素质的共同体，一般而言，少数民族也生活在共同地域。2010 年第六次人口普查统计表明，我国少数民族人口为 113792211 人，占总人口 8.49%，同时，本研究所关注的西南地区尚有 70 万人口属于待识别民族成分。地区一词本身可以从人文、地理、行政区划等角度去理解，民族地区的概念界定学界观点并不统一，政府部门也多根据自身工作需要予以界定，一般有以下两种界定方式，一是依据《宪法》和《民族区域自治法》所进行的区域界定，例如依据《民族区域自治法》第二条"民族自治地方分为自治区、自治州、自治县"的法律条文，采纳经国务院认可的民族行政区划地区标准，涉及民族自治区、自治州（盟）、自治县（旗）等，这是本研究民族地区划分的主要依据。二是依据实际的民族聚居地理范围、民族文化影响范围等进行的划分，除了国务院认可的民族自治区、州、县之外，还包括少数民族聚集较多的一些省份。划分方法又有民族八省区之说和民族十省区之说，八省区之说是指包括西藏、新疆、内蒙古、宁夏、广西五个自治区和云南、贵州、青海三省，例如国家民委在进行民族地区社会经济发展调研时常采取此说，民族十省区之说主要是许多学者基于少数民族分布的事实，除了上述八省区外，在研究过程中将甘肃和四川也应纳入民族地区考虑。本研究认为民族地区一方面包括经法律认可的民族自治区（西藏、新疆、内蒙古、宁夏、广西）、民族自治州（盟）和自治县（旗），按此概念界定，沿海发达地区的自治县也应属于民族地区的范畴；另一方面还包括少数民族聚集相对较多的云南、贵州、青海、甘肃、四川五省，按此概念界定，这五个省也可统称为民族地区。在本书中如无必要，不在其内部再区分民族地区与非民族地区，此外，考虑到政府部门相关研究数据均是以"民族八省区"一词提及民族地区，因此在书中相关数据分析和引用时，也多按照"民族八省区"的划分办法进行分析。

第一章　民族地区教育优先发展
法律保障的实践基础

　　当前民族地区教育优先发展法律保障问题面临诸多的质疑和挑战，无论是学界还是坊间，近年来都不时发出过对民族地区教育优先发展相关法律的质疑，例如民族地区还需要专门的教育优惠政策吗？少数民族教育机会倾斜是否有损教育公平？民族地区教育优先发展法律落实起到了实质的效果没有？一些少数民族群众"等、靠、要"的教育依赖思想是不是民族教育政策法规推动造成的结果，等等。这些质疑实质是在追问法律保障机制在民族地区教育优先发展战略落实中的必要性、针对性、实效性等核心问题，值得我们深刻反思。尽管完善法律保障机制是促进民族地区教育优先发展战略落实的重要路径，但是法律保障机制必须直面民族地区教育发展的难题，适应社会转型期民族地区教育优先发展的新需要和新诉求，才能发挥其应有的作用和价值。这需要深刻反思几个实践基础问题，第一，民族地区教育优先发展问题是基于教育差距现实而提出的，现在是否还存在这个差距问题。第二，认可民族地区与非民族地区教育存在共性特征的基础上，民族地区自身是否具有教育发展的特殊性问题。第三，民族地区教育优先发展法律保障的实效如何，是否达到了预期目标。第四，教育优先发展相关理论的深化是否能为民族地区教育优先发展法律保障机制的变革提供理论依据。

第一节　正视教育差距：民族地区教育优先
发展法律面临的先决问题

　　长期以来，我国教育发展不均衡的问题突出反映在东部与西部特别是西部民族地区的差距上。在新中国成立后的前三十年，我国民族教育事业发展过程中面临的最大问题是教育资源短缺。改革开放以后，虽然民族地区教育优先发展的意义和价值已得到社会各界的广泛认可，但是因为受到社会经济发展诸多原因限制，这一问题并没有得到很好解决。改革开放初期，我国教育资源相对不足，穷国办大教育的能力有限，因此在教育利益分配问题上多采取精英主义、区域优先、效率至上的价值取向，由此也衍生了东西部地区教育差距问题。但是，随着社会经济的进一步发展，人们逐渐认识到教育公益性特征决定了教育法律在公平与效率之间必须先考虑公平问题。东西部特别是东部与西部民族地区教育差距集中体现在基础设施建设、教育经费投入、师资力量、学生学习背景等许多方面，以教育经费的投入为例，有学者以 2001 年统计数据分析发现，西北五省区（新疆、宁夏、青海、甘肃、陕西）与东部五省区（北京、上海、浙江、江苏、广东）省级教育拨款的差距是 4.86 倍，其中拨款最低的宁夏回族自治区与拨款最高的上海市绝对差距高达 19.46 倍[①]。所以，在过去相当长一段时间内，通过缩小教育差距改变民族地区教育不利现状的做法得到了社会各界的广泛认同，这既是对民族地区社会经济发展水平正确定位的结果，也是教育优先发展法律缘起的动因。

　　一方面，缩小教育差距可以充分实现教育在促进社会发展和个体社会化方面的重要价值。少数民族教育的落后是民族地区发展历史、地理环境及社会经济地位相对不利造成的，也是少数民族文化相对处于弱势地位，部分少数民族教育思想观念滞后间接导致的结果。教育的功能和价值体现在人与社会两个方面，学者注意到"教育的社会发展价值（外在价值或工具价值）制约着人的发展价值（内在价值或本体价值）的方面，也看到了人的发展价值在社会发展中的重大作用"[②]，通过缩小教育差距的法律实施，可以使处于不利地位的受教育者或教育群体从起点、过程和结果上充分享受接受教育的权利并由此实现自身价值的平等机会，进一步将教育的社会价值内化为个体本体价值，将教育促进人发展的内在价值外化为社会价值，实现人与社会的和谐发展。另一方面，缩小教育差距也是保障

---

① 杨军：《西北少数民族地区基础教育均衡发展研究》，民族出版社 2006 年版，第 113 页。
② 瞿葆奎主编：《教育基本理论之研究》，福建教育出版社 1998 年版，第 427—428 页。

少数民族教育发展权的本质要求，体现了教育公益性，符合依法治教的时代需要。教育发展权是基本人权，人权理论经历了从自由权、社会权到发展权的发展过程。教育发展权是作为第三代人权即发展权的重要内容之一，少数民族教育发展问题首先来自于教育发展的差距问题，体现了民族地区对教育资源和机会分配均衡的权利诉求，这就需要我们把缩小教育差距，实现教育平等放在民族地区教育优先发展法律的价值位阶首位。我国宪法明确规定"法律面前人人平等"，这一原则深刻影响教育政策法规的价值取向，从当前教育政策法规相关文本规定事项来看，促进教育均衡是其规定的核心内容，特别是《义务教育法》第六条明确提出"国务院和县级以上地方人民政府应当合理配置教育资源，促进义务教育均衡发展"，之后许多教育政策以缩小教育差距，促进教育均衡为切入点在经费投入、师资配置、基础设施建设等诸多方面予以民族地区优惠或倾斜。与此同时，《世界人权宣言》《消除一切形式种族歧视国际公约》《经济、社会和文化权利国际公约》以及《公民权利和政治权利国际公约》等国际条约也对民族平等特别是教育文化平等予以确认，成为我们将缩小教育差距作为民族地区教育优先发展法律保障立足点的重要缘由。

可以看出，民族地区教育优先发展法律面临的首要问题就是教育差距问题，这是长期以来民族地区教育优先发展法律保障机制构建的基本出发点，随着多年的战略推动和法律落实，民族地区教育发展的水平得到了明显提高。但是近年来，人们逐渐开始对构建专门的民族地区教育优先发展的法律保障机制的价值和意义产生了怀疑，有学者指出："除了少数群体权利的属性之争外，少数群体权利保护的争论主要围绕正当性展开辩护与批评，并涉及少数群体权利与个人自由、族际正义、国家一体三个层面的关系。"[①] "反对者则认为，个人自由无须同质性文化框架，少数群体权利反而可能产生内部限制，导致双重社会歧视，还可能威胁国家一体与政治稳定，因此要采取中立原则和冷漠政治。"[②] 正是基于类似原因，学界产生了以下质疑，一是质疑民族地区教育差距问题是否具有特殊性，这类观点的持有

---

① 吕普生：《多民族国家中的少数群体权利保护：理论分歧与反思》，《民族研究》2013年第6期。

② 同上。

者认为，我国教育差距的问题不是民族地区与非民族地区的问题，而是地区与地区之间的问题，相比之下，一些民族地区教育发展水平比西部非民族地区教育发展水平更高，继续倡导民族地区教育优先发展的不合法理；二是提出民族地区教育差距问题是历史阶段性的问题，过去的确存在，但是经过多年发展，教育差距已经大大缩小，当前民族地区教育优先发展与非民族地区教育优先发展法律保障问题实质是同一性质的问题。以上两类观点的共同之处在于不承认民族地区相对非民族地区教育发展水平仍然相对滞后这一现实，按此逻辑，民族地区教育优先发展的法律保障价值和意义就无从谈起，我们也无法回答民族地区教育优先发展的法律保障要解决"谁的诉求"问题。国家在缩小民族地区教育差距过程中承担积极作为的义务，实质是指国家必须采取积极有效措施，促进民族地区教育发展，保障少数民族（少数人）受教育的权利。其具体涉及三方面，即"国家首先应确认少数人群体的存在并给予其相应的法律地位；其次，采取法律措施保护少数人权利的实现，并对侵犯其权利的行为予以有效的救济；最后，国家还应创造各种条件，提供资源，运用适当的优惠政策和特别措施，促进少数人群体及其成员最大限度地实现社会公正和真正的平等"[①]。

　　的确，经过多年努力，民族地区教育发展水平得到了显著提高，一些民族地区教育甚至还处于全国中等以上发展水平，但是我们仍然要意识到，许多西部民族地区的教育发展水平仍然处于全国的末端，而教育差距较大直接导致少数民族接受教育机会较低。根据王善迈等人研究结果表明，2009 年我国教育发展指数排列前五位的仍然是上海、北京、浙江、天津、江苏这几个东部省份，甘肃、西藏、云南、贵州则分别列居后四位。通过对教育机会的分析（主要是考虑学前教育、义务教育、高中教育及高等教育毛入学指数）发现，2009 年我国教育机会指数排名后四位分别是青海、贵州、云南、西藏，全部是少数民族聚居地。[②] 民族地区教育优先发展的法律保障机制取决于民族地区教育发展的现状，正视教育差距，是民族地区教育优先发展法律面临的先决问题，与此同时，民族地区教育发展问题受民族地区社会发展现状影响，这也决定了民族地区教育优

---

　　①　周勇：《少数人权利的法理》，社会科学文献出版社 2001 年版，第 56 页。

　　②　王善迈、袁连生：《我国各省份教育发展水平比较分析》，《教育研究》2013 年第 6 期。

先发展法律的价值选择与非民族地区存在差异之处。虽然民族地区各种资源较为丰富，但是由于人力资本匮乏，并未成为其发展优势，"民族地区的现代化发展，必须与民族地区的实际相结合，并且内化为整个民族的现代化需要。这一任务的达成急需在民族地区优先发展教育，只有民族地区人力资本的增加和改善，才能从根本上促进民族地区的整体发展"①。所以，除了考虑教育的相对独立性、前瞻性等因素，民族地区教育优先发展法律问题的特殊性，还是由少数民族教育为社会经济服务、文化传承及促进少数民族个体全面而自由的发展等多重目标决定的，对民族地区教育发展问题选择性失明就会造成我们对民族地区的教育问题和非民族地区混为一谈，只看到他们的共性，而忽略特殊性，无法正视民族地区教育差距问题的客观性和特殊性。在这一逻辑下，民族地区教育优先发展的法律保障对象就可能界定错位，"谁的诉求"问题仍然不清。

从当今世界普遍存在的国家形态即民族国家角度看，教育平等一直是民族地区教育优先发展、少数民族教育权利实现以及多民族国家全面发展目标定位的价值诉求。我国《宪法》《民族区域自治法》《教育法》以及许多省市自治区的民族教育条例，无不把教育权利平等作为基本的教育法律原则。这反映在立法实践层面，就是将缩小教育差距作为民族地区教育优先发展法律的着力点，通过对教育优先发展法律关系的确定，保障少数民族受教育权，并积极为其创造平等的受教育机会，增加其教育成才的概率。因此从法律保障层面来讲，正视教育差距问题也是当前民族地区教育优先发展法律保障机制研究需要坚持的先决问题。

第二节　回应差异诉求:民族地区教育
优先发展法律亟须转型

一　教育转型与民族地区教育转型

中国社会正经历着全面而又深刻的社会转型，涉及文化、价值、制

---

① 刘晓巍、张诗亚:《优先发展教育，促进民族地区整体发展》,《民族教育研究》2012年第4期。

度、组织、资源配置、产业结构，以及职业分化等社会的各个领域。① 这一变革直接影响到我们对民族地区教育优先发展含义的理解，进而反馈到民族地区教育优先发展的法律转型问题上来。在我国社会学学者的论述中，社会转型主要有三方面的理解：一是指体制转型，二是指社会结构变动，三是指社会形态变迁。此外，还有学者归纳了"社会转型"的九种不同理解②。专家学者关于"社会转型"含义的论述，对于正确把握新时期民族地区教育优先发展所面临的形势和任务，无疑有着积极的启示。

教育转型是在"社会转型"基础之上提出的概念，教育转型受社会经济发展条件所影响，因此不同区域的教育转型还具有情境性、差异性等特征。许多学者认为，教育要满足生活需要，教育转型的外力推动因素比较明显，但是，社会转型作为教育转型的外部影响因素需要通过内因发生作用，教育本身具有相对独立性，教育自身的本质特征才是影响教育转型的关键因素。由于教育的本质问题是人的发展问题，所以教育转型的核心问题同样是适应人的发展需要。有学者提到，"教育转型的核心是教育目的的转型，即培养什么样的人的转型，所有的外部转型都是围绕着'怎么培养人'的转型"③，可以说，"教育的转型，就是不断地促使教育走向人的全面、自由和个性化的道路，使每个人成为发展全面的个性人。这是教育转型的终极价值和永恒追求，是教育之为教育的根本，也是教育转型的根本"④。

民族地区教育优先发展已成为社会共识和自觉愿望，教育"十二五"规划明确提出"优先支持民族地区教育发展"，党的十八大进一步提到"将教育资源向民族地区倾斜，促进民族地区经济社会又好又快发展"，进一步明确了民族地区教育优先发展的战略地位，2015 年《国务院关于加快发展民族教育的决定》（国发〔2015〕46 号）提出"加快推进少数民族和民族地区教育发展，实现国家长治久安和中华民族繁荣昌盛"，为新时期民族地区教育发展提出了新的要求和发展方向。但伴随社会经济发

---

① 郑杭生：《民族社会学概论》，中国人民大学出版社 2005 年版，第 13 页。

② 郭德宏：《我们应怎样看待社会转型》，《北京日报》2003 年 2 月 24 日第 6 版。

③ 鲁洁、冯建军：《教育转型：理论、机制与建构》，教育科学出版社 2013 年版，第 19 页。

④ 同上书，第 37 页。

展转型，城镇化进程加快，缩小民族地区教育差距已不是简单的经费投入、人才培养、对口帮扶等问题，社会转型期民族教育优先发展问题面临新的机遇和挑战，民族地区教育优先发展已不是仅仅满足民族地区教育与全国同步发展这一问题，面对民族地区日益增长的促进民族文化、民族经济发展等强烈诉求，教育差距问题还需要从民族教育差异、地区差异、个体差异等角度深入讨论，这就促使民族地区教育优先发展法律保障要解决"什么诉求"的问题产生，当然，根本上仍然是要解决民族地区教育发展权利保障问题，但受发展理论和发展权认识的深化，发展的评价标准是什么①，则已经发生较大改变。我们认为，民族地区教育优先发展法律是民族地区教育转型的内部机制之一。这是因为一方面民族地区教育发展的诸多要素如教育价值、教育目的、结构和规模、课程设置等问题都在相关法律中得以体现，教育转型本身就包括了教育法律制度的转型；另一方面，民族地区教育优先发展法律是民族地区教育优先发展的运行保障机制，相关法律的颁布和执行都是教育内部要素特别是教育目的、教育结构、权力和利益分配等的集中体现，是民族地区教育优先发展教育价值的外在显现，相关法律从立法、执法、监督等过程均受到教育本质特征和教育目标的制约，也是教育活动的宏观运行机制。

可以说，因为教育转型的核心问题是"培养什么样的人"，加之民族地区教育转型对"什么样的人"的教育培养目标也有自身的不同理解，那么，民族地区教育优先发展法律转型实质是要从教育自身发展的需要（内因）和社会经济发展的需要（外因）两个方面回应教育差异诉求，换句话说，尊重教育差异就是民族地区教育优先发展中法律转型的原因。

二　尊重教育差异：民族地区教育优先发展法律转型的原因

学界极少有人把教育平等与教育公平的内涵等同，原因之一就是同质的、均等的教育并不意味着教育公平，个性的、民主的、多样化的教育亦是教育公平的应然追求。按照 Prakash Shah 的理论，法律基于追求正义的目的应坚持文化多样性，一方面，文化是有价值的，因为它提供了对我们生活有意义的选择；另一方面，我们每个人与自身文化紧密联系，正义要

---

① 在本章第四节，我们将进一步讨论民族地区教育发展评价标准的问题。

求少数民族文化不可解体。[①] 民族地区教育问题的复杂性、特殊性决定了我们应正视文化多样性的现实，将构建适应地方和民族需要的教育发展模式视为教育公平的内在本质要求。早期民族地区教育优先发展通过缩小教育差距，追求同质公平，这是受物质条件、教育发展阶段任务、民族地区教育实际情况等决定的，其积极意义应该得到认可。但是，同质化教育发展道路带来的负面影响值得我们深思，当前我们谈及民族地区教育优先发展的法律转型就是基于这种现实，基于尊重教育差异的原因，力图超越同质的统一的教育发展观，将教育差异与教育平等问题同等对待，构建一种民族地区能够接受和认同的教育发展模式。从内容上讲涉及人才培养模式的变化、课程体系的改革、办学体制的多样化等，而实质上是对教育发展观念的根本性变革。

首先，这是由民族地区教育发展的阶段性特征决定的。近些年来，虽然民族地区教育经费逐渐增加，许多民族地区教育资源浪费的问题却屡见报端，例如一些希望工程学校没有发挥作用，竟然变成了养鸡场[②]。此外有事实表明，增加教育经费并不一定能改善民族地区的教育状况，《科尔曼报告》早就对"增加教育经费来扩大贫困地区儿童及少数民族儿童的受教育机会"的观点提出了质疑[③]，直接促成相关政策的转变。民族地区教育发展条件的大大改善和国家教育优惠政策的进一步落实，资源配置已从资金投入向教育资源优化配置转变。此外，在新的教育发展阶段，法律保障的受教育权已由"要我上学"的义务性质向"我要上学"的权利性质转向，适应学习者的教育多样性需求是必须面对的新问题。

其次，这是由当前民族地区教育发展面临的复杂形势决定的。在社会转型关键时期，民族地区教育发展具有特殊性和紧迫性。在工业化和城镇化的进程中，"梯度发展战略形成了中国城镇化进程的梯形特点"[④]，少数民族集中地西部城镇化水平明显低于中西部，而且在工业化与城镇化背景

---

① Prakash Shah *Law and Ethnic Plurality*: *Socio – legal Perspectives*, Brill, 2007, p. 26.

② 参见媒体对贵州省凯里市龙场镇和贵州省织金县三甲乡希望小学废弃的相关报道。

③ Coleman. J. S "The Concept of Equality of Educational Opportunity", Harvard Educational Review. 1968.

④ 高书国:《中国城乡教育转型模式》，北京师范大学出版社 2006 年版，第 160 页。

下，民族地区教育发展还要面对少数民族流动性加强、民族地区教育立法意识提升、部分民族地区民族分离思想抬头、一些少数民族国家认同弱化等现实因素。此外，民族地区各类教育发展存在着课程脱离学生生活经验、少数民族文化适应性难度增加等不同问题，少数民族教育质量诉求的提高和教育需求多元化，民族地区教育在促进地方社会经济发展、维护少数民族文化和保障少数民族学生教育权利、促进民族统一和国家认同等方面也都有不同的要求和目标。可以说，当前民族地区教育优先发展的政策对教育权利保障已从受教育权这一单一性向权利多样性转变，以及教育目标同质化向多元化转变。

最后，这也是学界对民族地区教育优先发展的法律实效深刻反思的结果。以往民族地区教育发展是以优惠性倾斜政策体现出来的，仅仅依靠基础设施建设和加大经费投入，造成了一些人教育依赖思想，而且民族教育法律也没有对民族地区的教育问题和其他汉族贫困地区进行区分和不同对待，造成了各地教育发展的同质化倾向，民族地区大中小学校课程设置、办学模式等均未体现出自身特色和优势。近些年来，一些学者出于对民族地区教育法律在保障教育平等、文化传承和促进地方社会经济发展等方面存在的问题及根源的深入思考，对民族地区教育优惠相关法规政策的实效提出质疑，认为民族地区教育差异的问题未能得到重视。例如张诗亚认为"简单地以民族身份为政策制定的主要依据，其结果是真正需要照顾的少数民族考生反而难以照顾到，受益对象不明确"[1]。滕星、马效义认为"相关政策对社会不同群体缺乏系统的统筹考虑"[2]。《公民权利和政治权利国际公约》第二十七条规定任何国家不得否认少数人因民族、宗教或者语言等因素，享有自己的文化、信仰自己的宗教和使用自己语言的权利[3]。按照多元文化主义的观点，受教育权是指"运用民族语言进行教育的权利"，这是因为受教育权不只是为了满足理性、素养或者知识的需

① 张诗亚：《我国高考招生中少数民族考生优惠政策的新思考》，《民族教育研究》2010 年第 10 期。

② 滕星、马效义：《中国高等教育的少数民族优惠政策与教育平等》，《民族研究》2005 年第 5 期。

③ *International Covenant on Civil and Political Rights.* (http://www.ohchr.org/EN/ProfessionalInterest/Pages/CCPR.aspx)

要，而是以这种方式将其整合（integrate）到自己的民族文化中来①。通过缩小教育差距实现教育平等固然重要，但如何回应民族地区教育发展的特殊性和多样性诉求，也是需要高度重视的，"在一个多元文化的社会中，社会的整合应当基于在共同领域内平等原则的确保和在分立领域内文化多样性的维护"②，可以说，差异性平等是社会转型期民族地区教育优先发展法律保障的目标和方向。

三　适应教育差异：民族地区教育优先发展法律转型的切入点

那么，民族地区教育优先发展的法律转型应如何面对和适应教育差异的现实诉求呢？准确回应这个问题将为民族地区教育优先发展相关政策的出台和修订增加新的理论内涵和实践指导。基于教育差异构建适应民族地区教育发展实际的教育法律保障机制，进一步推动教育优先发展，实现教育的实质平等，需要从以下几个方面思考，一是正确理解民族地区教育差异的前提是什么。这就是对我国是统一的多民族国家的国家认同基础之上，遵循民族团结互助的原则，以实现少数民族教育的实质平等，及各民族共同繁荣为目标。联合国《取消教育歧视公约（1960）》中明确提出"必须确认少数民族的成员有权进行他们自己的教育活动，包括维持学校及按照每一国家的教育政策使用或教授他们自己的语言在内"，但"行使这一权利的方式，不得妨碍这些少数民族的成员了解整个社会的文化和语言以及参加这个社会的活动，亦不得损害国家主权"③。二是教育差异的具体表现形式是什么。从当前的情况来看，这包括各民族文化传承规律和教育理念的差异，各民族地区社会经济文化背景和民族聚居形式的差异，各民族地区地理环境与历史发展过程的差异，不同民族学生个体社会化及学习需求的差异，以及各民族教育发展水平的差距等。同时，差异有的是差距，需要加大教育投入和政策倾斜改变，如教育水平发展的差距。差异有的又体现的是多样性，需要予以政策法规的"变通""授权"以及特殊

---

① Will Kymlicka *Contemporary Political Philosophy: An Introduction (Second Edition)*, Oxford University Press, 2001, p. 329.

② 周勇：《少数人权利的法理》，社会科学文献出版社 2001 年版，第 19 页。

③ 《取消教育歧视公约（1960）》（节录），转引自周勇《少数人权利的法理》，社会科学文献出版社 2001 年版，第 211 页。

保护，如民族文化的差异。三是如何去构建适应教育差异的民族地区教育法律保障机制，以推动教育优先发展战略的落实，实现教育实质平等。要理解这个问题，必须意识到我国民族地区教育的复杂性决定了国家层面立法的困难，因此依据《宪法》《民族区域自治法》以及《教育法》等相关法律，进一步保障民族区域自治权，积极发挥民族地区的主观能动性，则成为这一目标实现的法律坐标。在这其中，教育差异具体表现形式是民族地区主观能动性发挥的现实基础，构建适应民族地区教育差异的教育法律保障机制是民族地区教育优先发展战略落实的制度保障。

第三节　转换研究范式：民族地区教育优先发展转向对法律实效的关注

"范式"一词是托马斯·库恩（Thomas S. Kuhn）在《科学革命的结构》一书中首次提出，范式作为公认的模式或模型，可以理解为学术共同体认可的世界观和共同遵循的行为方式。正如库恩所言："范式之所以获得了他们的地位，是因为他们比他们的竞争对手能更成功地解决一些问题，而这些问题又为实践者团体认识到是最为重要的。"[①] 民族地区教育优先发展的法律保障研究范式转换是民族教育问题研究进一步深化和发展的需要，涉及以下两个方面的问题。

一　研究视角的转换

在以往民族地区教育优先发展法律保障问题研究领域，学界多从价值分析、机制构建及运行等角度展开讨论，形成了基于制度构建和运行视阈下的民族认同、质量保障、教育均衡等研究范式，在过去相当长一段时间，这种研究民族教育法律问题的视角和方式是十分合理和必要的。但是法律只是社会关系调整的手段之一，近年来法律保障机制在民族地区教育优先发展战略落实中的作用和法律价值受到诸多质疑。如果我们仅仅站在构建制度，呼吁立法的立场，已经不能看清民族地区教育优先发展的法律

---

① ［美］托马斯·库恩：《科学革命的结构》，金吾伦、胡新和译，北京大学出版社2013年版，第19页。

保障问题的全貌。诚然，民族地区教育优先发展战略作为国家积极民族政策的重要组成部分和少数民族教育发展权保障的具体体现，主要通过法律和政策保障在民族地区逐渐推进，这对保障少数民族教育发展权、传承民族文化和加速地方经济社会进步起到了积极而重要的作用。在当前民族地区社会经济文化变迁的过程中，民族教育如何与整个社会结构转型相协调值得深入思考，而且传统与现代之间、民族文化与其他文化之间都会有冲突和融合的过程，这也需要考虑民族地区的特殊性、民族多样性和民族文化多元性等问题，以往的研究范式面临转换。

　　范式转换是为了揭示事物发展变化的内在规律，可以为学术共同体提供所研究领域的方向与路径指引，民族地区教育优先发展的法律保障问题从关注制度价值与构建的范式下转向对运行和实效的关注，体现了研究的发展进程。这是因为在民族地区教育优先发展过程中教育法律法规起到了什么作用，这些民族教育法律法规颁布后，执行情况如何，存在什么问题，学界探讨并不多。法律实效不佳主要是"对法律实践状况缺乏总结，对法律实效问题缺乏研究，尤其是没有运用法社会学观点将法律实效问题放入社会转型这一重大社会背景下研究"①，研究的缺陷和理论不足制约着民族地区教育优先发展相关法律的完善和实效的提高。

二　研究内容的转换

　　民族地区教育优先发展的法律保障研究在内容上也与以往不同，通常意义上，法律实施及其成效受个人、体制、环境及法律本身等多方面因素制约。民族地区教育法律法规是否能解决民族地区教育优先发展的所有问题，哪些问题还需要法律进一步明确，哪些问题不是法律可以调整的，都值得继续追问。在社会转型期，研究还需要考虑以下问题。

　　第一，在地理位置上，当前民族地区教育优先发展除了考虑民族地区与非民族地区的优先问题，还要考虑民族地区内部的城乡关系问题。十八届三中全会明确指出要"推进城乡要素平等交换和公共资源均衡配置"，这来源于对我国当前城乡关系的深刻认识。同样，当前民族地区教育发展的重点和难点也是在农村，目前我国社会经济发展还存在着社会保障体系

---

① 车保睿：《论中国社会转型期法律实效》，硕士学位论文，安徽大学，2011年，第2页。

不完善、城乡差距仍然较大等一些涉及广大人民群众切身利益的问题，需要我们采取各种措施逐步解决，特别是当前教育必须面对城镇化和工业化的巨大挑战。十七大报告提出"形成城乡经济社会发展一体化新格局"，十八大报告提出"形成以工促农、以城带乡、工农互惠、城乡一体的新型工农、城乡关系"的目标，进一步做出"城乡发展一体化是解决'三农'问题的根本途径"的论断，这是着眼于对农民权益充分保障的思考结果。如表1—1所示，虽然除了内蒙古城镇人口比重高于全国平均水平外，其他民族省区均比全国平均水平低，但是也是一直持续增长，近年来我国民族八省区城镇化步伐明显加快。

表 1—1　　　　　　民族八省区年末城镇人口比重　　　　　单位:%

年份 地区	2005	2006	2007	2008	2009	2010	2011	2012
新疆	37.15	37.94	39.15	39.64	39.85	43.01	43.54	43.98
宁夏	42.28	43.00	44.02	44.98	46.10	47.90	49.82	50.67
内蒙古	47.20	48.64	50.15	51.71	53.40	55.50	56.62	57.74
青海	39.25	39.26	40.07	40.86	41.90	44.72	46.22	47.44
广西	33.62	34.64	36.24	38.16	39.20	40.00	41.80	43.53
西藏	20.85	21.13	21.50	21.90	22.30	22.67	22.71	22.75
贵州	26.87	27.46	28.24	29.11	29.89	33.81	34.96	36.41
云南	29.50	30.50	31.60	33.00	34.00	34.70	36.80	39.31
全国	42.99	44.34	45.89	46.99	48.34	49.95	51.27	52.57

　　数据来源：国家统计局人口和就业统计司编《中国人口和就业统计年鉴（2013）》，中国统计出版社2013年版，第7页。

　　城镇化的进程带来了民族地区流动人口的大幅度增长，并随之产生了少数民族受教育权保障的新问题，采取有力措施让少数民族农民工子女得到义务教育机会，通过推动民族地区城乡教育一体化确保教育公平，既是生产力发展水平提高、市场经济进一步深化对民族地区城乡关系提出的新任务，也是让广大少数民族群众参与现代化建设、共享改革发展成果和建设新型城乡关系的重要手段与途径。此外，正确对待民族地区城乡教育关系，不仅要思考教育公平的问题，还要思考如何保护地方教育差异性需求的问题，民族地区少数民族群众多数生活在农村，"城乡教育一体化不是城乡教育一样化，不是要消灭农村教育，其目的在于实现城乡教育优势互补，双强共荣"①。

第二，与以往民族地区教育优先发展主要关注教育公平实现的不同，当前还要进一步思考教育公平与效率的关系问题。如何对待公平与效率的关系是现代经济社会不可回避的基本问题，长期以来学界争议很大，哈耶克（Hayek）、弗里德曼（Friedman）、科斯（Coase）等学者基于公平需要通过自由竞争的市场机制实现的观点，主张效率优先，而勒纳（Lerner）、罗尔斯（Rawles）等学者从收入、权力、机会等角度阐述了对公平优先的支持。此外，凯恩斯（Keynes）、布南坎（Buchanan）等学者试图寻找既能提高效率，又不损害公平的途径。民族地区教育发展的道路不可避免要对公平与效率问题作出价值判断和规范分析。教育公平是社会公平的重要基础，近年来，政府陆续出台了许多促进教育公平的政策，极大地推动了民族地区教育事业的发展，例如义务教育阶段教育均衡相关政策，农村免费中等职业教育政策，国家连片特困地区农村义务教育学生营养改善计划，中小学校舍安全工程，国家连片特困地区定向招生计划，进城务工人员随迁子女接受义务教育后在当地参加升学考试的意见等。这些政策合民意，顺民心，既是构建和谐社会、促进社会各方面协调发展的必然选择，也是提高教育效率，建设人力资源强国的基础保障。

在保障教育公平的同时，我们也需要考虑如何提高教育资源的使用效率。我们认为党和政府应把追求教育公平作为首要目标，但这并不意味着以牺牲效率为前提，因为从逻辑上看，无法做到教育公平，教育效率也将受到严重损害，特别是我国的城乡、区域教育发展不平衡问题如果一直不能解决，就会造成城乡教育断裂，必然使现代化进程失去农村人力资源的重要支持与保障。在"能上学"问题基本解决的背景下，民族地区教育发展已从教育投入转向教育资源的优化配置问题。因此，促进教育均衡，提高教育效率，走教育质量的内涵式发展道路，成了21世纪初以来民族

① 褚宏启：《城乡教育一体化：体系重构与制度创新——中国教育二元结构及其破解》，《教育研究》2009年第11期。

地区教育工作的主要内容，这也是顺应经济全球化和教育现代化的急切需要。

第三，随着教育管理体制改革的深化，当前政府教育职能逐渐发生转变，在这个过程中民族地区教育优先发展需要进一步协调政府与市场的关系问题，调动市场参与的积极性。我国改革开放成功的经验之一就是将市场经济活力与社会主义制度优越性的有机结合，十八届三中全会进一步强调"市场在资源配置中起决定性作用"，这对厘清政府与市场的关系提供了支撑依据。市场对教育的介入给教育带来了较大变化，也增加了人民群众受教育的机会，因此承认市场在教育中的作用和地位是非常重要的。按照许多学者的观点，市场在教育中应是市场化公益行为，这是现代国家普遍存在的一种处理公益性事业与市场关系的行为模式。"就教育而言，市场的有限介入既实现了一部分人的私益，同时又满足了社会成员对教育的多元化需求，因而实现了公益"①。此外，在民族地区教育事业发展的过程中，不仅仅是政府的积极参与，社会公益组织、企事业团体、爱心人士也在人力物力等方面予以了极大支持。可以说，仅仅依靠政府的力量，民族地区教育优先发展目标难以实现，因此，正确处理政府与市场、社会的关系，推进民族地区教育治理现代化，这也是民族地区教育发展的重要问题。

对于市场，我们必须意识到，市场驱动的私利性质与我们对教育的公共产品性质界定存在一定的矛盾，而且市场并未能很好地调节教育需求关系，教育市场存在的诸多问题又急需政府采取有力措施，促进不同教育机构的良性竞争，以实现教育资源的帕累托最优配置。虽然教育产品的提供机制可以多元化，但是"从经济学理论基础看，教育市场的失灵与价格机制的失效、教育的外部性、信息的不完全和不对称、社会收入分配不公以及劳动力市场分割等紧密相关"②。现代国家治理体系最显著的一个特点就是政府与市场关系的法治化、规范化。正确处理政府与市场的关系，就是要转变政府教育职能，实现政府公平而高效供给教育公共产品的能

---

① 劳凯声：《教育市场的可能性及其限度》，《北京师范大学学报》（社会科学版）2005年第1期。

② 周继良：《我国教育市场失灵的若干理论分析：一个经济学的视野》，《教育理论与实践》2009年第10期。

力，在这个过程中，政府的公共权力受到规范和制约，市场的作用得到彰显。有学者提出，"政府职能的转变，要求以法规范的形式加以明确，以具体的权力和职责的性质加以确认，以具体的岗位责任制加以保障，以市场主体乃至各个领域、各个层次的利益表达和利益实现作为监督制约"①。同样，民族地区教育优先发展中政府与市场的关系，需要通过法律制度的完善，回应怎样通过政府宏观调控和市场积极参与，有效分配教育资源，推动公共教育协调发展的问题，特别是政府和市场面对教育资源如何向中西部地区、农村贫困地区、民族与边疆地区倾斜，如何缩小城乡、区域教育差距等问题，需要明确政府的教育法律责任底线和边界。

第四，当前民族地区社会群体之间利益格局关系的变化影响着教育优先发展战略的具体落实，民族教育法律需要在协调不同主体利益方面积极作为。目前，社会群体之间教育利益格局也在发生变化，人民群众日益增长的教育多样化、多层次需求对教育事业的公益性、公平性等问题提出了最大挑战。例如随着城镇化、工业化推进，产生出来的农民工子女义务教育问题，长期以来一直不能得到很好地解决，原因既是"以县为主"义务教育投入机制与农民工子女义务教育"两为主"政策矛盾导致的地方政府利益冲突，也包括公立学校对稀缺教育资源争夺、农民工子女教育利益表达机制缺乏等原因；又如改革开放以来高考利益格局的变迁，特别是当前各地异地高考政策的出台，反映了社会精英、公民团体等的利益冲突、分化与协调。教育事业的发展在教育目标上是实现人的全面发展，这应该面向全体学生，但是教育资源的有限性，决定了社会群体教育利益如何分配是不可避免的难点和焦点。强调民族地区教育优先发展是基于民族地区历史、地理、社会经济、文化等诸多方面原因，这必将触碰到社会群体教育利益格局关系的调整，如果无法从法理上阐释这一优先政策的合法性和合理性，则会导致不同利益群体的质疑，进而阻碍民族地区人才培养体制、办学体制、教育管理体制等教育制度改革的推进，最终无法适应和协调不同利益主体的教育需求。

由于民族教育立法中宣示性的非强制规范居主要位置，长期以来社会各界对民族地区教育优先发展相关法律实施和实效存有异议。实际上，民

① 杨建顺：《论政府职能转变的目标及其制度支撑》，《中国法学》2006 年第 6 期。

族教育法律"软法"的特征并不影响其法律实效的提高，软法得以存在的理由是现代法治应多寻求民主协商、少用强制，依据不同社会关系秩序化难易程度决定其是否选取国家强制手段。伴随公共治理的崛起，软法与硬法逐渐成为现代法的两种基本表现形式，软法的作用在于（1）法的规范作用，（2）节约国家立法和执法成本，（3）尊重社会行动者的主体精神，（4）使一国法规范体系更具弹性、开放性和回应性。① 民族地区教育优先发展涉及不同群体的利益诉求都具有自身的合理性，只是限于经济物质条件的限制、地区教育发展诉求的差异性等原因，我们要对利益进行协调。因此，民主协商以达到公众的主动配合应成为我们的路径选择，"法律目标的多样性决定着实现方式的多样性，这些较为全面地反映出软法基本特征的柔性法律文本的涌现，无疑有助于松动'法即硬法'的法律传统根基，宣告了'只有通过强制才能实现法律目标'这种传统立法思维模式的终结"②。但是，软法如何运行和实现法律目标，又是一个非常复杂的问题，鉴于当前法律保障问题向法律实施和法律实效的转向，我们还需进一步思考民族地区教育优先发展的相关法律在调整社会群体之间利益格局关系中如何发挥作用的问题。

第四节　重视理论推动：教育优先发展理论
进展促使法律保障机制变革

一　教育优先发展理论的产生与动因

教育是一个与我们生活和发展息息相关的重要活动，许多人的命运因教育而改变，我们在生活中感受到的许许多多重视教育的鲜活案例，也使我们认识到，教育发展是社会发展中极为重要的组成部分。虽然教育对个人发展和社会进步都起到了非常积极的推动作用，但是对于教育地位的认识却深受社会发展历史环境的深刻影响，例如 20 世纪初战争年代的"教育救国"论，以及 20 世纪八九十年代市场经济环境影响下的"读书无用论"等。如果谈及"教育优先发展"理论，许多学者或许会从我国先秦

---

① 罗豪才：《软法与公共治理》，北京大学出版社 2007 年版，第 9—10 页。

② 同上书，第 202—203 页。

教育名著《学记》"建国君民，教学为先"谈起，抑或是从古希腊柏拉图《理想国》中对教育地位和功能的重要阐述分析开始。不过，历史事实表明，尽管有许多学者谈及过教育重要性的认识，但将其转化为实践问题一方面是近代工业化进程推进、大机器工业发展促成的结果，特别是为了适应社会经济发展的需要，西方国家陆续出台义务教育相关法律，从法律层面开始对教育重要性的关注。另一方面是对教育功能和价值认识深化的原因，正如20世纪70年代，联合国教科文组织编写《学会生存——教育世界的今天和明天》一书提及，"现在，教育在全世界的发展正倾向于先于经济的发展，这在人类历史上大概还是第一次"，在我国也有学者提出"教育优先发展战略是现代教育的基本特征之一"[1]，"教育优先发展是我国现代化的科学选择，是在改革开放背景下形成的正确决断"[2]。因此我们认为，"教育优先发展"理论的提出，是社会经济发展推进，对教育功能和价值科学定位的共同影响之结果，充分反映了教育与政治、经济、文化、科技等其他社会子系统的辩证统一关系。

在当今社会，教育优先发展逐渐成为社会各界的共识。这是人力资本理论的深化、发达国家如日本等发展经验提炼，以及改革开放后邓小平等国家领导人教育优先思想逐渐系统化等原因共同推动的结果，回答教育发展为何应处于优先位置，可以从三个角度阐释。

第一，教育性质决定教育应该优先发展，这主要包括对教育本质和教育特征的认识。教育的本质问题就是回答"教育是什么"的问题，这在教育学研究中具有重要的理论价值和实践意义。虽然学界对教育本质问题很难形成统一认识，但是相比早期"教育是上层建筑""教育是生产力"等观点，一个明显的趋势是，当前对于教育本质的讨论，已经转向教育内在特征、矛盾的视角，如胡德海提出"教育的本质属性是他的传递性、工具性、手段性"[3]。基于此，从教育性质视角分析教育优先发展的合理性，主要是涉及这几个方面：教育对人的发展的重要作用、教育的相对独立性，以及教育过程的长期性。此外，在教育性质决

①　袁桂林：《农村实施教育优先发展战略初探》，《东北师范大学学报》2000年第2期。

②　曾天山：《教育优先发展是实现现代化的根本大计》，《教育研究》2008年第11期。

③　胡德海：《教育学原理》，甘肃教育出版社2000年版，第271页。

定论问题上，还有学者提出教育滞后性的观点，认为教育的发展明显滞后于社会经济、文化等其他方面的发展速度，优先发展教育是为了与社会其他子系统的"同步"发展，但其本质仍然是强调教育发展秩序和利益分配的优先性。

第二，社会发展历史经验证明教育应该优先发展。一方面，国外教育发展的成功经验是我们论证教育在社会发展中应具有优先地位的重要依据，已有相当一部分学者论证了美国、俄罗斯、英国等教育优先发展的历史经验，特别是战后日本的重新崛起与其长期倡导的教育优先发展战略更为学界津津乐道；另一方面，一些学者也关注教育自身发展演变的历史在教育优先发展理论形成中的作用，"从历史上看，人们对教育的认识，发生了一个从教育附属——教育重要——教育优先这样三个阶段的认识过程""教育在社会发展中的作用是随着时代变化的。许多民族的社会的动力路线是沿着战争→宗教→政治→经济→教育的路径而进行的。这是教育优先发展的宏观历史机制"①。

第三，社会发展现实诉求强调教育应该优先发展。教育对社会其他子系统如政治、经济、文化等的发展具有基础和促进作用，"教育要优先发展，从根本上说，是由当代教育在促进经济与社会发展中所具有的经济、政治等多种功能所决定的，从系统论的观点看，教育系统是社会大系统中的一个子系统，教育既要受到政治、经济、文化、科技等的制约，又有促进政治、经济、文化和科技发展的功能"②。从社会发展现实诉求角度看，教育优先发展往往与西部贫困地区的现状相结合，有学者就此提出，"教育优先发展是西部地区人民摆脱贫困的必要条件，实现经济腾飞的重要动力，社会走向可持续发展的根本大计，具有十分重要的战略意义"③。基于社会现实需求论的观点，教育过度发展的问题也在近年来被逐渐提及，一些学者认为，既然教育是为了适应社会经济发展的需要而采取的优先措施，那么教育的超前（也就是"过度"）发展也会打破社会子系统之间的平衡，影响社会的全面进步。我们认为，持有教育过度发展担忧观点的学

---

① 孙宵兵：《教育优先法理研究》，教育科学出版社 2007 年版，第 24—25 页。
② 聂海清：《教育优先发展观的理论依据》，《教育评论》1990 年第 5 期。
③ 马佳宏：《论西部大开发中的教育优先发展》，《中国教育学刊》2001 年第 6 期。

者主要是由此从经济层面讨论教育投资的比例和结构的合理性问题，也不是否定教育优先发展的科学性。

二　教育优先发展理论对法律保障机制的推动

教育优先发展理论对法律保障机制变革的推动主要是从法学视角剖析教育优先发展理论价值和意义的结果，孙霄兵通过整理不同学科视角对教育优先问题的分析，提出教育优先的学科逻辑结构（表1—2）。

表1—2　　　　　　　　　教育优先的学科逻辑结构①

学科视阈	社会内容	教育优先特征
哲学、教育哲学	个人自由	人的发展优先
法理学	法律权利	受教育权优先
教育学	社会活动	教育活动优先
教育法学	行业关系	教育关系优先
行政学、政治学	行政事业	教育事业优先
战略学、经济学	国家战略	教育优先发展战略优先

尽管不同学科对教育优先发展的主要内容认识不一，但是核心问题均涉及以下几个部分，第一，教育优先发展强调"优先"是对教育发展的一种秩序安排和地位确认，放在发展的首要位置说明了充分认识到教育的重要性，所谓的优先主要是指教育的"超前"发展；第二，教育与政治、经济、文化等均属于社会子系统的重要组成部分，特别强调教育发展的优先，是考虑教育自身特性和辩证统一看待教育与社会其他子系统关系的结果，从教育自身特性来看，学界普遍认同教育对人的发展的重要价值；第三，优先源于资源的有限性，代表社会的一种价值观念和诉求。站在教育法律研究的角度分析教育优先发展问题，我们认为教育优先发展的本质是基于促进人的发展，从法律角度体现的受教育权保障相对其他权利保障的

---

① 孙霄兵：《教育优先法理研究》，教育科学出版社2007年版，第29页。

优先，而落实到具体的法律条文，则是将教育发展秩序进行的"优先"排序，这是将其与政治、经济、文化、科技等其他社会子系统纳入同一分析视角得出的结论，许多教育相关法律法规，从具体内容上充分体现了教育秩序的"优先"排列。总的来说，法律作为社会规则的一种，其内容是对权利和义务的界定，因此通过法律提出教育"优先"，则是基于资源的相对有限性的现实状况和法律平等原则的价值认同，对涉及权利平等实现的资源或利益分配的比例倾斜或秩序调整，代表着平等与正义的价值诉求。米尔恩认为，"权利就是资格，即法律授予这些权利的享有者所拥有的优势"[①]，由于受教育权利对其他权利的实现具有基础作用，教育在权利平等实现中具有极为重要的价值，因此教育权利相对于其他权利更应具有"优先"的优势。正是基于对教育优先发展重要性的清晰认识，当前"教育优先发展"已成为世界各国教育相关立法予以明确的重要内容，1992 年《俄罗斯联邦教育法》第一条即指出"俄罗斯联邦宣布教育领域为优先发展的领域"[②]。

教育优先发展理论对教育为什么要优先发展的科学阐释以及对什么是教育优先的多学科分析，为民族地区教育优先发展法律内容的确立提供了学理支撑和依据。民族地区教育优先发展法律同样是基于对受教育权利的保障，从秩序上对教育发展重要地位的认可和落实。在我国，教育优先发展问题从社会和学界的讨论演变为国家的立法活动是在党的十三大把教育摆在"首要位置"、十四大提出教育应是"优先发展的战略地位"以后，特别是 1995 年《教育法》明确提出"国家保障教育事业优先发展"，为教育优先发展战略地位的确立和落实提供了法律确认和保障，此后，《国家中长期教育改革和发展规划纲要（2010—2020 年）》明确提出教育发展三优先。同样，"教育优先发展"是民族地区教育相关立法反复强调的重要内容，本书对十个民族地区教育发展相关法律法规文本"优先"一词的出现频率进行统计，情况如表 1—3。

---

① ［英］米尔恩：《人的权利与人的多样性》，夏勇、张志铭译，中国大百科全书出版社1996 年版，第 118 页。

② 教育部基础教育司编：《义务教育法规文献汇编》，中国社会出版社 1998 年版，第 706页。

表1—3　　　　民族地区教育发展相关法律文本"优先"的词频统计

法律法规名称	"优先"词频	法律法规名称	"优先"词频
教育法	4	西双版纳民族教育条例	3
广西教育条例	4	教育规划纲要（2010 – 2020）	16
黔西南教育条例	6	云南省少数民族教育促进条例	5
贵州义务教育条例	3	广西贯彻《义务教育法》实施办法	2
南宁民族教育条例	1	国务院关于加快发展民族教育的决定（2015）	3

三　传统民族地区教育优先发展观的危机与变革

由于地域、历史、文化等复杂原因，民族地区的教育发展问题还具有自己的特殊性，这决定了民族地区教育优先发展法律本身的立法动因、实施过程、实现目标等具有与非民族地区的不同之处，仅仅用受教育权这一概念已无法囊括民族地区教育优先发展法律的价值和目标。传统民族地区教育优先发展观受到发展理论的影响，在本质上与非民族地区教育优先发展没有进行很好的区别。20世纪中叶以来，发展社会学先后提出了三种不同的发展理论，以求回应发展中国家的现代化问题，这些理论逐渐对我们看待其他社会发展问题包括教育发展问题产生了深远的影响。第一是现代化理论，现代化理论蕴含西方文化中心论、社会进化论、发展内因论和发展道路同一论的观点，它看到了不同地区间的共同之处，而忽略了地区间发展问题的差异性。第二是依附理论，这是一种外因论的发展观，认为非西方不发达国家发展问题是政治经济方面的外因决定，一些学者谈及民族地区教育发展落后根源时受依附理论的影响，认为民族地区的教育发展落后受外部发展环境和模式的影响。第三种是世界体系理论，这是沃勒斯坦（Wallerstein）等学者提出的，这个理论用体系观点来解读世界的发展变化，将整个世界视为统一的整体。这些发展理论对于我们解读教育发展相关问题起到了积极作用，但是传统发展观也存在自身的局限性。与发展经济学和现代化理论切入问题角度相比较，发展观传统范式的逻辑架构的相近之处在于：首先，在何谓发展的问题上，普遍认为发展即经济增长；其次，在发展目标与要素上，具有突出的物本取向；最后，在发展路径和模式设计上，渗透西方中心论的价值取向①。

  受传统发展观秉持经济决定主义的影响，民族地区教育优先发展同样产生了"发展＝增长"的思维模式。经济决定主义是渗透于现代社会的一种重要价值维度，作为一种世界观和方法论，它最显著的特点表现在：首先，经济原则成为普遍的评判标准与行动原则，进而导致发展观念与实践的"物质主义"倾向；其次，追求经济利益、实现经济增长成为至高无上的行动原则；最后，经济成为社会中心，而不是相反。② 由此可见，在传统意义上，发展观倡导的是量的增长和质的变化，发展又是一种永无止境的过程，意味着不断的进步。长期以来，教育发展本身，学界无外乎从教育条件、数量、结构、制度、效率与效益等方面展开讨论，在衡量民族地区教育发展水平时，横向比较的对象则是教育发达地区的教育发展水平，本书给予民族地区教育发展落后的结论均是从空间上的横向比较得出的。不过经济决定主义对教育优先发展理论的影响并不在于教育的经济中心论，虽然学界普遍认可教育对经济增长的贡献，但是忽略了教育价值的多元化这一事实，受经济决定主义影响的教育优先发展观在于，将教育视为社会子系统，并基于此讨论教育与其他社会子系统的发展关系特别是与经济的发展关系，比如"教育摆在优先发展的战略地位""教育优先于经济发展的原则"等。教育发展观念可以从教育优先发展、教育均衡发展、教育可持续发展、教育协调发展、教育科学发展等诸多维度谈及，但归根到底，均不能绕开对何为"发展"一词的理解。

  事实上，民族地区教育优先发展法律不仅是保障少数民族受教育权的需要，从立法实践来看，更多蕴含通过民族地区教育发展提高民族地区人口素质，从而推动区域社会经济整体发展之目的。一方面，教育发展具有综合性。教育优先发展是社会发展的组成部分，教育优先发展与其他社会子系统的发展相互影响、相互渗透、相互促进，共同构成了社会的总体发展。传统的民族地区教育优先发展观受到挑战，就是源于对"发展＝增长"的发展理论的质疑，无论现代化理论、依附理论还是世界体系理论，都是探寻发展的内在根源和动力，而非否定"发展＝增长"观念本身。

---

① 刘会强：《发展观的范式变革》，上海社会科学院出版社 2010 年版，第 70—74 页。

② 同上书，第 153—156 页。

传统的发展社会学因其西方中心主义和发展主义的倾向，在发展的价值目标定位上具有片面性，近年来，学术界在反思和批判片面的发展价值目标前提下，提出了生存、尊重、自由、公正等更深层次的、更为全面的发展价值目标①，教育发展的综合性观点逐渐得到认可。所谓教育发展综合性，即将发展理解为经济、社会、人、自然之间的全面的、协调的发展，既充分利用人的、社会的、自然的各种资源，同时也应该为人和社会的持续发展创造条件，所以，发展理论是一种系统的、综合的和整体的研究。② 教育发展的综合性观念认为教育发展是个综合、整体的结果，尽管经济因素是教育发展的重要外因，但绝不是唯一重要的因素。另一方面，教育发展具有外部性。传统的民族地区教育优先发展理论认为教育优先发展是基于社会经济发展需要考虑的，教育优先发展的立足点和受益群体也是民族地区的各族群众，但是，民族教育发展所带来的收益不仅仅属于民族地区，发展利益具有可传播性，虽然民族地区教育优先发展直接实现的民族地区社会经济发展、文化保护和传承、个人受教育权，但长远来讲，民族地区教育发展权的实现最终是让整个国家各个阶层社会群体受益，如果民族地区教育发展实效不佳，则会损害整个国家教育发展利益，"民族地区的教育发展相对滞后及其不平等对全国教育不平等有很大的负面效应"③，从这个角度看，教育的地区优惠论是片面的发展理论。与此同时，教育发展外部性还在于民族地区教育发展受到外部制度、文化等各方面因素影响，这就要求我们在对待民族地区教育发展问题时注意避免外部因素的消极影响。民族地区教育优先发展与其他西部地区、落后地区的最大差别是文化差别。尽管我们对何谓"文化"可以作出若干种解释，但有一点是十分明晰的，不同民族文化的差异性因情境、历史、地理、语言、心理等诸多因素产生，民族文化的特性无法用某种手段或者工具提炼归纳，正如格尔茨所言，"对文化的分析不是一种寻求规律的实验科学，而是一种探求意义的解释科学"④，无法将所有民族文化予以系统的归纳总结，

①　景天魁、邓万春：《发展社会学概论》，中国社会科学出版社 2011 年版，第 274 页。

②　章立明：《鸟瞰与虫眼：多维视域中的发展理论》，民族出版社 2007 年版，第 30 页。

③　何立华、成艾华：《民族地区的教育发展与教育平等——基于最近三次人口普查资料的实证研究》，《民族研究》2015 年第 4 期。

④　［美］克利福德·格尔茨：《文化的解释》，韩莉译，译林出版社 2014 年版，第 5 页。

那么基于民族文化角度的教育优先发展评价机制就不可能同一或者同质化。民族地区教育是否发展了，其评价标准应该是符合民族地区实际，而非现代化理论所倡导的发展道路同一论，民族地区教育优先发展终极目标是实现人的自由而全面的发展，而人是在一定社会环境中存在。在现实社会中，民族地区教育发展的权利诉求来自于民族地区与其他地区的教育发展差距和文化、语言差异，"发展权正是社会关系发展不均衡尤其是发展差距悬殊的产物，是在主权独立和个体生存的基础上追求生存质量和平等发展机会的必需，是物质条件和文化条件相互作用的结果"①。既然民族地区教育发展权来自于地区和民族文化发展的需要，那么就需要细化民族地区教育发展中的差距和差异问题，提高发展评价的地区和文化适切性。

　　基于上述理由，现在倡导的民族地区教育优先发展理论与实践，应秉持教育发展权保障的法律立场，充分尊重民族地区群众的意见或建议，不损害民族地区的人文和生态环境，从缩小民族差距、尊重教育差异角度出发，落实"他者"的关怀。权利主体具有行使权利的自主性，少数民族教育发展权如何得以保障，我们可以借鉴学界"参与发展"（Participatory Development）或"参与式发展"概念进一步阐述这个问题，这个理论认为参与发展的核心是"把发展看作一个力求趋向正发展的过程。在这个过程中，让目标群体始终真正地参与到发展项目的决策、评估、实施、管理等每一个环节中""使他们充分认同并接受发展的决策与选择，把发展当成是自己的承诺，并把所有外部的信息、技术及资金等方面的支持变成自己内源的发展动力，从而使所实施的发展项目最大限度地达到正发展目标"②。例如我们在评价民族地区教育发展水平中常用到一个指标即"文盲率"，其核心是评价少数民族群众受教育的程度和掌握汉语读写能力的水平，按照这个逻辑，一些少数民族群众只会掌握自己的语言和文字，则在现代化理论语境下被纳入了"文盲"一列，如果从民族文化发展角度来看，这一部分处于发展劣势的"文盲"则更可能承担起民族文化传承的重任。③ 从这个角度讲，尽管民族地区教育发展问题和

---

　　①　汪习根：《法治社会的基本人权——发展权法律制度研究》，中国人民公安大学出版社2002年版，第58页。

　　②　周大鸣、秦红增：《参与发展：当代人类学对"他者"的关怀》，《民族研究》2003年第5期。

　　③　这一观点是在2014年7月参加云南大学民族研究院研究生田野考察暑期学校时，受到马居里老师的观点启发，在此表示感谢。

其他西部非民族地区存在同样的困境和难题，但是绝对不是一个相同的问题，民族地区教育需求的特殊性决定了我们不能采用同质化的评价标准，也不能采取同质化的法律保障机制。这也是为什么我们不提西部地区或者落后地区，而是专门提出民族地区教育优先发展法律保障问题的理论根源。

可以说，当前民族地区教育发展理论是基于"以人为本"的发展理论，从教育与社会其他子系统的关系、民族地区文化差异、民族地区与其他地区教育发展差距的角度入手，挖掘民族地区教育发展的内涵，辨别民族教育发展的影响因素，从而为寻找最适切的民族教育发展模式提供理论支撑。与"以物为本"的发展理论相比，"以人为本"的发展观至少有两点需要关注，即发展的理念（目的）和发展的手段。① 民族发展从对象上看，包括少数民族内部的发展，也包括民族地区各民族的共同发展，从内容上看，包括民族地区社会的发展，也包括民族地区人的发展，民族地区教育发展的评价标准需要考虑民族群体因素、民族地区的环境因素（自然环境与社会环境），以实现教育发展在民族自身发展、民族地区发展和人的全面发展中的积极作用。由此可见，当前民族地区教育优先发展观的变革，最核心的是应有效整合民族地区教育发展的各种因素和力量，通过促进民族地区文化的传承和功能革新，调动民族地区自主发展的能动性和积极性，走"内生型"教育发展道路。正是基于这样的理由，现在我们在探讨民族地区教育优先发展模式和方向时，应摆脱同一论的思维惯性，基于综合性、差异性、多元化等视角，以优先发展是否可持续，优先发展是否实现了社会和人的平等发展，优先发展是否是有效率和质量的发展等三个方面展开讨论，这是民族发展观念变革的必然结果。

---

① 　陈向义：《物本与人本：发展理论的迷失与重建》，上海交通大学出版社 2008 年版，第 174 页。

第二章　民族地区教育优先发展的法理

第一节　民族地区教育优先发展法律价值分析

　　不同的社会科学领域对价值分析的理解角度存在差异，例如管理学领域的价值分析又叫价值工程（VE），探寻的是提高企业资源利用效率的管理技术，社会学领域的价值分析是探寻人类生活意义和价值的方法，公共政策的价值分析则是对公共政策活动中的价值问题进行确认和研究的方法和方法论。[①] 这些学科的价值分析共同点在于，均会涉及研究的主要内容和研究作为方法的意义，同样，价值判断是法学研究中绕不开的问题，法律制度本身就是规范化的产物，不论是授权性规范、义务性规范还是禁止性规范，都带有强烈的应然色彩。[②] 法律价值概念和价值目标的特殊性，决定了法律价值分析具有自身的特点，民族地区教育优先发展的法律价值分析，需要回答的是相关法律应该解决谁的诉求，什么诉求的问题，但在讨论路径上同样需要从内容和意义展开，在研究的中心内容上关注法律价值选择，在研究的意义上关注其合法性和有效性。

一　民族地区教育优先发展法律价值选择的出发点

　　法的价值是以法与人的关系作为基础的，法对于人所具有的意义，是法对于人的需要的满足，也是人关于法的绝对超越指向。[③] 从这个意义上看，法的价值主体是人，就是对人的需要的满足。其不仅评价法与人的关

　　① 刘复兴：《教育政策的价值分析》，教育科学出版社 2006 年版，第 74—77 页。
　　② 陈瑞华：《论法学研究方法——法学研究的第三条道路》，北京大学出版社 2013 年版，第 32 页。
　　③ 卓泽渊：《法的价值论》，法律出版社 1999 年版，第 10 页。

系，也指引人的思想和行为。法律价值的内容十分丰富，例如自由、秩序、权利、平等、民主、正义、效益等等。法的价值选择具有主观性和客观性，是"由社会物质生活条件的客观性，法律现象的客观性，人的意志的主观性和人的法律活动的主观性等因素决定的"①。在表象上，民族地区教育优先发展法律的基本价值是立法者基于自身价值判断而作出的一种选择，体现了立法者的某种价值偏向，从根本上来说，民族地区教育优先发展的法律价值选择又是受民族地区教育优先发展的问题和教育优先发展价值观决定的。在当前，基于人们对民族教育立法目标的诉求不同，民族教育优先发展的法律价值也呈现多元化态势，因为教育资源的有限性，不同的利益主体对民族教育法律抱有的价值期望之间存在着冲突。民族教育立法活动本身就存在对不同法律价值进行选取的过程，但是，"导致法律价值选择冲突和摇摆的因素，既源于法律自身的特点和社会条件的制约，又有人们思想方法论上的种种缺失"②，受社会发展条件、群众教育需求以及相关上位法律的制约。民族地区教育优先发展法律价值选择的出发点主要是回答两个问题。

　　第一个问题是民族地区教育优先发展法律保障的是个人教育发展权利还是群体教育发展权利，这体现的是法的个人价值与群体价值之争，也是对教育发展权主体认识不同的结果。法的个人价值是指法对于个体的自然人的意义，法的群体价值则是法对于由个体自然人结合而成的群体的意义③。在西方哲学社会思潮中，对于个人与群体问题的讨论可以在新自由主义和社群主义中寻找答案。新自由主义把个人当作分析社会现象和政治制度的根本变量，淡化在作为选择背景的文化社群中的成员身份的重要性，例如针对文化多元问题，新自由主义者提出了"善意忽视"原则（principle of benign neglect），认为国家不应该关心公民的民族文化身份和维系文化群体自身的能力，只要他的权利得到尊重。④ 许多新自由主义者

---

① 卓泽渊：《法的价值论》，法律出版社 1999 年版，第 33 页。

② 陈东升：《冲突与权衡：法律价值选择的方法论思考》，《法制与社会发展》2003 年第 1 期。

③ 卓泽渊：《法的价值论》，法律出版社 1999 年版，第 25 页。

④ Will Kymlicka *Contemporary Political Philosophy*：*An Introduction*（*Second Edition*），Oxford University Press，2001，pp. 343—344.

认为集体权利和个体权利是相冲突的，涉及个人权利和共同利益时，新自由主义者过于强调个人权利，忽视个人的自由和幸福只能在共同体中得以可能。而社群主义将社群作为分析政治制度的根本变量，在价值观上强调集体优先的原则，社群主义者喜欢强调文化成员身份的重要性，强调我们进入并非我们可以选择的历史和语言的重要性①，社群主义者把维持社会共同利益（the common good of society）作为和个人自由权利一样重要的义务。② 有学者区分了集体权利的两种含义，内部限制（internal restrictions）即以团结之名限制个人自由的权利，外部保护（external protections）即保障本族群的利益（资源、制度等）不受外部侵害，对于后者，并不必然导致冲突。③ 此外，关于教育发展权的主体问题与学界对发展权主体的认识相关，目前国际人权法学界对何为发展权的主体存在三种观点，即个人是发展权的享有者，只有社会、集团或集体才是发展权的主体，以及通过集体行为实现个体权利等。④ 特别是第三种观点是对个体和集体分离思维的矫正，但这个理论对发展权的行为者和结果享有者的认定并不一致，因此说服力也不强。

事实上，新自由主义和社群主义存在的个人与群体对立的观点，以及关于发展权主体的个人与集体之争议，在马克思主义这里得到了回应，马克思指出："人的本质不是单个人所固有的抽象物，在其现实性上，它是一切社会关系的总和。"⑤ 从这个观点看，人是社会存在物，即使认为教育发展权关注群体教育发展权利，这个群体也是类别化的人，但是，"社会不是单个人的松散的集合，社会就是由以物质的生产关系为基础的复杂的系统，是生产关系以及由此而决定的法的关系、家庭关系的总和构成社

---

① ［加］威尔·金里卡：《自由主义、社群与文化》，应奇、葛水林译，上海译文出版社2005年版，第228页。

② Will Kymlicka *Contemporary Political Philosophy*：*An Introduction*（*Second Edition*），Oxford University Press，2001，p. 212.

③ Will Kymlicka *Multicultural Citizenship*：*A Liberal Theory of Minority Rights*，Oxford University Press，1995，pp. 35—47.

④ 汪习根：《法治社会的基本人权——发展权法律制度研究》，中国人民公安大学出版社2002年版，第61—62页。

⑤ 《马克思恩格斯选集》第1卷，人民出版社2002年第2版，第56页。

会，社会不能还原为个体"①。因此，按照马克思主义理论的观点，本书首先将民族地区教育优先发展法律保障的权利界定为具有个体属性和集体属性，更倾向于通过集体教育发展权的实现促进个体受教育权的保障和落实。这是因为，第一，民族利益首先是群体利益，民族教育利益也首先是群体教育利益。每个民族因生存与发展需要形成了自己的特殊性利益，这些利益本身是语言、宗教、文化、民族发展历史等共同推动产生的，不是某个个体争取换来的，正如有学者提到的那样，"每个民族都是一个利益共同体""民族需要蕴含的利益先是集体利益，再分化落实为个人利益"②。同样，民族地区教育优先发展问题的差异性，以及少数民族文化、宗教、语言和生活方式等的不同，也是少数民族群体生活历程中相互影响逐渐形成的，只有从少数民族整体的立场思考权利的法律保障问题，才能使立法的价值和目标得以实现。第二，少数民族个体的教育发展权利不能离开其具有的民族身份和区域环境展开讨论。民族个体成员拥有"国家公民"的政治身份和拥有"民族成员"的文化身份，公民身份的重要性往往要胜过民族身份，但强调其公民身份的重要性并不意味着其民族身份无关宏旨③，可以说，即使是看待民族个体成员的教育发展权利问题也需结合其公民身份和民族身份展开。与此同时，少数民族受教育权在其他教育法律中已经得到确认和保障，民族地区教育优先发展相关立法并无再次重点确认个人教育发展权利的必要。

民族地区教育优先发展中立法强调群体教育发展权利也并非要否定"以人为本"作为教育立法基本规范的科学性，更不是否定个人教育发展的权利，而且强调集体发展权利也是为了个体发展权利的更好实现。基于个人主义立场或许可以促进某个个体的发展，但少数民族整体的教育平等实现和教育差异尊重难以彰显，而且民族地区亦不是单一民族的问题，许多民族地区"大杂居、小聚居"的形式也需要从集体利益的角度去思考这一问题。联合国《发展权利宣言》第二条明确提出，"人是发展的主

---

① 贾中海：《个人与社群——马克思主义对社群主义与自由主义的批判与超越》，《长白学刊》（长春）2005 年第 5 期。

② 常开霞、刘俊生：《中国社会转型期民族利益协调研究》，知识产权出版社 2011 年版，第 57 页。

③ 于春洋：《论民族个体身份的双重性》，《理论与现代化》2013 年第 1 期。

体，人应成为发展权利的积极参与者和受益者"，因此本书认为，集体发展权利和个体发展权利是辩证的关系。长期以来，教育立法把公共性作为自身追求的价值目标。公共性是指教育所具有的即使社会受益，又使个人受益的责任和功效。作为现代教育的基本特征，公共性同时为教育立法提供了基本的分析范式。① 将公共性作为教育立法的基本价值就要求我们在关注教育的社会功能之外，也要重视教育促进个体发展的功能，充分保障公民的教育权利和自由。即便如此，少数民族个体权利的实现也要依托整个民族教育环境，只有集体发展权利的实现，才有个体发展权利实现的可能，在这个角度，民族地区教育优先发展法律应优先保障群体的教育发展权利。此外，教育差异是当前民族地区教育优先发展法律保障问题的重要缘起之一，如果从个人教育发展角度来讲，个体差异问题更可能是通过因材施教的教学方式实现，无法通过立法来解决，如强调通过法律关注这一问题，则会陷入法律万能的误区。

　　第二个问题是民族地区教育优先发展中法律保障的是民族性教育问题还是地域性教育问题，这体现的是法的群体价值和社会价值之争。群体由不同的个体组成，不同群体共同构成了社会，这种划分方法实质是从法的价值主体的外延展开，法对社会的意义表现为促进社会的发展，又可以分解为政治价值、经济价值、文化价值，等等，同理，民族地区发展权亦可解构为经济发展权、政治发展权、社会发展权、文化教育发展权、生存发展权等。虽然群体价值与社会价值有许多共通之处，但是并不完全等同，例如把民族地区教育优先发展界定为群体价值，那么就承认了该地区少数民族在地区内部具有比汉族更为优惠的教育权利，在这个逻辑下给予民族地区少数民族（不包含汉族考生）的高考加分则具有合法性。如果界定为社会价值，那么以区域为界划分高考加分的优惠制度才具有合法性。在实践中，一些民族地区实施的基于民族身份这一单因素高考加分制度，这使得有一部分民族地区的汉族考生，同处于民族地区而享受同样教育条件，甚至可能因个人家庭、天赋等原因，他们的学习能力还比不上自己的少数民族同学，在最后的高考中却无法得到优惠，很多人质疑这种制度的

_____

① 余雅风：《教育立法必须以教育的公共性为价值基础》，《北京师范大学学报》（社会科学版）2005 年第 1 期。

合法性。但是进一步分析又会发现，少数民族文化的发展处于明显的弱势，少数民族学生在高考制度中的不利地位不仅是由地理、经济等原因造成，文化差异也是十分关键的影响因素，如果从这个角度看，这个制度又符合法理逻辑。事实上，关于区域权利还是民族权利的议题可以从民族地区教育优先发展的实践基础上得到答案。在第一章我们提到民族地区教育优先发展问题的实践基础，既包括了民族地区教育差距的问题（区域性问题），也包括了少数民族教育差异的问题（民族性问题），那么民族地区教育优先发展法律保障就应该是兼顾区域发展和民族发展两大问题，他们是交织在一起，不能分开而谈，民族地区教育优先发展是考虑如何协调两者关系的问题，而不是去区分和排斥它。因此，当前我们强调在民族地区"以人为本"的教育立法价值选择取向更多主张要符合民族地区教育发展的需求，即体现教育价值选择的适切性，不同民族地区基于教育差异的现实诉求，需要进一步思考这些问题。一方面是如何通过民族教育法律完善鼓励社会各界参与到民族教育事业中去，并发挥民族地区教育发展的能动性，这就决定必须充分考虑到民族地区不同民族的教育需求问题；另一方面是法律实施如何满足教育目标的多元化、教育权利保障的多样性以及教育发展道路的切实性等社会转型期产生的教育新诉求和新需要，又必须充分关注民族地区少数民族的教育诉求。

二　民族地区教育优先发展法律的基本价值

民族地区教育优先发展法律的基本价值定位与立法目的相辅相成，正是相关法律价值定位的一致性，才使得其产生对民族地区教育优先发展立法的规范和指引作用。基于法律制度对正义的价值追求、教育法律价值选择动态性的价值导向、教育立法对适切性的基本价值定位，以及权利保障性质的厘清，民族地区教育优先发展法律的基本价值可以概括为人的全面发展价值、正义价值、权利价值、平等价值、效益价值、自由价值等。

首先，人的全面发展是民族地区教育优先发展法律的最高价值目标。教育优先发展的主题是人，目的是为了人，路径是依靠人，评价尺度是促进人的发展，可以说，人的全面发展作为马克思主义的核心价值思想，既是我们为之奋斗的教育理想目标，也是指导我们教育发展和改革的价值承诺。科学发展把"以人为本"作为自己的核心，这就是把人的全面发展作为自己的根本目标。① 人的全面发展的本质在于人的社会属性和社会关系、社会性需要和精神需要、社会素质和能力素质的全面发展。② 教育作为一种培养人的活动，人的发展问题是其关注的根本问题，教育优先发展本质上亦是不懈追求人的全面发展目标的实现。在现实图景中，人的发展受到诸多因素制约，呈现出发展的长期性、艰巨性和复杂性特征，但是相比其他因素，在实现人的全面发展过程中，法律制度因素具有特殊的优势和地位，这是因为人的全面发展需要公正的制度提供规范体系，法律作为最有约束力和强制力的一种制度，是历史演进和社会发展进步的结果，也是人的全面发展的客观需求，有学者甚至指出，在制约人的全面发展的诸因素中，制度是直接决定性因素。③ 法产生于社会发展进程中人的发展之需要，民族地区教育优先发展的历史也表明，法律制度完善是人的全面发展的基础保障、必由之路和强大推力，因此可以说，人的全面发展是教育法律的最高价值目标，这对民族地区教育优先发展法律也不例外。将人的发展视为发展的最高目标，就意味着人的全面发展具有终极的价值意义，正如我们在第一章所讨论的传统发展理论危机中所认为的那样，"对于一个社会而言，如果将以人为本作为发展的基本原则，将人的全面发展作为发展的最终目标，那么，经济增长只是手段，而人的幸福才是目的"④。所谓终极的价值意义，一是作为终极意义的价值对于其他一切价值都具有绝对超越的性质，二是在一定意义上，他是一切价值的价值。⑤ 只有确定了人的全面发展这一最高价值目标，才能进一步分析民族地区教育优先发展法律的其他价值，例如有学者提出符合人的发展要求的制度应具有以人为本、正义性、和而不同、整体性和历史性的特征。⑥ 这都是在承认人的全面发展这一最高价值目标前提之下展开的。

---

① 郑杭生：《改革开放三十年：社会发展理论与社会转型理论》，《中国社会科学》2009 年第 2 期。

② 石书臣：《人的全面发展的本质含义和时代特征》，《河北大学学报》（哲学社会科学版）2002 年第 6 期。

③ 吴向东：《制度与人的全面发展》，《哲学研究》2004 年第 8 期。

④ 章立明：《鸟瞰与虫眼：多维视域中的发展理论》，民族出版社 2007 年版，第 142 期。

⑤ 卓泽渊：《法的价值论》，法律出版社 1999 年版，第 537 页。

⑥ 徐斌：《制度变革与人的全面发展》，《毛泽东邓小平理论研究》2006 年第 1 期。

　　其次，实现正义是民族地区教育优先发展法律的首要价值。正义理论作为规范性理论，是衡量社会制度合法性的重要理论依据。学界普遍认为，正义是法律制度追求的根本价值。要进一步讨论何为法律正义却是十分复杂和困难的，正义作为法律的价值，是"对作为正义标准的法律价值进行辩证综合后的抽象性价值，与作为法律正义标准的各个法律价值相比，正义是更高层次的价值"①。这就意味着，法律制度通过立法目的体现立法价值，尽管不同的法律制度价值体系不尽相同，但是其对正义的追求是一致的，不同法律因立法目的的差异，在"正义"这一概念的统领之下，选择平等、自由、秩序、效率等不同的法律价值作为自身立法的价值选择。因此，讨论民族地区教育优先发展的法律价值定位问题就需要回应如何理解"正义"这一关键性问题。"正义"作为立法价值的最基本内容，历来是政治哲学和法哲学家们研究的重要议题。民族地区教育优先发展问题从正义理论的视角看，本质上是利益分配的合法性问题，正如罗尔斯所言，"正义的主要问题是社会的基本结构，或更确切地说，是社会主要制度分配基本权利和义务，决定由社会合作产生的利益之划分的方式"②。分配正义理论是由正义和人们的需要问题联系起来产生的，因立场不同，可分为实质正义和程序正义两种观点，实质正义关注制度和环境的正当性，程序正义乐于对分配过程的关注，并不过多考虑最终的结果。罗尔斯在《正义论》中提出了关于正义的两条原则，即平等自由原则、机会的公正平等与差别原则，按照罗尔斯的观点，利益分配应该向处于不利地位的人们倾斜，他表达的是一种实质正义的正义观。长期以来，罗尔斯的正义观是我们优先发展民族地区社会事业的重要理论依据，同样，我们强调民族地区教育发展的优惠和倾斜，是基于民族地区历史、文化、地理和社会经济发展等相对处于不利地位做出的价值选择，这符合罗尔斯提出的"有利于境遇最差的人们的最大利益"这一观点，以期最终达到实质平等。诺齐克对罗尔斯的观点提出了不同意见，虽然两人都秉持西方社会个人自由优先的基本价值观，但是诺齐克强调个人自由权利。事实上，

---

① 胡启忠：《法律正义与法律价值之关系辩证》，《河北法学》2010 年第 3 期。

② ［美］约翰·罗尔斯：《正义论》，何怀宏等译，中国社会科学出版社 2010 年版，第 7 页。

几百年间，西方主流政治哲学就是在这两极中不断摇摆，如何设计一个使平等与自由平衡的分配正义方案成为政治哲学家最头疼的问题。诺齐克更倾向个人自由，他认为人们常注意到财富的分配是不平等的，于是便自然地讨论如何平等分配这些财富，这并不是正义的。在他的政治哲学中，在国家的作用与个人的权利间，个人的权利显然居于优先位置，他提出所有分配正义的问题都是模式化的，模式化原则忽视了给予的一面，只注意接受的一面，它看到了接受者的权利，却忘记了给予者的权利。① 所以，即使是善意的动机，也不能为了一部分人剥夺另外一部分人的利益。实际上，无论哲学家们持有怎样的主张，关于分配正义，他们长期所关心的是"资源分配的社会原则"②，并不否定分配正义这一目标的合理性。在社会转型时期，基于尊重不同利益群体利益诉求和对不同利益群体权利的法律保障需要，诺齐克的权利理论思想同样发挥着非常重要的作用。

第三，权利保障是民族地区教育优先发展法律的核心价值内容。从近代法学家提出"天赋人权"、探索权利本质以来，学界对权利的内涵就没有过相对一致的意见，夏勇通过对学界权利内涵的梳理，提出权利是为道德、法律或习俗所认定为正当的利益、主张、资格、力量或自由。③ 不过通常我们谈及法律权利即指法律化的社会权利，这有两层意思，一是权利是社会产物，但并非所有权利都是法律权利，基于对法律的局限性和成本考虑，只有十分重要的权利会纳入法律保障范围；二是法律以权利保障为根本出发点，法律权利包括作为和不作为，权利主体的这种自主性为法律保护，不受任何侵犯。我国宪法明确规定了公民享有受教育权，教育法律法规就是为了保障这项权利而展开的。民族地区受教育者的学习环境处于相对劣势，为了保障其受教育权，我国逐渐建立了较为完善的资助和保障制度。伴随着受教育权从他赋向自赋这一趋势演进，学习权进入人们关注的视野，这也给受教育权的法律保障提出了新的要求和问题。与此同时，我们还要注意到，民族地区教育优先发展的权利价值，并不完全等同于受

---

① ［美］罗伯特·诺齐克：《无政府、国家与乌托邦》，何怀宏等译，中国社会科学出版社1991年版，第21—22页。

② ［美］弗莱施哈克尔：《分配正义简史》，吴万伟译，译林出版社2010年版，第2页。

③ 夏勇：《权利哲学的基本问题》，《法学研究》2004年第5期。

教育权，在本章第一节中，本书围绕民族地区教育优先发展是保障个人教育发展权利还是群体教育发展权利而展开了讨论，并确定了群体教育发展权利占优这一结论。围绕这个权利，即延伸出发展权的问题，发展权是基本人权之一，是保障受教育权、促进民族地区社会经济发展以及发展民族文化的根本权利保证。人权理论发展至今，人权发展的三段论已为学界普遍接受，即："个人自由"人权观——"生存权"人权观——"发展权"人权观。① 发展权的提出有其国际法基础，除了《联合国宪章》《世界人权宣言》对发展权的确认外，《社会进步与发展宣言》《发展权利宣言》等也对发展权的内容、性质进行了确认，当前发展权法治化已成为少数民族发展权利研究的主要切入点，是国际法公认的基本人权。民族发展权是为了促进民族地区的全面、快速发展而为少数民族应当享有的一项基本权利。② 由此可见，发展权从内容上可以划分很多领域，教育优先发展直接反映为教育和文化的发展权，但对经济发展、政治发展等社会子系统的发展也起到间接的保障作用。在这个意义上看，教育发展权并非一项独立的公民权，不能与受教育权等同，同时，教育发展权是发展权的内容之一，需要放在民族地区社会发展的框架中去理解。因此，民族地区教育优先发展法律保障的核心价值内容是权利价值，即少数民族的受教育权和民族地区的教育发展权利。

第四，平等与效益价值是民族地区教育优先发展法律必须面对的两难选择。在现代社会，法律面前人人平等已成为各界共识，但何为平等争议颇多，学界关于平等问题的分析路径主要体现在机会平等、资源平等、民主平等、能力平等四个方面，这对民族地区教育优先发展法律的平等价值选择产生了重要影响。在机会平等方面，阿内逊等福利主义持有者提出的"福利机遇的平等"（equal opportunity for welfare），其重要体现形式即功利主义，诺齐克形式平等观提出"平等辩护的理由基于权利，而基于权利的平等也只能是形式的机会平等"。③ 在资源平等方面，罗尔斯、德沃金等学者注重平等实施的结果，罗尔斯基于结果平等而提出差别待遇原

---

① 龙洋、孙霄兵：《对我国教育法学理论体系逻辑起点的思考》，《教育学报》2011 年第 6 期。

② 李国春：《民族发展与民族平等论》，云南大学出版社 2009 年版，第 16 页。

③ 王立：《平等的范式》，科学出版社 2009 年版，第 32 页。

则，德沃金反对罗尔斯将自身与群体联系在一起的差别平等观，但他也认为"平等的关切要求政府致力于某种形式的物质平等"①，德沃金称之为资源平等（equality of resources）。在民主平等方面，更多是将民主作为平等实现的制度前提展开讨论，德沃金就此问题提出，"致力于平等关切的社会，必须是民主的社会"②。托克维尔在论述民主与自由关系之后也认为，民主国家的多数人更爱民主这一结论。③ 能力平等方面的代表人物是阿玛蒂亚·森，他基于人的差异性提出了"可行能力平等"的分配正义理论。不同的平等理论为我们厘清民族地区教育优先发展法律的平等价值问题提供了借鉴。总体上，民族教育平等问题的争议聚焦在形式平等和实质平等问题上，形式平等强调机会平等，这也是当前西方国家在处理民族教育问题时坚持的主要价值立场；实质平等强调的是结果平等，这是我国长期以来民族教育发展追求的明确目标。有学者进一步认为，实现实质平等和维护少数人群体的特别保护措施在具体适用时需考虑到文化或民族不同等因素，所以它便成为形式平等模式的对立面。这类对少数人的特别保护措施，依其运作的领域和宗旨，又可以分为优惠政策和特殊措施两种。④ 伴随对平等价值的讨论，如何处理平等与效益的关系也成为十分困难的问题，教育法律效益价值可以概括为经济效益、政治效益、文化效益、社会效益等四类。倡导平等价值不是平均主义，不能以严重损害其他地区教育发展利益为基础，也不能为了实现平等而毫不顾忌成本的支出。由于资源的相对有限，"优先"一词本身已经包含了对效率的价值选择，平等和效率在法律中并非对立不可调和的两极，事实表明，加强对民族地区农村教育的支持力度既能提高教育发展的效率，也能促进教育均衡和平等。此外，系统中功能最弱的环节影响系统功能的整体实现，民族地区教育发展这一短板将影响我国教育现代化进程的整体步伐，民族地区人口素质得不到提高，也会影响到整个社会的稳定和进步，最终还是对效益的极大损害。

---

① ［美］德沃金：《至上的美德——平等的理论与实践》，冯克利译，江苏人民出版社 2012 年版，第 3 页。

② 同上书，第 190 页。

③ 何怀宏：《平等二十讲》，天津人民出版社 2008 年版，第 167 页。

④ 周勇：《少数人权利的法理》，社会科学文献出版社 2001 年版，第 19 页。

　　第五，自由价值在民族地区教育优先发展法律中具有特殊性。自由是人类生存和发展的动力和渴望，从古至今，西方学者如亚里士多德、霍布斯、洛克、孟德斯鸠、黑格尔等人在讨论法律时都触及对自由价值的理解。西塞罗"为了得到自由，我们才是法律的臣仆"已成为阐述法的自由价值的至理名言。关于法与自由的关系，马克思提出，"法律不是压制自由的手段，正如重力定律不是阻止运动的手段一样"①。所谓法的自由即指一定社会中人们受到法保障或得到法认可的按照自己的意志进行活动的人的权利。② 由此可见，法的自由是经法律认可的人的权利，从内容上看，法的自由又有人身自由、宗教自由、文化自由、言论自由等，落实到民族地区教育优先发展中就是教育发展自由。并非所有的自由都受法律保护，法对自由的限制也得到法学家的肯定和在立法实践中体现，例如考虑到公共安全和侵犯他人自由等因素，2014 年 12 月 10 日，乌鲁木齐市人大常委会审议并通过《乌鲁木齐市公共场所禁止穿戴蒙面罩袍的规定》，禁止在公共场所穿戴黑面纱。法对自由的限制需遵循必要原则、适当原则和利害原则。民族地区由于自身教育问题和教育环境的特殊性，教育发展的自由价值内涵和限制原则与其他地区教育发展的自由有所区别。米尔恩认为，虽然人类生活必须在共同体中进行，但是共同体可以采取不同的形式，这些不同，完全取决于社会生活所采取的形式，取决于作为社会生活基础的各种观念和价值、知识和理解，③ 可以说，重视民族特殊性就是要注重法律制度的普遍性和实施环境的特殊性之间的有机结合。④ 民族地区发挥自身能动性，结合自身教育需求和条件进行教育优先发展立法，民族地区教育立法的差异是受其教育发展程度、社会经济发展水平、文化差异等因素影响，国家层面的教育立法无法对不同民族地区的教育情况做统一规定。因此多赋予其教育立法或执法的变通权，无论是民族地区结合自身实际的教育立法行为还是中央层面对民族地区教育立法的分权理念都体现了法律对自由价值的认可，从而提出尊重差异的法律保障路径选择。此

---

　　① 《马克思恩格斯全集》第 1 卷，人民出版社 2002 年第 2 版，第 71 页。

　　② 卓泽渊：《法的价值论》，法律出版社 1999 年版，第 397 页。

　　③ ［英］米尔恩：《人的权利与人的多样性》，夏勇等译，中国大百科全书出版社 1996 年版，第 56—57 页。

　　④ 熊文钊主编：《民族法学》，北京大学出版社 2012 年版，第 42 页。

外，尽管民族地区有一定的自治权，但是我国民族地区教育优先发展立法是在遵循《民族区域自治法》《教育法》等法律规定之下，对具体问题的进一步细化和强调，并不违背教育法律的公正、平等等法律价值，在纵向上体现出法治统一性和对自由价值的限制。

通过对法律价值的分析我们知道，教育平等与教育差异应该是民族地区教育优先发展法律价值选择的重要支点，法律价值本身的主观性、多样性和有用性特征决定了其对法律实效的强烈关注，基于正义、平等、权利的法律价值决定了教育平等维度的民族教育法律目标定位，基于自由、效益的法律价值决定了教育差异维度的民族教育法律目标定位，而这些价值又在人的全面发展价值目标统领之下，为通过教育实现人的全面发展奠定制度基础和保障。因此，教育平等与教育差异是民族地区教育优先发展法律保障问题研究的重要切入点，这是保障民族教育法律正义、平等、权利、自由等价值实现的重要内容，是对民族地区教育优先发展法律内涵界定具有重要的实践意义。一方面是基于教育平等的价值定位的实践意义。教育平等是教育事业追求的永恒价值主题，由于历史、地理及文化等诸多原因，民族地区教育事业发展水平和速度仍然落后于其他地区，教育公平在民族地区没有真正落实。法律上的教育平等更集中于对教育权利平等的关注，这包括入学机会的均等、教育过程的权利平等以及基于结果的平等几个方面。另一方面是基于教育差异的价值定位的实践意义。民族地区教育需求的特殊性决定了民族地区教育的差异性，在中国诸多法律文本中，关于民族地区的教育问题均授权给地方权力机关根据实际情况制定实施细则，这不仅是因为民族地区社会经济发展落后需要重点扶持，更是因为民族地区文化特殊性，少数民族教育权利保障需要的必然结果。在当前，民族地区人才培养、双语教育改革、民族文化传承等问题均需要考虑地方的实际情况，发挥地方自觉性，不能走同质化发展道路，例如从2014年起实施的《民族中小学汉语课程标准（义务教育）》等规定就是这一诉求的反映。最后需要指出的一点是，在相关法律中，平等应体现作为人的类、群体本质、本性，差异则体现种族或个体的特质，其立法目的是有一定区别的。

三　民族地区教育优先发展法律价值分析的合法性与有效性

（一）价值分析的合法性

民族地区教育优先发展法律的合法性是指民族地区教育优先发展法律价值选择符合意识形态、社会价值观、民族地区传统习惯等而得到广泛的认可和遵守，从本质上来说，就是法律价值选择符合人的发展之教育需要。在韦伯看来，合法性问题即制度之适用性，他认为行为者承认制度合法性的理由包括"由于传统的原因，即制度的效力早已存在；由于情感的信仰，即某种新的启示或榜样的感召；由于具有某种价值合乎理性的信仰，即制度被视为具有绝对价值；行为者也可能因为现行的具有合法性的成文规定而认可一项制度"[①]。

从一定意义上说，法律的合法性实际上是对某一实在法的评价问题，不同法学家对法的合法性评价有不同的分类和评价标准。归纳起来主要有两种，即实质合法性和形式合法性。[②] 实在法的形式合法性表现在法的渊源或取得形式合法、立法权限合法、立法程序合法、效力位阶合法等四个方面，虽然依据《宪法》《民族区域自治法》等法律规定，民族地区享有立法的变通权，但是民族地区进行教育优先发展的立法仍需注意其立法权限问题，而这主要是受到《立法法》相关规定的制约。而民族地区教育优先发展法律的实质合法性是指法律是否适应民族地区社会发展过程中所拥有的主流教育价值观念和教育发展需求，正如有学者提到，只有当立法机关的立法权及其立法活动符合当时广大社会成员，特别是社会精英们的关于社会权力的取得和运作的一套理论或观念时，才被认为是合法的。[③]

由于价值合法性涉及社会成员的理解与支持，讨论价值合法性不能回避价值冲突和价值平衡的问题。这是因为一方面价值主体类别的多元化，导致价值冲突的必然性，价值冲突导致法律实施的成本上升，反过来将阻碍教育目标的实现。另一方面法的价值具有层次性，法律价值之间依照重要性应有所排序，在同一位阶的价值如果发生冲突也需要选取。正是由于

---

① ［德］韦伯：《经济与社会》，杭聪明译，北京出版社 2008 年版，第 8 页。
② 严存生：《法的合法性问题研究》，《法律科学》2012 年第 3 期。
③ 同上。

人们利益的差异性和人活动的主体性，必然导致人们之间的价值冲突，因此可以说，人们之间价值一致性是相对的，而价值冲突是绝对的。① 面对客观存在的冲突，必须通过价值平衡以满足价值分析的合法性，而价值平衡本身又需要做到以下要求，一是法律价值位阶越高，在价值冲突中越占优，如最高价值与其他价值的冲突；二是法定价值在价值冲突中占优，如民族地区教育优先发展的其他价值与法定价值的冲突；三是价值平衡的成本和比例原则，即在平衡价值时，需对处于弱势的价值适当照顾，减弱价值的冲突和对抗性。

（二）价值分析的有效性

教育资源分配只是法律价值分析的表层现象，根本上，价值分析要解决主体性的人的教育需求，法律是否解决人的发展所面临的问题是判断价值分析有效性的基本标准。民族地区教育优先发展法律所要解决的人的发展问题是涵盖在群体教育发展问题中的，需要通过少数民族教育发展进一步保障和实现，因此这一问题又具有特殊性。虽然本章的第二节谈及了民族地区教育优先发展法律价值的基本内容，但是总的来说，价值分析有效性包括可行性和效益优化两个方面，这为理解和遵循这些价值提出了明确的要求。

一方面，价值的可行性要求，即法律价值应符合时代发展之需要，是能够具体落实和实现的价值。教育发展权具有动态性特征，民族地区教育优先发展法律的价值选择同样是动态的过程，受社会经济发展条件的制约，不同时期对民族地区教育优先发展法律保障的价值诉求有所不同。在改革开放初期，教育经费筹措无力、农村教师缺乏、少数民族学生教育权利难以保障是当时急需解决的问题，而当前不同民族地区教育优先发展法律均对政府经费投入的责任、实施寄宿制、推动双语教学、提高教师质量等提出更高要求。以四川省在 2001 年和 2011 年分别实施的《民族地区教育发展十年行动计划》为例，本书选取两份地方规章的核心词前 10 个发现（表 2—1，依据出现词频高低选择）。尽管四川省从 2001 年开始实施的民族地区教育发展行动计划都紧紧围绕"教育""民族""发展"等核心问题，把"学校"作为着力场所，但是依然可以从"基本""支援"

① 刘复兴：《教育政策的价值分析》，教育科学出版社 2006 年版，第 23 页。

"办学"等词看出，在2001年，因教育资源的相对匮乏，民族地区教育发展主要是寄托于各方合力，目标多提出保守的"基本"实现，而随着社会经济和民族教育的发展，自2011年起，"提高""达到""阶段"等词语出现在核心词中。

表2—1　　四川省2001年和2011年《民族地区教育发展十年行动计划》核心词比较

	1	2	3	4	5	6	7	8	9	10
2001年计划	教育（153）	地区（145）	民族（137）	发展（80）	学校（40）	基本（29）	教师（25）	支援（24）	工作（23）	办学（22）
2011年计划	教育（198）	发展（98）	民族（94）	地区（92）	教师（40）	提高（37）	学生（35）	学校（33）	达到（32）	阶段（31）

另一方面，价值的效益优化要求，即法律价值应考虑法律投入与产出比例、平等与效率的关系协调等效益优化问题。效益优化不等同于效益优先，以往我们强调"效益优先，兼顾公平"是把效益放在第一位，而效益优化仍然坚持教育平等的价值优先性。不过，教育平等价值优先，并不代表我们就可以忽视教育效益的问题。首先，在民族地区内部，这表现为法律投入与产出比例问题。从这个角度，我们需要追求将有限的教育资源发挥出促进民族地区教育优先发展的最大效果，为了实现这一目标，建议立法、执法和监督等的成本都要考虑进去。其次，这也表现为平等与效率的问题，在不懈追求教育平等的同时，也要注意对其他地区教育发展的兼顾，绝不能以牺牲其他地区教育发展的效率为代价。从这个角度，我们需要把握民族地区教育发展过程中的教育资源分配的结构和适度问题，过多的依靠外力推动，不仅造成了民族地区教育发展中"等、靠、要"的思想，还会影响其他地区教育发展的进程。

第二节　民族地区教育优先发展法律的内涵界定

一　民族地区教育优先发展法律内涵界定的依据

一方面，这是基于民族地区教育发展的内在矛盾。在民族地区社会发展的不同阶段，发展目标、发展需求、发展方式以及发展状态均不尽相同，阶段性的矛盾亦有区别。长期以来，我国教育目的常被理解为培养社会主义的建设者和接班人，这种社会本位的教育目的观深深影响到教育法律的价值选择。在利益分化及权利诉求多元化的教育转型时期，这造就了民族地区教育优先发展目的的分化，一是教育为民族地区社会经济发展服务的立法目的仍然是相关法律立法目的确立的重点内容，二是我们并不能用"物化"的视角看待人的一切，伴随教育学界对教育向主体性的人回归的深刻反思，民族地区教育优先发展法律也关注到"人的发展"问题。同样，民族地区教育优先发展法律保障视人的自由而全面发展为永恒主题，由于需求的不断提升和多元化、地域的差异性及发展的紧迫性等因素，法律保障机制构建和运行本身又是不断探索和实践的过程，在不同阶段，亦有自身急需解决的重要议题，阶段性矛盾就显得有所差异。历史发展进程也表明，我国教育发展道路过程中出现的基本矛盾一直是人民群众不断增长的教育需求同教育供给特别是优质教育供给不足的矛盾，这是基于我国现在处于并将长期处于社会主义初级阶段的基本国情及对我国社会的主要矛盾的深刻认识基础上得出的准确结论，这一矛盾同样适用于对民族地区教育优先发展问题的认识。认识到这个总的矛盾，是科学理解民族地区教育优先发展法律内涵的基础。只有这样，才能立足实际，深刻把握新矛盾和新问题，善于结合、敢于创新、积极推进民族地区教育优先发展道路法律的落实。

另一方面，这是依据民族地区教育优先发展法律本身的分析提炼的结果。民族地区教育优先发展的内容并非都是由法律明确规定的，其原因就是限于法律资源的有限性和法律的局限性，并不是民族地区教育优先发展的所有问题都会被法律反映出来。同时，民族地区教育优先发展法律一方面涉及中央层面的教育相关法律法规在民族地区的落实，体现了民族地区教育问题与其他地区的共性；另一方面涉及地方层面的教育法律法规特别是民族教育法律法规的实施，体现了民族地区教育优先发展法律问题的自身特点。因此可以说，民族地区教育优先发展不是由某一部具体法律保障的，而是中央层面的民族法律、教育法律及行政法规及地方层面的地方法规、地方规章等共同作用的结果。由于不同法律之间特别是民族地区间法律的差异性，我们不禁会问，为何"民族地区教育优先发展法律保障"问题可以作为一个统一的问题而深入研究和讨论，而不是广西民族教育优先发展法律保障抑或云南民族教育优先发展法律保障？这是因为虽然不同民族地区教育法律在教育优先发展问题上体现出内容的差异性，但是民族地区教育优先发展法律价值本质上体现的是教育目的，从本章第一节的分析也看出，民族地区教育优先发展法律的价值定位是统一的。

二　民族地区教育优先发展法律的基本内涵

民族地区和少数民族教育发展权的保障主要是通过教育优先发展法律来实现，选择"优先"本身是利益的权衡和考量，孙霄兵将"优先"的性质概括为优先受时空限定、优先是社会选择、优先是秩序安排、优先是地位确认、优先是权利位次等五个方面①。可以说，我们选择某一社会子系统事项优先，或者某地域、某群体利益优先是源于资源的相对有限性做出的社会选择和秩序调整，代表一定的价值诉求。有学者提出，从法理上分析教育优先发展问题，主要是"教育公平是教育优先的预设前提，权益救济是教育优先的价值体现，教育立法是教育优先发展的法制保障，保障受教育权是教育优先发展的战略归宿"②。从法理上正确界定民族地区教育优先发展的基本内涵，可以为民族地区教育优先发展法律保障研究提供学理基础和实践指导。从最初民法上特定权利优先的提出，"优先"一词逐渐在我国的诸多政策法规文本中屡屡被提及，优先作为教育发展权法律保障的关键特点，在法律上必然涉及两个方面，一是同一种权利中一部分人对另外一部分人优先，二是不同的权利之间，某一种权利优先于其他权利。有学者提出"民族教育优先发展包括两层含义：一是把民族教育事业作为全国教育事业发展的重点，优先发展；二是把民族教育作为民族地区的各项事业的重点，优先发展"③。

依据民族地区教育优先发展法律价值选择的理论分析和内涵的界定依据，同时结合前人对民族地区教育优先发展的理解，我们可以提炼出民族地区教育优先发展法律基本的目标框架，民族地区教育优先发展法律对"优先"一词的对象界定，是从空间、要素、内容三个因素伸展而来，形

---

① 孙霄兵：《教育优先法理研究》，教育科学出版社 2007 年版，第 4—5 页。
② 王世忠：《少数民族教育发展研究》，人民出版社 2013 年版，第 69—74 页。
③ 王鉴、安富海：《论民族教育优先发展的科学内涵》，《西北师大学报》（社会科学版）2009 年第 3 期。

成了空间视角下的地区教育发展优先（简称"地区发展优先"）、要素视角下的教育子系统发展优先（简称"教育发展优先"）、内容视角下的民族文化教育优先（简称"民族文化优先"）。基于民族地区教育优先发展法律保障目标框架，我们可以对民族地区教育优先发展法律的基本内涵做如下解读。

第一，民族地区教育优先发展法律以保障民族地区教育发展权利为中心。民族地区教育优先发展权利的实现包含民族地区教育发展、少数民族教育发展和民族成员个体教育发展，是最终实现人的全面发展的关键路径，因此将其作为法律保障的中心问题，并由此衍生出地区发展优先、教育发展优先和文化发展优先三个具体形态。民族地区教育发展权利之所以需要专门讨论，在于我们对发展权认识的深化，正如在第一章所探讨的那样，仅仅将发展等同于经济增长、等同于现代化、等同于社会变迁都是不科学的。民族地区教育发展问题的特殊性主要来源于民族文化的特殊性和地域的特殊性，民族地区和各少数民族如何实现教育的科学发展，走出一条内源化的具有民族特色和地域特色的教育发展之路，实现各民族共同繁荣进步，是当前需要解决的急切问题。民族地区教育发展的民族特色和地域特色要求我们尊重民族地区教育的差异性，这表现为对教育发展的多样性的承认。当前民族教育问题集中反映在民族内部之间、民族与民族之间、民族与国家之间，这决定了民族教育多样性的必要性和可能性。通过教育的多样性适应教育发展差异性和实质平等需求，这是对民族地区教育发展权利特殊性问题的科学理解。在这其中，民族地区教育发展的差异性是保障民族地区教育发展权利的核心问题，反映了教育法律对平等、效益、自由、正义等的价值选择，也是实现民族地区、少数民族和民族成员个体的教育发展，最终实现人的全面发展目标的必由之路。因此，将民族地区教育发展权利视为民族地区教育优先发展法律的中心问题是基于民族地区教育发展实际和遵循教育发展规律的必然需要。

第二，在民族地区内部，教育事业优先于民族地区其他事业发展，这是要素视角下教育优先发展的普遍特征，体现了民族地区教育优先发展事业与其他地区教育优先发展事业的同一性，我们可以理解为"教育发展优先"。民族地区教育优先发展法律文本本身充分体现了上述观点，在相关法律文本中，涉及民族教育发展问题主要呈现为两个方面的内容，一方面，相对其他社会事业，教育发展处于"优先"位置，如云南省《少数民族教育促进条例》"优先"一词出现了5次，贵州省《黔西南布依族苗族自治州教育条例》"优先"一词出现了6次。这些法律法规除涉及教育优先发展原则外，还对基础设施建设、教师录用、学生权利保障等提出了优先。需要指出的是，优先是为了实现实质平等，而为了实现实质平等，"优先"可以发散为加快、支援、扶持、资助等相关词语，如果我们仅仅以一个法律条款中是否含有"教育优先"一词来判断其是否为教育优先发展相关法律，这则是较为片面的。另一方面，民族地区教育优先发展相关法律还以教育变通、教育倾斜等法律语言显现其对民族地区教育差异性的考虑，本质上也体现了教育优先发展的理念，如对一些具体问题交由民族地区依据实际情况拟定本地区实施办法，在资金投入、教师配置等诸多方面予以民族地区政策倾斜。

第三，民族地区教育事业发展优先于其他地区特别是东部地区教育事业发展，这体现为政府资源分配机制的倾斜和其他地区的对口支援，我们可以理解为"地区发展优先"①。法理上"教育优先"相关问题的讨论主要集中于受教育权保障，其目的是为了实现教育权利平等，正是少数民族教育处于相对不利的地位（无论地理、经济及文化等方面），给予其优先照顾有着合法和合理的解释。地区发展优先的一个基本前提假设是，资源的相对有限性决定了地区优先可以促进整个社会系统功能的更好发挥。民族地区教育事业发展对其他地区也具有十分积极而重要的作用，从人力资源角度来讲，我国人口结构的变迁使得未来几十年内劳动力的缺乏趋势将越发明显，民族地区人口素质的提高，可以提供更多有文化有技能的现代化劳动者充实到社会经济发展所需的各行各业中去。从教育角度来讲，民族地区受教育程度的提高，会激发更多的教育需求，为其他地区高等教育、职业教育的发展提供充足的生源，促进教育结构的优化和转型。从社会发展角度讲，民族地区教育发展将带来社会的稳定和谐，从而推动整个国家的进步繁荣。所以说，民族地区发展优先在短期似乎会剥夺部分其他

---

① 值得一提的是，在民族地区内部同样存在城乡教育差距较大的问题，为了实现民族地区教育均衡发展，也需要对农村教育进行重点扶持，因此，民族地区内部也呈现"农村地区教育发展优先"这一地区发展优先的特别要求。

地区的发展利益，但从长远来看，是一个多赢的结果，每个地区都能从民族地区教育发展中获取红利。

第四，民族地区教育优先发展也应尊重民族文化差异，让教育在民族地区文化传承和发展方面发挥更为积极的作用，我们可以称之为"文化发展优先"。民族地区教育发展始终面临如何"适应"与"保持"的基本问题，既要适应社会经济发展的需要，又要承担保持自身民族文化的艰巨任务。长期以来，我国的民族教育政策在立足于推动民族地区教育与全国同步发展的同时，又考虑到民族地区的实际情况，避免发展的同质化。而在这其中，最为重要的就是民族文化传承教育问题，这也是民族地区教育优先发展法律保障特殊性问题的重要出发点和落脚点，这是因为"从一个民族人们共同体的生存和发展来说，文化传承实质上是一种文化的再生产，是民族群体的自我完善，是社会中权利和义务的传递，是民族意识的深层次积累，是纵向的'文化基因'复制"①。民族地区文化传承中的教育选择，既应该适应社会发展变迁的需求，传授学生具有普适性的科学文化知识，又必须结合民族实际，通过民族文化知识的传授，使其承担起民族文化传承的使命。实际上，我们也经常看见，缺乏对学生个体人文关怀的民族文化传承教育，最终只会流于形式，很难起到实际效果，例如在一些民族地区，由于缺乏民族语言交流的社会场域，双语教学仅局限于义务教育的课堂之内，学生很难在其中学习到真正实用的东西。同时，民族地区学校文化传承不是孤立的个体，少数民族学校文化传承需要通过诸多教育场域相互作用而实现。在许多学者看来，民族地区教育发展问题是一个地域性的问题，民族文化传承教育也只有适应地方社会经济和文化生活才能充满生机，无论是学校教育还是社区教育，有效地开展民族文化传承教育必然是切合地方实际的。从学生个体需求出发，以人的全面发展为目标，提供能发挥地方主观能动性的可能和条件，尊重少数民族的教育选择，通过民族地区教育优先发展的加快落实，进一步推动民族文化发展优先目标实现。

第五，理解民族地区教育优先发展法律内涵，还需要理顺各核心概念

① 赵世林：《论民族文化传承的本质》，《北京大学学报》（哲学社会科学版）2002 年第 3 期。

之间的内在逻辑关系。民族地区教育优先发展法律本身是否具有能够延续的动力支持，来自于其内涵是否能实现促进社会经济进步和人的发展教育需求两者之间价值同构统一。民族地区教育发展道路的形成历程充分证明，在坚持社会发展需要与人自身发展需要有机结合的正确方向上，根据不同时期不同地区的具体情况，采用法律的手段推动民族地区教育优先发展的真正落实，是民族地区教育优先发展法律内涵理论生成的内在逻辑，这也是民族地区教育优先发展立法实践的应然取向。认清民族地区教育优先发展法律内涵构成诸多概念的逻辑关系，需要把握三个问题，其一，发展权利是核心，地区发展优先、教育发展优先、文化发展优先都是为发展权利保障衍生的子问题；其二，地区发展优先体现民族地区教育发展的外部性，是实现发展权利的外因和条件；其三，教育发展优先和文化发展优先体现民族地区教育发展的内在性，是实现发展权利的内因和动力。2012年，我国国家财政性教育经费支出占国内生产总值比例达到4%，这是教育优先发展的里程碑，为教育发展注入了新的活力，但在民族地区，受经济发展水平相对落后，教育经济收益的迟缓性以及教育与现实一定程度脱节等问题的影响，教育优先发展战略落实阻碍重重。仅靠外力推动，无法解决民族地区教育发展的可持续性问题，仅依靠内力发展，发展基础薄弱制约着战略落实的速度和质量。理顺民族地区教育优先发展法律内涵诸多概念逻辑关系的意义在于，基于教育在现代化建设中的基础性、战略性地位，我们必须认识到，民族地区教育优先发展需要地区发展优先、教育发展优先、文化发展优先三者共同作用，这也是民族地区教育优先发展法律保障所关注的核心议题。

第三章　民族地区教育优先发展的立法保障

　　民族地区教育优先发展的法律保障首先要做到有法可依，实现这一目标的途径就是立法，这点也是被西方发达国家广泛接受的理念，例如日本的《偏僻地区教育振兴法》、澳大利亚的《国家土著居民与托雷斯海峡岛民教育政策》（AEP）都是力图通过立法保障落后地区或处于不利地位的少数族群教育发展利益。立法（legislation）蕴含着权力机关审慎思考而构建法律制度这一活动历程，通常情况下，立法活动是指专门的有权机关基于某种目的，按照一定程序，创制或修改相应的规范性法律文件的活动。因此，立法保障就是对某种权利予以法律规定的立法行为，其最终以相关法律制度反映出来。健全相关法律制度是民族地区教育优先发展战略落实的重要保障，民族地区教育优先发展涉及地方利益、群体利益的协调和分配，通过立法使这种利益协调和秩序安排具备合法性和合理性。正如弗里德曼提出，"法律制度是一种配给制度，它所作的及它的本质反映了社会权力的分配：谁在上层，谁在底层；法律还保证这种社会结构保持稳定或只按同意了的模式改变"①。立法是法律产生的重要方式，也是法律保障研究需要面对的首要问题。这里必须再次指出，限于成本的制约和法律自身的局限性，并非所有民族地区教育优先发展问题都会被列入立法中来，立法保障只关注民族地区教育发展亟待解决和必须解决的关键性问题。在本章，我们将通过对民族地区教育优先发展的立法演进、法规构成、具体内容的分析，探讨民族地区教育优先发展法律制度的特点与不足，为后续制度的完善和构建奠定基础，此外，研究立法保障问题还将进

---

　　① ［美］弗里德曼：《法律制度》，李琼英、林欣译，中国政法大学出版社 1994 年版，第 23 页。

一步验证我们对民族地区教育优先发展的法律内涵认识的科学性。

第一节　民族地区教育优先发展的法律体系

一　民族地区教育优先发展的立法演进

民族地区教育优先发展法律体系的形成是一个长期而复杂的历史过程，总的来说，可以分为萌芽时期（新中国成立后至改革开放前）、立法实践初期（改革开放后至《教育法》颁布前）、立法繁荣时期（《教育法》颁布后至今）三个阶段。

第一是萌芽时期，从新中国成立后至改革开放前。为了促使民族教育的发展，新中国成立后，党和政府就十分关心民族地区教育事业的发展，1949 年《全国人民政治协商会议共同纲领》提出"人民政府应帮助各少数民族的人民大众发展其政治、经济、文化教育的建设事业"，首次提出了民族教育的基本方针。1950 年，新中国第一个民族教育法规性文件《培养少数民族干部试行方案》由政务院批准颁布。1951 年，中央召开第一次民族教育工作会议，会议所作的报告《关于第一次全国民族教育会议的报告》，对少数民族教育的方针、任务、形式，以及少数民族教育的语言、师资等问题做了明确规定。此次会议还通过了《关于加强少数民族教育工作的指示》以及少数民族师资、学生待遇的暂行办法和方案，为民族地区教育优先发展法规体系的形成奠定了初步基础。1956 年，第二次全国民族教育工作会议召开，提出了少数民族教育事业发展水平逐步接近和赶上汉族水平的目标。在这一时期相关的政策法规概括起来主要是以下几类，关于民族教育的性质、方针和任务，关于民族干部的培养，关于民族教育管理机构的设立，关于民族教育经费的倾斜，关于民族教育师资队伍的建设，关于民族语文教材和教学的建设等。在这一时期，民族教育相关法律法规位阶等级较低，没有立法机关出台的专门或者相关法律制度。同时，民族教育发展也出现了曲折，1958 年以后逐渐出现强调"民族融合"，批判民族工作"特殊论"，忽略了民族地区教育发展的特殊性。另外，"文化大革命"的十年，受国内社会政治发展环境的影响，错误地把阶级斗争作为民族问题的本质看待，民族教育立法工作停滞不前。

第二是立法实践初期，从改革开放后至《教育法》颁布前。在这一时期，民族教育立法工作得到了很大推进，这为后来民族教育优先发展立法奠定了根基。一方面是在 1981 年和 1992 年召开的两次民族教育工作会议，进一步理清了民族教育的性质、方向和路径问题，1993 年《全国民族教育发展与改革指导纲要（试行）》提出了制定《民族教育工作暂行条例》，并在此基础上制定《少数民族教育法》，使民族教育逐步走向依法治教的轨道。另一方面，随着《宪法》的修订，《民族区域自治法》等法律的颁布，许多民族地区结合区域特点，制定了一系列民族教育法律法规，例如《广西壮族自治区教育条例》（1992）、《湖南省少数民族地区普及义务教育若干规定》（1995）、《楚雄彝族自治州民族教育条例》（1992）等。这一时期个别民族地区的民族教育立法已经明确提及教育优先发展问题，例如《西双版纳傣族自治州民族教育条例》第三条规定"各级人民政府必须把民族教育放在优先发展的战略地位"。《楚雄彝族自治州民族教育条例》第四条提出"把发展与改革民族教育放在优先位置"等，但即便如此，这些法律多数也只是将"优先"作为一种原则和方针使用，并无具体的实施措施。

第三是立法繁荣时期，从《教育法》颁布后至今。这一时期以《教育法》颁布为标志性事件，因为《教育法》总则明确规定："教育是社会主义现代化建设的基础，国家保障教育事业优先发展。"第一次以国家法律的形式确立了教育优先发展的战略地位和基本原则，"教育优先发展"作为教育立法的根本指导思想也得到了社会的广泛承认，推动了教育优先发展战略在民族地区的落实和深化。此后"教育优先发展"成为民族地区教育立法的基本原则，绝大多数民族地区教育立法都会专门谈及教育优先发展问题。例如《宁夏回族自治区民族教育条例》（2001）第五条提出"各级人民政府要坚持优先发展、重点扶持的原则，采取特殊措施，推进民族教育事业的发展"，《包头市民族教育条例》（2001）第三条提出"民族教育是教育事业的重要组成部分，各级人民政府要在编制、经费、师资、校舍、设备等方面，优先保证重点扶持"，《黑龙江省民族教育条例》（2011 年修订）第二条提出"各级人民政府应当把民族教育放在优先发展的地位，稳步推进民族教育事业的改革与发展"等。特别是"十二五"时期，民族地区教育立法进一步深化，例如《云南省少数民族教育促进条例》（2013）、《四川省民族地区教育发展十年行动计划（2011—2020

年）》（2010）、《广西壮族自治区人民政府办公厅关于落实少数民族事业"十二五"规划的实施意见》（2013）等，民族地区教育优先发展事业走向法制轨道。在这一时期，许多法律已不停留在对民族地区教育优先发展作原则性规定，而是明确了民族地区教育优先发展的具体路径，对民族地区教育优先发展战略的落实具有指导意义。

通过对立法演进的梳理我们可以发现，民族地区教育优先发展问题的立法保障机制是伴随依法治教进程推进、教育优先发展原则成为教育立法基本原则，以及社会经济发展进步逐渐构建起来的，由于在不同时期，民族教育问题呈现不同的阶段性特征。处于社会转型期的立法保障机制还要进一步完善，以适应民族地区社会发展的要求和人民群众的不断增长的多元教育需要。

二　民族地区教育优先发展法律体系的构成

研究民族地区教育优先发展法律保障问题时，读者可能陷入一种错误的理论思维，即由于当前中国极少有专门的民族地区教育优先发展的专门条例，因此认为本书所提出的民族地区教育优先发展法规体系是根据逻辑和理论推导出来的。这种想法没有考虑到民族地区教育优先发展法律保障是散见于不同的教育法律法规、民族法律法规之中这一立法现实，忽略了民族地区教育优先发展法制建设的实践性。

民族地区教育优先发展法律体系是结合《立法法》的有关规定，依据法律效力的等级不同，将其分为宪法、法律、行政法规、部门规章、地方法规、地方规章、民族自治地方自治条例或单行条例等层级。

（一）宪法

宪法在整个国家法律体系中处于核心地位，具有最高的法律效力，宪法规定的民族区域自治和教育发展的根本原则等为民族地区教育优先发展提供了最根本的法律保障和方向指引，所有的民族地区教育优先发展法律制度均不得与宪法相抵触。

一方面，根据《宪法》第四条之规定，"国家保障各少数民族的合法的权利和利益，维护和发展各民族的平等、团结、互助关系""各民族都有使用和发展自己的语言文字的自由，都有保持或者改革自己的风俗习惯的自由"。这为民族地区教育权利和文化发展权利提供了宪法依据，"国家根据各少数民族的特点和需要，帮助各少数民族地区加速经济和文化的发展""各少数民族聚居的地方实行区域自治，设立自治机关，行使自治权"，这也明确了民族地区社会事业发展中国家重点扶持和尊重地方差异的推进思路。

另一方面，《宪法》第十九条对发展教育事业的相关规定，以及第四十六条对公民受教育权利和义务的明确，也是民族地区教育优先发展立法的重要法律依据，同时，《宪法》第一百一十二条到第一百二十二条关于民族自治地方各项事务的规定也确保了民族地区根据自身特点推进教育优先发展事业的合法性。例如《宪法》第一百一十九条规定"民族自治地方的自治机关自主地管理本地方的教育、科学、文化、卫生、体育事业，保护和整理民族的文化遗产，发展和繁荣民族文化"。第一百二十二条规定"国家从财政、物资、技术等方面帮助各少数民族加速发展经济建设和文化建设事业""国家帮助民族自治地方从当地民族中大量培养各级干部、各种专业人才和技术工人"等等。

（二）关于民族地区教育优先发展的基本法律条款

这主要是《民族区域自治法》和《教育法》中的相关条款。《民族区域自治法》是实施宪法规定的民族区域自治制度的基本法律，民族地区教育事业发展必须是在《民族区域自治法》的框架之下，通过实行民族区域自治，发展平等、团结、互助的民族关系，发挥民族地区各族群众参与教育发展的积极性，促进民族地区教育事业的发展。《民族区域自治法》第三十六条明确规定"民族自治地方的自治机关根据国家的教育方针，依照法律规定，决定本地方的教育规划，各级各类学校的设置、学制、办学形式、教学内容、教学用语和招生办法"。第三十七条对民族地区自主发展民族教育的任务、经费、教学等问题进一步明晰。这为将"教育差异"问题纳入民族地区教育优先发展立法中来提供了重要法律依据。《教育法》是我国的教育基本法，对整个教育的方针、任务、目标等都做了原则性规定，所有与教育相关的法律法规的制定必须是在《教育法》的框架之下。《教育法》对教育优先发展做了四个方面的规定，第一是明确教育优先发展的基本原则，第二是明确办学条件和教育投入的法律保障，第三是明确教师的地位和权益保障，第四是明确教育与社会其他子系统的关系。《教育法》从这四个方面阐明了教育优先发展的法律保障要求。这为将"教育平等"问题纳入民族地区教育优先发展立法中来也提供了重要的法律依据。

（三）关于民族地区教育优先发展的其他法律条款

例如《义务教育法》《教师法》《职业教育法》等中的相关条款。这些法律是关于义务教育、教师权益、职业教育等的单行本法律，是指导相关领域教育活动的法律依据，这些法律不违反上位法的基本要求，同时又对其他法律法规起到制约作用。在《义务教育法》《教师法》《职业教育法》等法律中，专门提及教育优先发展问题的并不多，更为主要的是将《教育法》中教育优先发展的内容进一步细化和落实，特别是这些法律专门提出对民族地区、贫困地区教育发展实施倾斜政策，为民族地区教育优先发展提供了重要的法律依据。以《义务教育法》为例，该部法律针对民族地区教育发展问题主要明确了三个方面的法律问题，一是民族地区义务教育均衡发展和对口支援问题。《义务教育法》第六条规定"国务院和县级以上地方人民政府应当合理配置教育资源，促进义务教育均衡发展，改善薄弱学校的办学条件，并采取措施，保障农村地区、民族地区实施义务教育"，并规定"国家组织和鼓励经济发达地区支援经济欠发达地区实施义务教育"。而西藏班、新疆班、西藏学校等援疆援藏教育项目也可以在该部法律找到支持的法律依据，即《义务教育法》第十八条专门提出要在经济发达地区设置少数民族学校和班级。二是民族地区教育发展过程中的师资问题，除了规定保障教师工资福利待遇和改善工作生活条件外，还专门提出"教师的平均工资水平应当不低于当地公务员的平均工资水平""在民族地区和边远贫困地区工作的教师享有艰苦贫困地区补助津贴"，并提出"鼓励和支持城市学校教师和高等学校毕业生到农村地区、民族地区从事义务教育工作"等法律规定。三是民族地区教育发展的经费问题，除了规定教育经费"三增长"[1]外，《义务教育法》第四十七条还规定"国务院和县级以上地方人民政府根据实际需要，设立专项资金，扶持农村地区、民族地区实施义务教育"。

---

[1]　"三增长"是指《义务教育法》第四十二条规定的"国务院和地方各级人民政府用于实施义务教育财政拨款的增长比例应当高于财政经常性收入的增长比例，保证按照在校学生人数平均的义务教育费用逐步增长，保证教职工工资和学生人均公用经费逐步增长"。

（四）国务院制定的关于民族地区教育优先发展问题的行政法规

国务院依据《立法法》的规定制定并颁布的民族地区教育优先发展相关行政法规，是民族地区教育优先发展法规体系的重要组成部分，因其规定的灵活性和广泛性，能够更好地调节民族地区教育优先发展的具体问题。改革开放以来我国并没有专门的民族教育相关的基本法律或一般法律，因此国务院制定的一系列关于民族地区教育优先发展的行政法规，无疑对民族地区教育发展起到积极而有效的作用。除了《国家中长期教育改革和发展规划纲要（2010—2020 年）》提出教育发展三个优先外，针对民族地区教育发展的特殊性问题，国务院专门拟定了许多倾斜性和特殊性规定，例如《国务院办公厅关于印发少数民族事业"十二五"规划的通知》（2012）、《国务院关于进一步繁荣发展少数民族文化事业的若干意见》（2009）等都涉及了民族教育发展的特殊性问题。2005 年颁布的《国务院实施〈中华人民共和国民族区域自治法〉若干规定》第十九条至二十一条对民族地区教育发展中办学条件、教育支援、办学经费、高等教育招生优惠等问题都做了专门规定，还提出"中央财政设立少数民族教育专项补助资金，地方财政相应安排少数民族教育专项补助资金"。2002年颁布的《国务院关于深化改革加快发展民族教育的决定》明确提出"确保少数民族散杂居地区民族教育优先或与当地教育同步发展""在民族地区加强民族教育工作的同时，要把中央财政扶持教育的重点向民族工作的重点地区、边远农牧区、高寒山区、边境地区以及发展落后的人口较少民族聚居地区倾斜"。2015 年颁布的《国务院关于加快发展民族教育的决定》也提出要"发挥中央统筹支持作用，加大中东部地区对口支援力度，激发民族地区内生潜力，系统谋划、突出重点，普惠性政策向民族教育倾斜，制定特殊政策重点支持国家通用语言文字教育基础薄弱地区教育快速发展"，同时提出要"整合民族教育中央专项资金并适时扩大资金规模，集中用于解决双语教育、教师培养培训、民族团结教育、民族文化交融创新等方面的突出问题。地方各级人民政府在安排财政转移支付资金和本级财力时要对民族教育给予倾斜"。

（五）国务院各部委制定的有关民族地区教育优先发展问题的部门规章

虽然部门规章法律效力低于法律和行政法规，但是由于部门规章对民族教育相关问题规定的具体性和调整的便捷性，因此对于民族地区教育优先发展的具体路径更能起到实际的指导作用。部门规章主要是集中于具体的民族教育问题，如教材问题、语言文字等，或者具体的实施对象，如西藏、新疆等。这些部门规章有 2014 年秋季实施的《民族中小学汉语课程标准（义务教育）》（教育部颁布）、2013 年颁布的《关于推进职业院校民族文化传承与创新工作的意见》（教育部、文化部和国家民委颁布）、2010 年颁布的《国家民委关于做好少数民族语言文字管理工作的意见》、2011 年颁布的《关于印发扶持人口较少民族发展规划 2011—2015 年的通知》（国家民委、财政部等颁布）、2006 年颁布的《少数民族教育和特殊教育中央补助专项资金管理办法》（教育部）等。

（六）地方有权机关和政府部门制定的有关民族地区教育优先发展问题的地方性法规和规章

地方性法规是根据《宪法》《民族区域自治法》《立法法》及其他法律规定，在不与宪法、法律相抵触的条件下，民族地区（省区和较大的市）人大及其常委会根据自身民族教育的具体问题制定的规范性法律文件，民族地区教育优先发展相关地方性法规如表 3—1 所示。许多省区、较大的市及自治州等先后均通过了相关立法，此外，民族地区人大围绕《民族区域自治法》制定的相关实施规定，也多对民族教育发展问题做了详细阐述。

表 3—1　　民族地区教育优先发展中相关地方性法规举例

序号	颁布时间	颁布机构	地方法规名称
1	1993	西双版纳人大常委会	西双版纳傣族自治州民族教育条例
2	1994	青海省人大常委会	青海省海南藏族自治州民族教育工作条例
3	1997	延边朝鲜族自治州人大常委会	延边朝鲜族自治州朝鲜语文工作条例
4	2001	宁夏回族自治区人大常委会	宁夏回族自治区民族教育条例
5	2005	南宁市人大常委会	南宁市民族教育条例
6	2011	黑龙江省人大常委会	黑龙江省民族教育条例
7	2012	海南省人大常委会	海南省少数民族文化保护与开发条例
8	2013	云南省人大常委会	云南省少数民族教育促进条例

地方规章是民族地区（省区和较大的市）人民政府根据法律、行政法规和地方法规制定的符合地方民族教育发展需要的规范性文件。民族地区教育优先发展相关地方性规章如表 3—2 所示，地方规章对优先发展民族教育、加快发展民族教育涉及的目标更清晰，问题更明确，许多规章对民族教育发展拟定了阶段性任务，便于指导民族地区教育工作的具体开展。

表 3—2　　　　　民族地区教育优先发展中相关地方性规章举例

序号	颁布时间	颁布机构	地方规章名称
1	2003	甘肃省人民政府	甘肃省人民政府关于加快发展民族教育的意见
2	2003	广西壮族自治区人民政府	广西壮族自治区人民政府关于印发广西壮族自治区民族教育事业 2003 年至 2007 年发展规划的通知
3	2004	黑龙江省人民政府	黑龙江省人民政府关于深化改革加快发展民族教育工作的意见
4	2005	辽宁省人民政府	辽宁省人民政府关于深化改革加快发展民族教育的意见
5	2007	内蒙古自治区人民政府	内蒙古自治区人民政府办公厅关于印发自治区民族教育发展工程实施方案的通知
6	2010	四川省委省人民政府	四川省民族地区教育发展十年行动计划（2011—2020）
7	2016	贵州省人民政府	贵州省加快发展民族教育实施方案

此外，民族自治地方依法制定的自治条例、单行条例中涉及教育相关内容，以及对相关教育法律法规的变通或补充规定也属于民族地区教育优先发展法律体系的组成部分。

通过上述民族地区教育优先发展相关法律法规，可以归纳出民族地区教育优先发展相关法律法规体系的如下特点。第一，民族地区教育优先发展相关法律仅有极少数以民族教育发展作为法规的名称，多数是涵盖在民族教育法律之中。第二，从立法体系来看，民族教育问题涉及教育部、国家民委等多个部门，也就造成了部门规章政出多门的局面，也有部分部门规章属于联合发文的情况。第三，民族教育相关法律集中于对民族地区基础教育和民族文化问题的关注，其他教育层次和教育类型涉及相对较少。第四，民族地区教育法律法规适用范围、表现形式与其他一般性法规不同，民族地区教育法律法规体现的是实质性的自治权，根据民族地区的特殊性要求，对上级法律法规具有变通补充的属性。这种变通或补充规定的做法符合《宪法》和有关法律精神，体现的是相关法律的特殊性原则。

第二节 民族地区教育优先发展中立法内容的词频分析

限于立法成本有限和法律实施的可能性考虑，法律作为调整社会关系的一种方式，并不可能解决民族地区教育优先发展的所有问题，纳入法律视野关注的问题必然是民族地区教育优先发展急需解决和很难解决的复杂问题。在前文，通过对教育问题、教育发展问题与教育优先发展问题关系的分析，笔者得出了这样的结论：不是所有的教育问题都是教育优先发展问题，也不是所有的教育优先发展问题都是法律应该关注的问题。依据前文对教育优先发展法律内涵的界定，已经知道从法律视角分析民族地区教育优先发展问题应符合的一个中心和三个表现，那么我们是否是围绕这个内涵展开立法实践的呢（实然取向），具体又体现在哪些方面？本节采取词频分析的方式来深入阐述这一问题。还需要再次强调的是，教育法律对民族地区教育优先发展问题的规定体现在多部教育法律中，民族地区教育优先发展亦是多部相关法律共同推动的结果，因此研究分析的法律文本不能局限于某一部，而是选择具有代表性的文本深入分析。

一 数据来源及分析工具

（一）分析数据的来源

根据民族地区教育优先发展法律的特点和本研究所选择调研地点的实际需要，本研究数据来源有两个方面，一是中央层面对民族地区教育发展有法律效力的教育法律法规和民族地区结合自身实际制定的法律法规具体实施办法，前者包括《教育法》《国家中长期教育改革和发展规划纲要（2010—2020 年）》（以下简称"教育纲要（2010—2020）"），后者涉及部分地方性教育法律法规，包括 2012 年颁布的《贵州省义务教育条例》（以下简称"贵州义教条例"）、2010 年颁布的《广西壮族自治区实施

〈中华人民共和国义务教育法〉办法》（以下简称"广西义教办法"）；二是中央和地方对民族教育专门的教育法律法规，包括《国务院关于深化改革加快发展民族教育的决定（2002）》（以下简称"国家民教决定"）、2013 年颁布的《云南省少数民族教育促进条例》（以下简称"云南民教条例"）、1992 年颁布的《广西壮族自治区教育条例》（以下简称"广西教育条例"）、1993 年颁布的《云南省西双版纳傣族自治州民族教育条例》（以下简称"西双版纳民教条例"）、2000 年颁布的《贵州省黔西南布依族苗族自治州教育条例》（以下简称"黔西南教育条例"），以及2005 年颁布的《广西壮族自治区南宁市民族教育条例》（以下简称"南宁民教条例"）。①

（二）分析工具及分析方法

本研究立足于上述法律文本，从词频分析的角度，以武汉大学沈阳博士开发的 ROST WordParser 5.5 版软件为主要分析工具，对法律文本本身做全息性分析。词频分析借鉴统计学分析手段，将法律文本的词汇使用规律做定量描述，有助于我们理解民族地区教育优先发展法律的价值选择问题，更好地为相关法律实施实现服务。对于民族地区教育优先发展法律的分析，不仅针对每个法律文本自身的词频，更看重不同法律文本之间的词频特征横向比较。

利用词频分析方法研究民族地区教育优先发展法律文本，首先，在词语选择标准上，我们主要选择名词、动词等实词和在法律文本中可以体现法律价值取向的"应当""必须""可以"等助动词、副词，对数量词、连词、形容词等体现法律价值取向较弱的词汇未列入分析范围。其次，在分析工具运用上，沈阳博士开发的 ROST WordParser 5.5 版软件不是唯一的分词分析标准，在具体分析时，我们在软件进行第一步分析后，结合词语的形式和意义，接下来对一些词语做了进一步处理和界定。一方面是可能存有排斥关系的词语，例如"国家"一词出现在"国家标准"中时不

---

① 在法律文本选择中，我们发现《义务教育法》《职业教育法》《教师法》等中央层面的法律以及部分地方性教育法律法规，如 2010 年修订的《云南省实施〈中华人民共和国义务教育法〉办法》，2011 年颁布的《广西壮族自治区职业教育条例》等均没有具体提到"优先"一词，但这并不意味着这些法律没有体现与"优先"相关的法律条文。在后续的研究分析中，我们也将进一步阐述其和民族地区教育优先发展相关法律中"优先"的直接或间接关系。

采用，"责任"一词出现在"责任人员"中时不采用，因为他们明显与前者意义不同，一起统计可能造成误导。另一方面是可能存有包含关系的词语，例如行政处分统计时包括"处分"，这是因为教育法律学界多视为行政法体系范畴，这里的"处分"一词多可理解为"行政处分"，但个别不可以做类似理解的经检验也予以删除。此外还有一些词语因在法律文本中使用于不同场景表达意义不同，因此无法列入分析范围，如行政部门和部门，民族和少数民族等，这些词语均单独进行统计。最后，词频统计的内容主要涉及核心词，即每部法律使用词频前 10 位的词语，当处于第 10 位有多个词语时一并统计；特色词，多数虽然不在核心词范围之内，但是在本法中具有特别意义，单独列出分析；低频共性词，即多部法律法规均有涉及，但词频偏低的词语（个别法律可能属于高频词），这类词语一般表达了相关法律共同的价值取向。

二 词频分析概况

第一章提到了民族地区教育优先发展法律中"优先"一词的出现频率，根据民族地区教育优先发展法律内涵的分析可以知道，许多体现"优先"的法律规范，并不一定直接使用"优先"一词，最典型的例子是《教师法》对教师工资不得低于当地公务员的规定。一些"优先"条款是通过使用"倾斜""扶持"等词汇表达其实施路径的。此外，教育优先发展法律的权利义务主体也通过其他法律条文间接反映出来，基于这样的理由，词频分析因对整个法律文本进行研究，提炼其中与民族地区教育优先发展相关的评价指标，而核心词、特色词、低频共性词是我们寻找这些指标的重要途径。

（一）核心词分析

核心词是法律文本中的高频词，一般意义上，因为法律资源有限、文字表达局限等原因，法律文本本身不会用大量词汇描述与立法主要目标无关的事情。法律文本本身高频率提到的词语是该部法律最重视的内容，表达了法律本身的价值选取和试图实现的方式，我们以教育法律法规和专门的民族教育法律法规为切入点，将民族地区教育优先发展法律核心词做统计分析得出以下统计结果（如表 3—3、表 3—4 所示，表中括号内数字均表示在该部法律中出现的有统计意义的词频，下表均同）。

表 3—3   教育相关法律法规中核心词及词频

序号	教育法	教育纲要（2010—2020）	贵州义教条例	广西义教办法
1	教育（150）	教育（543）	学校（123）	学校（64）
2	机构（47）	发展（192）	教育（116）	义务教育（55）
3	学校（43）	学校（179）	应当（109）	教育（35）
4	规定（38）	教师（128）	人民政府（99）	人民政府（35）
5	组织（35）	学生（117）	义务教育（85）	应当（27）
6	社会（35）	加强（116）	学生（74）	县级（22）
7	国家（34）	提高（107）	教师（56）	学生（16）
8	应当（33）	建设（102）	行政部门（43）	行政部门（16）
9	依法（26）	改革（96）	不得（43）	建设（14）
10	人民政府（23）	完善（95）	规定（39）	规定（14）

表 3—4   民族教育相关法律法规中核心词及词频

序号	国家民教决定	云南民教条例	广西教育条例	西双版纳民教条例	黔西南教育条例	南宁民教条例
1	教育（127）	民族（39）	教育（135）	教育（144）	教育（45）	民族（98）
2	民族（114）	教育（35）	应当（70）	学校（63）	学校（25）	教育（48）
3	地区（65）	少数民族(32)	学校（45）	民族（49）	自治州（19）	应当（42）
4	少数民族(35)	应当（27）	自治区（36）	发展（34）	民族（15）	地区（41）
5	发展（34）	地区（20）	部门（33）	工作（30）	人民政府(15)	学校（38）
6	工作（26）	人民政府(19)	人民政府(30)	教学（29）	各级（13）	人民政府(31)
7	加强（25）	学校（16）	技术（29）	教师（27）	部门（13）	职业（25）

续表

序号	国家民教决定	云南民教条例	广西教育条例	西双版纳民教条例	黔西南教育条例	南宁民教条例
8	西部（23）	教师（13）	各级（28）	管理（24）	给予（12）	边远（21）
9	建设（20）	工作（11）	学生（25）	人民政府（23）	教师（12）	贫困（19）
10	学校、国家、教师（19）	县级（11）	教师、职业(24)	行政部门(22)	工作、学生(10)	少数民族、教师（13）

　　由以上两表展现出的相关法律文本核心词，我们可以比较分析得出以下结果。首先，民族地区教育优先发展法律是立足于"教育"本身，其价值实现主要依托于"学校"这一教育场所。"教育"一词在处于高频词的第1—3位不等，在所分析的法律文本中"学校"一词均是核心词语，这表明，民族地区教育优先发展法律的价值选择是紧紧围绕"教育"这一核心问题衍生的，最终落脚点是通过"学校"场所实现教育法律的价值目标。其次，"人民政府"及相关"行政部门"是民族地区教育优先发展教育法律实施的主体，承担着相应的法律义务和责任。在以上分析的10份法律法规文本中，"人民政府"在8部中处于核心词地位，同时"行政部门""部门""国家""自治区""机构""各级"等词在大多法律法规中均有涉及，特别是义务教育相关法律中"县级"一词的高频出现，这表明政府主体特别是"县级"政府主体在民族地区教育优先发展法律价值的实现过程中担当主导作用，肩负十分重要的法律责任。再次，民族地区教育优先发展法律法规作为国家在民族地区教育发展中意志的体现，形成了一条具有自身内在逻辑结构的教育法律规则，其最大的特点就是对民族地区教育事务做出原则性的概括，但又充分尊重民族地区能动性的发挥。在以上分析的10份法律法规文本中，有6部中"应当"处于核心词位置，实际上，"应当"和"必须"均是义务性法律规范关键词，但民族地区教育优先发展法律法规中"应当"的词频远高于"必须""可以"。例如在《教育法》，"必须"和"可以"两词的使用频次均只是7次，远低于"应当"一词33次的使用频次，这充分体现了《教育法》注重作原

则性和指引性规定，在地区教育发展的价值选择问题上重视地区发展的自由价值，这为民族地区依据教育发展的差异性，履行发展教育的自治权和变通权提供了法律支持。最后，不同的法律法规因其立法目的不同，价值选取的针对性亦有所区别，在表3—4中的中央和民族地区民族教育相关法律法规中，"民族"一词处于核心词1—4位次不等，又如在国家民教决定中的"地区"（词频65，排列第3）和"西部"（词频23，排列第8），也体现了其对民族地区教育发展"地区优先"的立场。

（二）特色词分析

特色词是民族地区教育优先发展不同法律法规文本中能代表其特性的词语，这些词语的特点是反映这部法律法规或者这类法律法规的价值选择的特殊性和针对性，相比之下，在其他类别法律中，这类特色词不体现或者较少体现。我们同样以教育法律法规和专门的民族教育法律法规为切入点，将民族地区教育优先发展法律特色词做统计分析。

一方面是中央和地方的教育法律法规中特色词的体现，限于篇幅，我们选取了各部法律中最能体现本部法律法规特点的5个词语（如表3—5所示）。在这其中，虽然民族教育法律法规中的"民族"等词语也体现了本部法律法规的特色，但是因其在核心词中已有表述，在此提出亦无特别强调之必要。

表3—5　　　　　　中央教育相关法律法规中特色词及词频

序号	教育法	教育纲要 （2010—2020）	贵州义教条例	广西义教办法
1	权利（8）	倾斜（7）	安全（14）	教材（6）
2	义务（6）	缩小（7）	均衡（9）	安全（5）
3	证书（15）	改革（96）	就近（5）	就近（3）
4	考试（7）	完善（95）	寄宿制（5）	均衡（2）
5	学业（9）	机制（82）	务工人员（4）	自治区（9）

另一方面，相对而言，中央和民族地区民族教育相关法律法规中更集中对民族教育问题重点关注，显现出与其他教育法律法规不同的特殊词汇

更多，因此在这部分我们选取 10 个以上的词语进行分析，有的词语如"双语""语言""文字"等体现出价值选取的一些共性特征，在分析中可以将其视为一组词语（如表3—6所示）。

表3—6　　　中央和部分地方民族教育相关法律法规中特色词及词频

法律法规名称	特色词
国家民教决定	西部（23），扶持（9），倾斜（5），资助（4），两基（10），汉语（7），双语（7），宗教（6），远程（4），自力更生（4），预科（3），对口（9），支援（12），工程（9）
云南民教条例	双语（10），语言（4），文字（3），定向（4），补助（5），扶持（3），预科（3），贫困（4），对口（2），支援（2），因地制宜（1），课程（5），县级（11），寄宿制（4）
广西教育条例	壮族（7），女童班（2），成人（10），企业（8），技术学校（10），生产（7），劳动（7），聚居（3），定向招生（3），因地制宜（2），师范（14）
西双版纳民教条例	职业（9），处罚（9），傣（7），傣族（3），监护人（6），语言（5），文字（6），汉文（2），双文（2），复议（4），起诉（2），宗教（3），佛教（1），佛爷（1），技术（10），合同（9），边疆（1）
黔西南教育条例	边远（8），工资（8），贫困（6），山区（6），苗族（4），苗（1），布依族（4），寄宿制（3），预科（2），女童班（1），聚居（1），双语（1）
南宁民教条例	边远（21），贫困（19），职业（25），补贴（8），专项（8），寄宿制（3），双语（3），基地（3），对口（2），支援（2），壮族（2），壮汉（2），聚居（2），境内外（1）

根据表3—5、表3—6相关法律法规特色词分析展现的情况，我们可以得出以下结论。第一，不同类别的中央层面法律法规因需解决问题的特殊性，往往会体现出本法特征的特色词。例如《教育法》中对"权利"和"义务"的相关规定要多于其他法律，这是因为《教育法》作为教育法律中的基本法，对其他法律更具有指导意义，在教育法律规范中处于核

心地位的权利和义务自然应重点强调，而《义务教育法》的"均衡""县级"体现了其价值选择的目标和实现路径，《教师法》中"具备""资格""学历"等词更强调教师队伍建设的专业性，"工资""教学"等又是教师权利义务关注的重点问题。第二，地方为进一步落实上位法精神出台的地方法律法规，存在法律法规雷同的问题。虽然一些地方教育法律法规中也体现了自身特点，如"贵州义教条例"中的"务工人员"等，但总的来说，地方法律法规制定中主要是对上位法精神的再次传达和强调，很难说体现了自身何种特色。如《义务教育法》与各地针对《义务教育法》颁布的实施条例和办法，核心词、特色词反复穿插，各地区的相关立法内容相似，甚至立法框架雷同，这种较多的对上位法进行重复立法的行为，导致立法资源的浪费。第三，民族教育法律法规体现了自身特点和地方特色。由于当前中国还没有中央层面的《少数民族教育法》，地方民族教育多依据《民族区域自治法》《教育法》等法律和《国务院关于深化改革加快发展民族教育的决定（2002）》等行政法规开展立法工作，更体现出本地区民族教育的需求和特色。在民族教育相关法律法规中，针对民族教育特色的如"双语""课程""宗教"等词语也被广泛涉及，体现了民族地区教育优先发展法律的"文化优先"这一内涵。因为民族地区文化、经济、地理等诸多方面相对落后，"贫困""支援""倾斜""对口""聚居"等成为其反复出现的特色词，"黔西南教育条例"也反复提及"边远""贫困""山区"等词，体现了民族地区教育优先发展法律"地区优先"这一内涵，相比之下其他教育法律法规这些词语使用频次更少一些。此外，"西双版纳民教条例"在法律权利保障和救济机制方面相比其他法律更为明确，"起诉""复议"等特色词也是其他民族教育法律中较为少见的。

（三）低频共性词分析

低频共性词是指在民族地区教育优先发展相关的不同法律文本中多有涉及，但词频又不高的一类词语，它们集中反映了不同法律对民族地区教育优先发展的共同价值诉求。这类词语出现低频的主要是两方面原因，一是这类词语虽然很重要，但是已广泛被社会认可和接受，只需要在法律文本的关键位置重点强调；二是不同法律间采用不同的词语表达共同的法律价值选择，造成词语使用不统一，产生的频次较低的词语。我们对 10 个

法律文本进行梳理，依据"重要但不需要反复提及"选择"优先""少数
民族""依法"等词，依据"重要但可能出现多种表达"选择"农村"
"经费""鼓励"等词作低频共性词分析（见表3—7），就后者而言，一
些法律强调的"农村"在一些场合可能表达为"城乡""边远""贫困地
区"，"经费"在不同场景又被"资金""工资"等词替代，"鼓励"一词
更因感情色彩表达的需要，经常被"奖励""促进"等词替代，但这并不
影响我们对这些法律共同价值取向的提炼。

表3—7　　民族地区教育优先发展中相关法律法规低频共性词及词频

法律法规名称	优先	依法	少数民族	农村	经费	鼓励
教育法	4	26	4	2	15	11
教育纲要（2010—2020）	16	33	6	44	34	38
贵州义教条例	3	18	0	18	29	7
广西义教办法	2	4	3	1	10	1
国家民教决定	2	0	35	2	4	6
云南民教条例	5	5	32	1	8	2
广西教育条例	4	1	19	4	12	6
西双版纳民教条例	3	1	7	7	11	0
黔西南教育条例	6	5	9	1	4	4
南宁民教条例	1	1	13	0	4	4

表3—7显现出民族地区教育优先发展相关法律具有以下的共同特征。
第一，民族地区教育发展事业的依法性。"依法"一词成为民族教育相关
法律的共性词，在《教育法》"教育纲要（2010—2020）""贵义教条例"
等法律中处于高频词的位置，充分表明我国依法促进和发展民族教育事业
的坚定信念。第二，民族教育事业发展的优先性。自《教育法》强调
"教育优先发展"以来，优先发展教育成为社会各界的共识，特别是在民
族教育相关立法中，"优先"理念被屡屡提及，涉及资源分配、政策倾斜

等诸多方面，体现了民族地区教育优先发展法律的"教育优先"基本内涵。虽然在中央和地方其他一些教育法律法规中并未强调"优先"一词，但是"少数民族"往往被单独列出，这都体现了国家对民族教育事业的高度重视和优先意识。第三，教育问题特别是民族教育问题解决的关键在农村，解决的路径重点之一是要投入经费，通过立法鼓励和调动各方的积极性是民族教育问题解决的重要手段。特别是"经费"一词在每部法律中均着墨颇多，因此可以说民族地区农村教育发展情况体现了教育公平的实现程度，是我们进行民族地区教育优先发展法律实效分析的重要着力点，教育经费的投入和利用情况则是最为直观表达法律诉求的观测点。

三　民族地区教育优先发展法律的内容框架

根据词频分析，如果排除相关法律对民族地区教育优先发展的重要意义和纲领性规定外①，从民族教育相关法律对权利义务的规定上来看，民族地区教育优先发展的责任主体是人民政府，核心内容是保障教育发展权，具体又是围绕"地区优先"形成了教育平等、围绕"文化优先"形成了教育差异、围绕"教育优先"形成了促进社会经济发展等三个方面内容，这也进一步验证了我们在第二章对民族地区教育优先发展法律内涵界定的科学性。

（一）民族地区教育优先发展法律对实现"教育平等"的主要规定

民族地区教育优先发展法律"教育平等"直接反映的是民族地区教育优先发展法律"地区优先"的基本内涵，主要任务是以协调不同利益主体关系，充分保障民族地区教育发展权，具体划分为缩小民族地区与其他地区的教育差距，民族地区农村与城镇教育差距两个方面。我们通过词频分析发现相关法律体现"教育平等"的共性词、特色词和核心词主要有"补贴""支援""对口""扶持""资助""均衡""缩小"等，具体内容规定如表3—8所示。

---

① 许多民族地区教育法规在指导思想、方针和原则等方面规定了"教育优先发展"问题，例如《广西壮族自治区教育条例》第二条"百年大计，教育为本。各级人民政府应当把教育放在优先发展的战略地位"。《西双版纳傣族自治州民族教育条例》第三条"各级人民政府必须把民族教育放在优先发展的战略地位，贯彻教育为本，科技兴州的战略方针，把民族教育纳入国民经济和社会发展的规划，使民族教育与全州经济和社会发展相适应"等。

表3—8　　　部分民族地区教育相关法律对"教育平等"实施路径的具体规定

法律法规名称	条款	内容
中华人民共和国教育法	第十条	国家根据各少数民族的特点和需要，帮助各少数民族地区发展教育事业。国家扶持边远贫困地区发展教育事业。
国务院关于深化改革加快发展民族教育的决定（2002）	一（二）	确保少数民族散杂居地区民族教育优先或与当地教育同步发展
国务院关于深化改革加快发展民族教育的决定（2002）	三	在同等条件下，高等学校少数民族贫困生优先享受国家资助政策，确保每一个大学生不因经济困难而停止学业
国家中长期教育改革和发展规划纲要（2010—2020）	第 三 章（八）	加快农村寄宿制学校建设，优先满足留守儿童住宿需求。
云南省少数民族教育促进条例	第十三条	县级以上人民政府应当对在当地边远贫困地区从事民族教育工作的教师给予生活补助；优先建设农村民族中小学、幼儿园教师的周转宿舍。
西双版纳傣族自治州民族教育条例	第三十八条	各级各类教育所需经费，由各级人民政府或者办学单位按规定标准负责筹措，并予以保证。各级人民政府努力增加对教育的投入，确保教育事业优先发展。
广西壮族自治区教育条例	第四十五条	高等院校和中等专业学校对少数民族考生实行降分录取以及定向招生、推荐与保送相结合等特殊政策，使在校少数民族学生人数与本民族人口占全区总人口的比例相适应。对特别贫困的县，应当将招收少数民族学生的名额分配到乡，优先录取。
南宁市民族教育条例	第三条	市、县（区）人民政府对贫困、边远的民族地区的教育实行优先照顾、重点扶持的政策。
贵州省义务教育条例	第十四条	县级人民政府及其教育、机构编制、人力资源和社会保障等有关部门应当均衡配置教师资源,在编制调配、岗位设置、职务(职称)评聘、骨干教师配备、学科带头人培养、教师和校长交流等方面,优先考虑农村学校、民族学校和薄弱学校,改善城乡学校教师学科、学历、职务、年龄的分布结构,促进学校之间师资力量相对均衡。

续表

法律法规名称	条款	内容
黔西南布依族苗族自治州教育条例	第二十二条	对报考本自治州专业学校的边远贫困山区的少数民族学生，在同等条件下优先录取。
黔西南教育条例	第三十一条	在边远贫困山区从事教学的教师，享受下列待遇：（三）在边远贫困山区任教 5 年以上的，不受指标限制，优先评定职称和聘用；工作成绩显著的，优先破格评定高一级职称和聘用。

通过上表可以发现，民族地区教育优先发展法律围绕缩小城乡差距、地域差距提出的"教育平等"相关条款，既注重保障教育过程的公平，也注重对教育结果公平的关注，最终的目的是通过结果公平实现民族地区人民群众的教育发展权利平等。同时在教育过程公平方面，又从经费投入、师资政策倾斜、基础设施建设三个方面进一步做了详细规定，反映出民族地区教育优先发展"教育优先"的内涵特征，以学校建设用地为例，《贵州省义务教育条例》第 29 条规定"建设单位应当按照先建后拆的原则，按照原面积和用途优先就近重建，归还产权，不得缩小校园面积，不得影响学校的教育教学活动"，《广西壮族自治区实施〈中华人民共和国义务教育法〉办法》第 14 条规定"各级人民政府应当依法保障义务教育阶段学校办学用地，在制定城乡总体规划、详细规划及土地利用规划时，必须根据需要优先满足义务教育阶段学校用地"，《云南省少数民族教育促进条例》第 23 条规定"各级人民政府应当按照国家标准优先为民族地区的学校配置基础设施和教学设备"，《黔西南教育条例》第 27 条规定"社会力量办学用地实行优先、优惠征拨"。在教育结果平等方面，主要是通过各级各类学校招生中对民族地区或者少数民族的招生优惠规定。在法律中多使用"优先录取""优先录用""定向招生""名额分配到县（乡）"等规定体现，在一些相关法律中，还从少数民族学生就业上体现出对教育结果公平的倾向性，例如《云南省少数民族教育促进条例》第 17 条规定"民族地区的国家机关、事业单位、人民团体、国有企业等在招考、招聘人员时，可以采取定向、定岗的方式录用、聘用本地区兼通双

语的大中专毕业生。前款规定外的地区在招考、招聘人员时，在同等条件下应当优先录用、聘用本地区少数民族大中专毕业生"。

因此，关于"教育平等"的内容在实际上涉及教育起点平等（即入学机会）、教育过程平等（即办学硬件设施、办学经费、师资条件等），以及教育结果实质平等（即少数民族受教育程度和人民群众对教育的满意度）三个方面，这也成为我们进一步分析法律实施和实效的切入点，特别是成为法律实效拟定可度量或可观察指标的主要依据。

（二）民族地区教育优先发展法律对尊重"教育差异"的相关规定

通常，人们生活所处的语言和文化是客观存在而非自己选择的结果，实际上，拥有这些语言和文化也是形成做出有意义抉择的能力之前提条件。[1] 因此民族地区和少数民族教育发展权保障不能回避教育差异问题，"教育差异"直接反映了民族地区教育优先发展"文化优先"的内涵特征，主要体现为对民族地区教育发展事业的自主性和变通性上面，其目的主要是保护和发展少数民族语言和文化。我们通过词频分析发现相关法律体现"教育差异"的共性词、特色词和核心词主要有"双语""宗教""自治""因地制宜"等（如表3—9所示）。

表3—9　　部分民族地区教育相关法律对"教育差异"实施路径的具体规定

法律法规名称	条款	内容
教育法	第十二条	汉语言文字为学校及其他教育机构的基本教学语言文字。少数民族学生为主的学校及其他教育机构，可以使用本民族或者当地民族通用的语言文字进行教学。
云南省少数民族教育促进条例	第六条	县级以上人民政府及其教育行政部门应当通过举办双语幼儿园、民族学校、民族部（班）、少数民族预科教育等多种办学形式，发展具有少数民族教育特色并能适应民族地区经济社会发展的学前教育、义务教育、普通高中教育、职业教育、高等教育、特殊教育；"优先规划、建设标准化寄宿制民族中小学"。

---

① Will Kymlicka *Contemporary Political Philosophy*: *An Introduction*（*Second Edition*），Oxford U-niversity Press，2001，p. 340.

法律法规名称	条款	内容
云南省少数民族教育促进条例	第十五条	鼓励在民族地区工作的教师学习使用当地通用的少数民族语言。对熟练掌握使用少数民族语言文字教学并有效提高教学质量的教师予以表彰奖励;在同等条件下评优评先、职称评定、岗位聘任及骨干教师、学科带头人认定时,优先推荐。
贵州省义务教育条例	第五十五条	招收民族学生为主的义务教育阶段学校,可以使用民族通用的语言文字进行双语教学。
云南省实施《中华人民共和国义务教育法》办法	第二十四条	以少数民族学生为主的学校或者班级,可以同时使用国家通用语言、文字和本民族语言、文字进行教学;有本民族语言但没有文字的,可以使用国家通用语言、文字和本民族语言进行教学。 省人民政府和民族自治地方人民政府及有关部门,应当组织做好民族文字义务教育教材的翻译、出版工作。
云南省实施《中华人民共和国义务教育法》办法	第二十七条	教育行政部门和学校应当建立教师培训制度,保障教师能够参加进修、培训和继续教育。鼓励教师通过培训、函授、自学考试、远程教育等形式,提高思想、文化、业务素质;鼓励在少数民族地区工作的教师学习少数民族语言、文字。
广西壮族自治区实施《中华人民共和国义务教育法》办法	第十八条	自治区人民政府教育行政部门和义务教育阶段学校应当从实际出发,建立和完善由国家课程、地方课程和校本课程构成的具有地方和学校特色的课程体系。
广西壮族自治区实施《中华人民共和国义务教育法》办法	第十九条	招收少数民族学生为主的义务教育阶段学校,可以使用少数民族通用的语言文字进行教学。壮文试点学校开展壮汉双语教学。

从表 3—9 可以发现，当前民族地区教育优先发展相关法律对"教育差异"的尊重集中体现在"双语教学"这个问题上，2010 年《国家民委关于做好少数民族语言文字管理工作的意见》第十条针对民族双语教学问题专门提出"参与做好'双语'教学工作。协同有关部门，稳步推进'双语'教学工作。把学前'双语'教育纳入义务教育范围，扩大'双语'教学覆盖面；培养和培训'双语'教师；编写出版适合民族地区实际的'双语'乡土教材、课外读物；建立科学合理的'双语'教学衔接体系，根据实际情况选择有效的'双语'教学模式"。因此双语教学相关法律实施问题应是我们"教育差异"法律保障研究的关键内容。实际上，民族地区教育优先发展法律对"教育差异"的相关规定不局限于此，由于《民族区域自治法》第 36 条明确规定"民族自治地方的自治机关根据国家的教育方针，依照法律规定，决定本地方的教育规划，各级各类学校的设置、学制、办学形式、教学内容、教学用语和招生办法"，所以许多法律法规采取明确授权或变通性规定处理民族教育中的差异问题。例如《国家通用语言文字法》第 8 条规定"各民族都有使用和发展自己的语言文字的自由。少数民族语言文字的使用依据宪法、民族区域自治法及其他法律的有关规定"。《体育法》第 15 条规定"国家鼓励、支持民族、民间传统体育项目的发掘、整理和提高"。特别是 2014 年秋季学期在民族地区中小学校正式实施的《民族中小学汉语课程标准（义务教育）》是依据民族地区教育差异的实际情况提出的少数民族汉语教学标准，充分体现了对少数民族教育权利的尊重。因此，"教育差异"法律保障问题涉及少数民族文化传承有关的其他教育内容和教育形式。

（三）民族地区教育优先发展法律对教育与社会发展关系的定位

民族地区教育优先发展法律的基本内涵之一就是"民族地区教育事业的发展应优先与其他事业的发展"，其核心词、特色词和共性词主要有"优先""发展""建设"等。可以说，民族地区教育优先发展法律运用了大量篇幅谈及对民族地区教育优先于其他事业发展的相关内容，最为典型的就是《教育规划纲要（2010—2020）》中"三个优先"的提出：

切实保证经济社会发展规划优先安排教育发展，财政资金优先保障教育投入，公共资源优先满足教育和人力资源开发需要。

《教育规划纲要（2010—2020）》第一章（二）

"三个优先"是对以往教育优先发展相关法律反复提到教育与社会经济发展关系中"教育优先"这一规定的提炼和具体化，可以说，之前抑或之后民族地区教育优先发展相关法律在界定教育与其他社会事业发展关系问题上，均可以在"三个优先"里面找到依据，举例如下：

县级以上人民政府应当发展卫星电视教育和其他现代化教学手段，有关行政部门应当优先安排，给予扶持。

《教育法》第六十六条

各级人民政府应当把学校的基本建设纳入当地城乡建设规划，优先安排供应学校基本建设所必需的物资。

《广西壮族自治区教育条例》第七十二条

各级人民政府必须把民族教育放在优先发展的战略地位，贯彻教育为本，科技兴州的战略方针，把民族教育纳入国民经济和社会发展的规划，使民族教育与全州经济和社会发展相适应。

《西双版纳傣族自治州民族教育条例》第三条

需要指出的是，教育优先于其他社会事业发展的法律问题如果进一步延伸，就涉及教育在社会经济发展中的地位和作用问题。虽然相关法律很少明确提到通过教育发展推动民族地区社会经济发展这一问题，但是，从教育与其他社会发展的关系来看，规定教育优先发展本身就带着这种美好的期望。因此，研究民族地区教育优先发展法律保障问题必须考察教育在民族地区社会经济发展中的作用和功能问题。此外，在民族地区社会经济发展中，人才问题是非常重要和急需解决的重大问题，人力资源开发是教育在社会经济发展重要作用的具体体现之一，面对日益激烈的人才区域竞争环境，民族地区人才优先战略也深受其教育优先发展法律的影响。因此，剖析教育与社会经济发展关系，还需要从民族地区人才引进、少数民族干部培养和骨干人才培养等细微之处讨论民族地区人力资源的开发问题。

第三节　民族地区教育优先发展立法保障的特点与不足

一　民族地区教育优先发展立法内容的特点

第一，法律价值诉求的同一性。词频分析发现，在一定时期内，不同民族地区民族教育法律价值诉求虽然形式各异，关注焦点也有所差别，但是其价值选择本身却均是围绕人的全面发展问题展开的，以追求正义为首要价值，为保障教育发展权为核心内容。这个相似的价值诉求体现在民族教育法律内部基于教育发展落后的现实对教育平等的价值诉求，呈现出"加强""倾斜""对口""支援"等表现形态，有学者指出，"我国发展少数民族教育的主要经验是中央政府主导并承担主要责任，实施倾斜政策，全国大力支持"①。而基于民族地区地理、文化等差异对教育的地区能动性发挥也提出了需求，提出了地方发展教育的自由价值的诉求，呈现出"因地制宜""自力更生""特色"等表现形态。此外，在民族地区职业教育法律中，还对职业教育服务当地社会经济提出了更为明确的要求。

第二，体现了法律保障对象的特殊性和人本性，以及内容的动态性。相关法律对民族地区有明确的界定，在保障对象上更倾向于少数民族的受教育权，在新的历史时期，民族地区教育发展法律保障呈现新的特征，体现了动态性。从《云南省少数民族教育促进条例》（2013）、《黑龙江民族教育条例》（2011 年修订）等近几年民族教育立法内容来看，民族地区教育优先发展法律从缩小教育差距逐渐扩大到关注民族文化多元化、教育需求多样性、地理环境差异性等影响因素，以教育差异为切入点，在强调缩小教育差距的同时，有重视避免教育优先发展的同质化倾向。因此可以说，民族地区教育优先发展法律转型，本质上仍是围绕"人的发展"这一教育核心问题展开。其内容就是指基于教育差异的现实诉求，资源配置从资金投入向教育资源优化配置转变，教育倾斜政策从优惠性向特殊性转变，教育权利保障从单一性向多样性转变，以及教育目标同质化向多元化转变。

当然，法律法规文本"优先"一词所表达的深刻含义是我们理解教

---

① 孙百才、张善鑫：《我国发展少数民族教育的重大举措与主要经验》，《西北师范大学学报》2009 年第 1 期。

育优先发展价值选择的关键，民族地区教育优先发展法律的特征还包括内容的法定性、实施的强制性、权利的排他性、位次的优先性等，这些特点和其他教育法律特征是相似的，在此不再单独叙述。

二 民族地区教育优先发展立法保障的不足

民族地区教育优先发展立法为民族地区教育发展提供了制度保障，但从立法现状来看，还存在以下几方面的不足。

第一，在立法内容上，立法膨胀与立法缺位的问题比较突出。立法膨胀即为遇到社会发展中的问题首先想到的是立法途径解决，当前，"地方立法在权力主体、数量、调整内容和制定权等方面都呈膨胀趋势发展。这种趋势的理论依据和原因在于紧急状态下地方性事务的复杂性、地方性事务具有的差异性、随政府职能调整而勃兴的给付行政、社会领域有限的理性和自治能力以及国外地方立法的扩张趋势等"[1]。在现实中，我们也看到"网络语言禁用""常回家看看"等入法引起了社会的广泛争议，"立法膨胀在理论上的误区可以归结为法律万能主义，即认为法律能够规制社会生活的方方面面，社会生活中的一切问题都可以通过法律得到解决"[2]。民族地区教育发展问题的复杂性决定了不能将立法保障作为唯一的依靠路径，事实也证明，立法数量急剧增加，法律涉及教育问题无所不括，反而造成了法律实效不佳，法律威信下降。此外，在社会转型时期，民族地区教育发展问题发生变化的可能性很大，法律如果为了适应这种变化，朝令夕改，将会带来立法成本增加，法律实施受阻等诸多问题。与立法膨胀思维相反的是立法缺位，立法缺位表现既包括应该纳入法律保障范畴的民族地区教育发展重要事项未能得到立法保障，还包括一些包含了"应当""必须"等法律硬性条款缺乏对应的"法律责任"一节规定罚则，类似《西双版纳傣族自治州民族教育条例》规定了"奖励与处罚"条款的民族教育法律相对较少。造成立法缺位的原因在于对软法的片面认识，许多民族地区怀疑法律在保障民族地区教育优先发展的作用，加之

---

① 崔卓兰、孙波、骆孟炎：《地方立法膨胀趋向的实证分析》，《吉林大学社会科学学报》，2005 年第 5 期。

② 马怀德主编：《法律的实施与保障》，北京大学出版社 2007 年版，第 105 页。

民族地区教育管理体制固有的制度瑕疵，民族教育立法的法律工具主义倾向，立法过程中公众的知情权与参与权很难得到保障等因素都造成了立法缺位的现状。此外，法律规制语言表述上存在的问题也对相关立法造成了一定影响。立法缺位造成的后果是许多本应或只能由法律保障的民族地区教育发展权利因法律的空白而得不到保障，最后影响到民族地区教育优先发展战略和少数民族教育发展权的真正落实和实现。

第二，民族地区教育优先发展立法发展不平衡。立法发展不平衡包括两个方面，即中央与地方立法发展不平衡，民族地区之间立法发展不平衡。一方面中央层面关于民族地区教育优先发展相关立法比较滞后，中央层面民族教育立法亟待加强。特别是《少数民族教育法》迟迟未能出台，影响到民族地区教育优先发展战略落实的法治进程，中央层面的民族教育法律主要依托《宪法》《民族区域自治法》《教育法》等法律支撑，散见于民族法、教育法相关条文中。在一些法律文本中都会对民族地区教育事务做出法律授权性规定，立法机关（全国人大及全国人大常委会）并没有进行专门的民族教育立法，民族教育法律法规在中央层面是以行政法规、部门规章和规范性文件的形式展现的。例如《关于正确处理少数民族地区宗教干扰学校教育问题的意见》（1983）、《关于改革和发展西藏教育若干问题的意见》（1988），《关于加强少数民族与民族地区职业技术教育工作的意见》（1992）、《关于加强民族教育工作若干问题的意见》（1992）、《国务院关于深化改革加快发展民族教育的决定》（2002）、《教育部关于贯彻落实〈中共中央国务院关于进一步加强民族工作加快少数民族和民族地区经济社会发展的决定〉做好民族教育工作的通知》（2005）等，不仅国家立法机关的"少数民族教育法"没有在学界多年呼吁中出台，就连早在1995年教育部计划制定并拟由国务院颁布实施的"少数民族教育条例"也没见下文。此外，在2002年第五次全国民族教育工作会议召开后，经过多次筹划，第六次全国民族教育工作会议才于2015年召开①，

---

① 例如2011年教育规划纲要颁布实施一周年，教育部党组务虚会就提出在2011年下半年召开第六次全国民族教育工作会议，报请印发《国务院关于加快推进民族教育发展的决定》。教育部民族教育工作司在2013年工作要点提出"抓紧做好各项筹备工作，开好第六次全国民族教育工作会议"。2014年工作要点提出"按照中央精神抓紧筹备第六次全国民族教育工作会议，进一步修改完善国务院《关于深化改革推进民族教育科学发展的决定》稿，提出全面深化民族教育改革的政策措施，制定相应的配套文件，推动第六次民教会精神的贯彻落实"。但直至2015年第六次全国民族教育工作会议才召开。

这使得社会转型期民族教育工作缺乏更权威更及时的法律和政策指导。另一方面民族地区关于教育优先发展的立法发展也呈现不平衡状态，一些民族地区如云南省，不仅有省人大通过的《少数民族教育促进条例》，民族自治州多也颁布了《民族教育条例》，四川省委省政府于 2001 年、2011 年两次制定了《民族地区教育发展十年行动计划》。这些地方法律和规章的出台为民族地区教育优先发展提供了法律制度的保障，而一些民族地区从来没有进行过民族教育立法，在全国五个自治区中也只有广西颁布了教育条例，民族教育发展的特殊性问题缺乏法律制度的保障。与此同时，一些已有的民族教育立法时间早，除了《黑龙江省民族教育条例》在 2002 年和 2011 年两次修订外，其他少数民族教育立法修订少见，有的甚至时隔近 20 年，如《海南藏族自治州民族教育工作条例》（1994 年颁布，1998 年修订）等。此外在《云南省少数民族教育促进条例》（2013）已出台的情况下，云南省许多自治州民族教育立法面临修订，如《红河哈尼族彝族自治州民族教育条例》（1999）、《西双版纳傣族自治州民族教育条例》（1993）、《楚雄彝族自治州民族教育条例》（1992）等均已不能适应民族地区教育发展的现实需求，教育法律实效性大打折扣。法律体系的理想化要求是门类齐全、结构严密、内在协调。① 因此，民族地区教育优先发展法规体系尚待健全。

第三，变通和补充规定涉及内容相对较窄。立法和补充规定可以统称为立法变通，这是指依据法律法规的授权。民族地区在制定自治条例时，可以对上级法律法规做出变通规定和补充，这种变通和补充并不否定相关法律的基本原则和法治精神，作为一项特殊权利，主要是为了相关法律在民族地区实施过程中能更符合民族地区的实际。虽然变通权体现了自主性和创新性，但是哪些领域可以变通，通常情况要由法律规定。相比民族地区其他社会发展事务，教育发展的变通权相对较多，涉及民族语言、民族风俗、民族人才培养等诸多方面，但是总体上内容仍然呈现相对较窄的窘境。一方面是民族地区教育发展与社会其他子系统联系紧密，其他社会子系统需要的财政税收、基础设施建设等变通权的缺乏，也影响到教育发展基础设施建设的物质支撑；另一方面教育变通权较少涉及民族地区教育管理制度、教学内容改革等民族地区面临的特殊性问题，教育差异问题难以

---

① 张文显主编：《法理学》（第四版），高等教育出版社 2012 年版，第 78 页。

得到法律的明确和保障。

第四，民族地区立法活动受多重因素影响，教育法律法规特色凸显不足。民族地区教育立法活动受到社会经济发展水平、地理和人文环境、地方立法体制等多重因素的影响，这同样造成民族地区力图体现地方教育差异问题的教育立法活动困难重重。从社会经济发展水平来看，民族地区社会经济发展水平相对落后，处于社会转型时期的民族地区，同样面临许多发展中的问题和矛盾，而且不断演化，这就造成了相关教育立法总是呈现出滞后性的特征。从地理与人文环境上看，我国少数民族分布的主要特点体现在四个方面：我国地理地形结构是西高东低，从西向东高度逐级下降，少数民族大多居住在西部地区；民族分布特点是各民族大杂居、小聚居、交错居住；我国有 2.2 万千米陆地边境线，其中 1.9 万千米在少数民族地区，有 30 个民族与境外同一民族相邻而居；我们民族分布状况是在长期历史中形成的。[①] 这样的分布特点造成了民族地区不仅存在自治民族，还存在其他少数民族和汉族，教育发展诉求的多样性和利益协调的复杂性，使得地方教育立法阻力加大。从民族地区基本立法体制上看，立法分权制度的不完善、法律解释机制的欠缺、中央与地方法律争议解决路径不畅，造成了民族地区教育立法的制度困境。有学者指出"现行民族自治地方自治立法的体制机制在一定程度上限制了立法自治权的有效行使，进一步形成权限、程序配置科学的民族立法体制，是完善我国民族法律法规的重要环节"[②]。

---

① 王世忠：《少数民族教育发展研究》，人民出版社 2013 年版，第 4 页。

② 张殿军：《民族法学研究范式转型与民族立法体制机制探析》，《河北法学》2013 年第 5 期。

第四章　民族地区教育优先发展法律的实施

民族地区教育优先发展法律实施是法律义务和责任承担主体通过合法运用各种资源和手段将民族地区教育优先发展立法的价值和目标转化为实际效果的动态过程，在这一过程中，各地区可以在法律允许的范围内，依据地区实际教育需求和存在的问题，采取不同的实施模式，以求产生最佳的法律实效。从过程上看，法律实施是位于立法保障与法律实效之间的中介环节，立法保障是实施的依据，法律实效是实施的目标。在本章，我们主要对民族地区教育优先发展法律实施的模式进行分析和评价，从而探讨法律实施保障存在的障碍问题。

第一节　民族地区教育优先发展法律实施的模式

一　民族地区教育优先发展法律实施的模式分类

模式意指方法、手段、途径，是在法律实施中逐渐形成的实践经验，模式的产生是为了适应环境变化的需要。民族地区教育优先发展法律实施的主体主要是人民政府，根据分类标准不同，民族地区教育优先发展法律实施的模式可以分为若干种情况。我们立足于民族地区教育优先发展这一核心问题，采取从生产要素的来源与使用方式的视角对民族地区教育优先发展模式进行分类，可以分为"造血"模式、"输血"模式和"移民"模式三类。

"造血"模式就是从民族地区内部入手，通过提高民族地区教育优先发展义务主体的工作积极性和工作能力，从根本上解决民族地区教育发展问题。提高工作积极性主要涉及待遇、工作环境和职业发展前景等，提高工作能力主要涉及专业能力和岗位胜任的思想和身体能力等。"造血"模式倡导民族地区教育发展"自力更生"，同时为其创造良好的发展环境，特别是在"文化优先"这一问题上，"造血模式"具有其他模式不可比拟的优势。

"输血"模式就是利用外部相对的优势资源，通过在民族地区采取各种帮扶措施，帮助民族地区教育发展。长期以来，这种借助"外力"的发展模式除了政府外，还有社会公益组织、中介机构及其他企事业单位的主动参与，特别是教育相对发达地区的大力支持使得通过"输血"模式落实民族地区教育优先发展法律的效率大大提高。"输血"模式在民族地区内部同样存在，为了解决民族地区教育城乡差距，地方政府部门也采取了积极可行的输血措施对发展相对落后的农村地区进行帮扶。可以说，"输血"模式是民族地区教育优先发展法律"地区优先"这一内涵的典型反映。

"移民"模式是从地域角度挖掘出来研究民族地区教育优先发展法律落实的一个概念，其最大的特点就是生产要素不移动，受援者迁移。严格来说，"教育移民"① 可以分为受教育者"主动"或"被动"方式，也可以分为"政府主导"或"受教育者自觉"方式。从"受教育者被动"和"受教育者自觉"角度看，经济发达地区特别是沿海发达地区在民族地区招收具有一定文化水平的学生异地培训并就业，或者民族地区受教育者主动到教育发达地区学习并就业，也属于"教育移民"的一种模式。由于民族地区教育优先发展法律主要是规定了政府部门在民族地区教育发展中的责任，因此，本书所谈及的民族地区教育优先发展"移民"模式是指政府主导，受教育者主动或被动接受的一种帮助民族地区发展教育事业的异地迁移帮扶方法、路径。

民族地区教育优先发展法律实施是围绕"民族地区教育发展权利保障"这一中心议题，采取"造血"模式、"输血"模式和"移民"模式三种发展方式合力推动的。民族地区教育优先发展的"造血"模式、"输血"模式和"移民"模式之间的关系可以用图4—1表示（见下页）。

由图4—1可见，三种发展模式围绕"民族地区教育发展权利保障"形成合力的同时，"输血"模式、"移民"模式又可以促进"造血"模式

———————————

① 本书所指的"教育移民"并不包括其他地区向民族地区的"高考移民"。

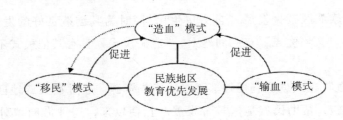

图 4—1 民族地区教育优先发展法律实施模式

的落实，此外，"移民"模式和"造血"模式的内涵有一定交叉，例如通过"移民"模式培养的少数民族人才很可能返回民族地区，成为当地民族教育的有生力量。不过，"移民"模式培养的人才是否愿意回到民族地区就业受诸多因素影响，即使签订定向委培合同也可能出现违约情况，因此两者关系用虚线表示。

二 民族地区教育优先发展法律实施的具体做法

（一）民族地区教育优先发展的"造血"模式

民族地区教育优先发展的"造血"模式既有西部贫困地区教育优先发展的共同特征，也体现了民族地区自身的特点，近些年政府采取的"造血"模式主要涉及以下方面。

第一，民族地区特别是民族地区农村的师资"造血"。包括（1）加大民族地区各级学校师资的培养。改革开放以来，民族地区高等院校通过民族预科班、定向定点招生、招生指标倾斜等方式加大民族地区师资培养，特别是定向招生在民族地区教师队伍地方化中起到了积极作用。（2）提高农村教师待遇和地位。1994年实施的《中华人民共和国教师法》要求教师的工资"不得低于或高于当地公务员"，加之近十年来国务院和教育相关部门多次强调提高中西部地区、连片特困地区农村义务教育教师的工资待遇，民族地区教师的工资得到一定保障与提高。此外还有通过周转房建设、职称制度改革等措施改善了农村教师的地位待遇，稳定农村教师队伍。（3）加大在职教师培训力度。主要是依托有条件的高校、教师进修学校或者专门设立少数民族师资培训机构进行，特别是"中西部农村义务教育学校教师远程培训计划""国培计划""援助边境民族地区中小学骨干教师培训项目"等项目实施，促进了民族地区教师教学质量的提高。一些地区还成立了少数民族师资培训中心，如西北少数民族师资培训中心、西北师范大学藏族师资培训中心等。（4）民族地区双语教师队伍建设。我国少数民族地区双语教师培训类型主要有"U—S"合作型培训模式、对口支援型培训模式、汉语考级培训模式（MHK）、"集中＋远程"型培训模式等。许多民族地区有专门的双语师资培训中心，如云南少数民族双语师资培训中心、新疆师范大学双语师资培训中心、甘肃省藏汉双语师资培训中心。

以贵州省为例，2013年，贵州省选派223名农村中小学校长到省内外发达城市挂职学习，以及实施"校长提高计划"等，其中大多数来自民族地区。在省内，贵州省充分发挥省内发达地区优质教育资源示范带动作用，提升民族地区农村中小学校管理水平，促进民族地区农村教育快速健康发展。2013年贵州省为民族地区培训教师4万人，截至2014年已选派八批民族地区农村中小学校长赴贵阳、遵义两市挂职学习。在民族教育方面，贵州省也重视对少数民族文化教育师资的培训和进修，主要涉及双语教育、民族团结、民族民间文化等①，针对义务教育阶段的实际情况，2011年以来还开展了义务教育阶段《民族团结教育》《贵州民族民间文化读本》授课教师培训。同时，自2014年以来，贵州省针对自身少数民族教育师资存在的问题努力从以下方面着手加以改进，（1）建立双语教育学生和教师实名制管理系统。（2）起草《贵州省少数民族双语教师培训方案》。（3）在加强贵州民族大学双语教师培训基地的基础上，考虑适当增加新的双语教师培训基地，建立和打造培训专家队伍。（4）贵州民族大学在招收民族语言新生时，加试民族语言口试。（5）继续办好每年度的双语教师培训，适度增加班级和语种。

同样，广西壮族自治区基于自身双语教育面临的特殊情况，也实施了

---

① 贵州省在双语教师培训方面，主要内容涉及以下方面：（1）民族语言文化与民族教育；（2）民族理论与民族政策；（3）小学语文教学方法研究；（4）苗（湘西方言）、苗（黔东方言）、苗（川滇黔方言）、布依、侗、彝语文基础等。在民族民间文化师资骨干培训方面，主要内容涉及以下方面：（1）民族民间文化遗产的价值及传承保护；（2）民族民间文化遗产的法律保护；（3）民族民间文化教育的教材编写；（4）民族民间文化教育与双语教学；（5）民族民间文化教育内容和课堂组织；（6）民族民间文化进校园活动交流；（7）民族民间文化教育项目学校管理。

壮汉双语学校教师全员培训计划，通过采取各种有效培训方式，举办双语教师培训班等，仅 2011—2013 年，就培训教师 4687 人次。在培训方式上，采取了培养本科层次壮汉双语专业教师、培养具有带头引领作用的骨干教师等。广西壮族自治区还实施"壮汉双语教师定向培养计划"，从 2014 年起，每年针对壮汉双语教育实验区县的乡镇定向招收 100 名壮汉双语专业免费师范生，定向培养双语教师。

第二，民族地区教育经费保障和办学条件改善。近些年来，各级政府履行法律职责，对困难较多的民族地区教育给予了必要扶持。例如从边境建设事业补助费、少数民族补助费等中专门拿出一部分支持民族地区义务教育事业。同时实行多元化教育投入机制，积极倡导社会力量参与民族地区职业教育、学前教育办学，增强办学活力。在社会转型时期，民族地区教育经费保障和办学条件改善实施路径有一些新的变动和调整，根据 2002 年国务院《关于深化改革加快发展民族教育的决定》要求，新时期中央财政扶持教育的重点"向民族工作的重点地区、边远农牧区、高寒山区、边境地区以及发展落后的人口较少民族聚居地区倾斜"。2005 年国务院《关于深化农村义务教育经费保障机制改革的通知》提出将农村义务教育全面纳入公共财政保障范围，对民族地区教育跨越式发展起到了重要作用。此外，民族地区设立少数民族教育事业补助费，专款专用，帮助民族地区解决教育发展的特殊需要和特殊困难，民族地区中小学寄宿制中小学建设经费由中央财政支持。同时根据民族地区特点，改善交通条件和交通工具、实现教育的现代化特别是远程教育网络建设，充分保障少数民族学生的受教育权利。

根据贵州省教育厅公布的数据显示，2013 年，贵州省在民族地区县实施学前教育、城镇义务教育和高中阶段教育工程 1064 个，投入资金 21.85 亿元。进一步扩大民族地区优质普通高中教育资源，新增 2 所民族地区省级示范性普通高中。2013 年，投入资金 2.89 亿元支持民族地区中职学校基础能力建设。完成民族地区中职招生 14.08 万人，占全省中职招生数近一半。2013 年，贵州省民族地区共获中央营养改善计划资金 10.11 亿元，资助学生 190.1 万人。对农村义务教育阶段人口较少民族贫困寄宿生生活补助予以倾斜。

而基于云南省人口较少民族教育发展相对落后，民族文化传承和保护的紧迫要求，云南省也明确提出对民族地区教育发展提供专项教育经费支持。例如，2013 年云南省根据《云南省扶持人口较少民族发展规划（2011—2015 年）》精神，在中央下拨 1336 万元提高人口较少民族农村义务教育寄宿生生活补助基础上，省级自筹经费 216.09 万元，按每生每年 250 元的标准，下拨专项经费 1552.09 万元，将提高补助范围扩大到景颇族、布朗族、普米族、阿昌族、怒族、基诺族、德昂族、独龙族等云南省内 8 个人口较少民族义务教育阶段所有学生。补助惠及义务教育阶段学生 62076 人。其中，小学生 42242 人，初中生 19834 人。根据该规划，云南省对人口较少民族在学前教育、中小学建设、寄宿生补助等方面投入了大量资金（表 4—1）。

表 4—1　　　　2013 年云南省扶持较少民族发展教育专项经费

支出项目	主要用途	支出经费
学前教育建设	在未建有中心幼儿园的人口较少民族乡（镇），各建设 1 所有辐射和示范指导作用的中心幼儿园；在较大村社建设村社幼儿园或小学附属幼儿园，重点建设"双语"幼儿园	预计投入 1 亿元
中小学建设	加强人口较少民族聚居区中小学基础设施建设，重点实施义务教育学校标准化和农村寄宿制学校建设，改善办学条件	预计投入 0.5 亿元
寄宿制学生补助	对人口较少民族义务教育阶段寄宿生进行生活费补助	预计投入 1 亿元
开办本科及大中专班	提高特有民族本科及大中专班中人口较少民族招录比例，并给予学费和生活费补助	预计投入 0.15 亿元

第三，尊重民族地区教育教学特点，照顾民族地区教育需求。民族地区教育优先发展相关法律法规已经赋予了民族地区发展教育事业的相应变通权和自治权，因此民族地区教育"造血"模式最大的优势就是能充分发挥自身自主性。（1）教育教学形式方面。1951 年教育部在北京召开第一次全国民族教育会议就指出：各少数民族学校的教学计划、教学大纲应以教育部的规定为基础，结合各民族的具体情况，酌量加以变通或补充。

1963 年教育部在云南、贵州、四川三省座谈会上指出：民族地区一般经济落后，居住分散，学校的布点及课程内容力求适应此种情况①。长期以来，民族地区根据自身实际对教育教学形式做了调适。（2）民族地区教育制度方面。在学制上，国家对各级各类学校做了统一规定，但也依据民族地区教育的特殊性，对其做了变通规定，少数民族地区学龄儿童的入学年龄也是根据各个地区实际情况自行决定的，同时在办学形式、教学用语、学生管理、学校编制等方面都给予了民族地区学校变通权或适当倾斜。在招生方面，不同民族地区依据自身特点，对少数民族加分、定向招生与分配等方面也做出了不同规定。而在教育行政体制上，从中央到地方建立了专门的民族教育机构，并对教育行政部门的民族教育机构与其他机构、其他部门的教育机构职能进行了分工协调。（3）民族和地区教材方面。在相当长一段时间，民族地区学校课程受"普适知识"的影响，忽略了地方性知识，学校教育与民族文化脱节的问题突出，在近十年民族地区基础教育课程改革的实践中，民族和地区课程建设被重点关注，民族和地区教材挖掘取得了较大进步。一方面，民族和地区教材充分反映了民族地区教育的差异性，教材方面做到尊重民族地区教育教学特点，照顾地区教育需求。另一方面，民族地区基础教育课程改革的主要策略有："在国家课程标准和各学科教材中反映多元文化的教育内容，跨省区联合开发民族地区地方课程，因地制宜开发民族地区校本课程资源。"② 多数民族地区已经形成国家课程、地方课程和校级课程三级体系。

学校是落实民族文化传承教育政策的主要场域，但受政府相关政策的导向和影响，以贵州省为例，贵州省大力推进"民族民间文化进校园"，推动了民族文化传承教育的落实。早在 2002 年，贵州省制定颁布了全国第一个民族民间文化保护地方法规——《贵州省民族民间文化保护条例》，自 2002 年开始，贵州省教育厅和民委联合相继发出了《关于在我省各级各类学校开展民族民间文化教育的实施意见》（黔教发〔2002〕16号）和《省教育厅、省民委关于大力推进各级各类学校民族民间文化教

---

① 孟立军：《新中国民族教育政策研究》，科学出版社 2010 年版，第 72 页。

② 王鉴：《中国少数民族教育政策体系研究》，民族出版社 2012 年版，第 244—246 页。

育的意见》（黔教民发〔2008〕216 号）①，要求各级各类学校根据《贵州省民族民间文化保护条例》要求，因地因校积极参与多种形式的民族民间文化保护活动。为了推动民族民间文化教育目标的落实，贵州省近些年来多次开展了项目学校的评选工作，对学校开展民族民间文化教育进行引导和评价。②

（二）民族地区教育优先发展的"输血"模式

第一，民族地区特别是民族地区农村的师资补充政策。农村教师补充政策体现在优惠性和倾斜性等方面，如减免学费、提高待遇、降低入职门槛以及提供教育深造机会等。近些年来，农村教师补充政策典型做法主要有农村教师"特岗"计划、免费师范生政策、"硕师计划"等。一方面，2006 年，教育部、财政部、人事部、中央编办联合下发了《关于实施农村义务教育阶段学校教师特设岗位计划的通知》，农村教师"特岗"计划的实施，惠及中西部地区 1000 多个县、3 万多所农村学校，一些地方还实施了地方"特岗"计划，"特岗"计划作为当前农村高质量教师补充的重要渠道，在城乡教育均衡过程中发挥了积极作用。另一方面，2007 年，

①　贵州省教育厅和民委《关于在我省各级各类学校开展民族民间文化教育的实施意见》（黔教发〔2002〕16 号）明确规定："贵州普通中小学、特别是民族地区中小学应将优秀民族民间文化作为素质教育的内容，将当地各族人民喜爱的民族民间音乐、绘画、舞蹈、体育、文学、传统手工艺制作等引进教学活动中。在不通晓汉语的少数民族聚居地区，要坚持'双语'教学，有条件的地方，应将'双语'教学逐步提前到学前教育阶段实施。有条件的高等院校应开设民族民间文化课程，培养民族民间文化的专门人才。"

②　根据《贵州省第四批民族民间文化教育项目学校评选办法》规定，贵州省民族民间文化教育项目学校申报评选的条件包括（1）申报学校办学规模，小学不低于 120 人，中学不低于600 人。（2）学校所属市（州）、县政府对学校开展民族民间文化教育有经费支持的承诺。（3）民族民间文化教育成效明显，高等学校应有民族民间文化教育研究机构，已初步形成民族民间文化教育教学体系。（4）民族民间文化教育指导思想、工作目标明确，有中长期规划、详细工作方案及监督评估体系。（5）有从事此项工作的专兼职教师 2 人以上，能保证民族民间文化教育工作的顺利开展，并保证其相应的工作经费。（6）民族民间传统文化教学内容具有鲜明的地方特点和民族特色。民族民间文化教育已纳入地方课程或校本课程，接受民族民间文化教育的学生占在校生的五分之一以上。（7）有突出当地主体少数民族文化的民族民间文化教育教材。（8）教学成果方面：学生能简要介绍本民族、本地民族民间文化内容及特点。具有民族民间技能或技艺，并具有一定艺术欣赏、表现和创造能力；学校能开展民族民间文化教育成果展示。如民族传统体育运动会、艺术展演、手工作品、美术作品及其他现场表演等。并能配合当地有关部门，在传承优秀民族民间文化方面发挥基地作用；民族民间文化教师有相应的工作总结、教学设计、教学案例或课题研究论文。

国务院办公厅颁布了《教育部直属师范大学免费教育实施办法（试行）》，开始在 6 所部属师范院校招收免费师范生，一些省（区、市）采取免费培养、学费返还等方式开展地方免费师范生政策探索。免费师范生政策的实施，使得西部落后地区教师队伍增加了新鲜血液。除此之外，2003 年团中央和教育部组织实施的"大学生志愿服务西部计划"、2004 年教育部开始实施的"农村学校教育硕士师资培养计划"、2005 年由中央部门组织实施的"三支一扶"计划等吸引了大批优秀应届本科大学毕业生到贫困地区的农村学校任教。

贵州省 2013 年共招聘特岗教师 1.4 万名，通过调剂录取等方式，最大限度满足民族地区对特岗教师的需求。根据教育部等五部门《边远贫困地区、边疆民族地区和革命老区人才支持计划教师专项计划实施方案》（教民发〔2012〕6 号）和贵州省教育厅等五部门《贵州省贫困地区、民族地区和革命老区人才支持计划教师专项计划实施方案》（黔教民发〔2013〕86 号），贵州省积极开展"三区"人才支持计划教师专项计划，其受援学校主要是三类：（1）贵安新区、省直管县、86 个县（市、区、特区）义务教育阶段农村公办学校；（2）市（州）所辖新区、经济开发区、风景名胜区义务教育阶段农村公办学校；（3）省外支教教师到县城义务教育阶段公办学校支教。

第二，民族地区内部的教师流动政策。改革开放后，面对城乡教育的巨大差距现实，相关部门主要是采取了向贫困地区和民族地区农村学校派遣教师支教方式特别是教师短期支教方式进行。但与此形成对比的是，农村教师自身生活和工作原因，以及城镇学校教师选拔机制的导向，教师从农村向城市单向流动现象频繁，造成农村教师流动形成"逆向淘汰"的怪圈。进入 21 世纪以来，相关部门主要是通过教师交流政策来解决农村师资质量问题，推进城乡教师均衡的，2006 年修订的《义务教育法》第 32 条提出："县级人民政府教育行政部门应当均衡配置本行政区域内学校师资力量，组织校长、教师的培训和流动，加强对薄弱学校的建设。"例如 2013 年贵州省教育厅选派 2300 名教师赴边远贫困地区、边疆民族地区和革命老区支教。在当前，虽然通过区域、城乡教育均衡促进教育机会均等已是社会共识，但是民族地区师资均衡问题仍难以避免制度环境的制约，因此内地教师支援也是民族地区教师流动的重要政策。

第三，教育资源分配向民族地区倾斜的优惠模式。一方面是教育资源投入的倾斜。限于民族地区条件限制，发展民族地区教育本身就需要更多的资源投入，加之民族地区还面临文化差异的教育诉求，教育发展相对落后的现实窘况，因此民族地区在条件改善、资金投入、招生制度等方面均得到了政策的倾斜和优惠。同时，根据民族地区教育优先发展相关法律规定，各级人民政府通过设立教育专项基金、专项补助基金，确保民族教育投入。另一方面，发达地区通过对口支援的方式，将自身的优质教育资源输送到民族地区。近十年来，在教育有关部门的引导下，伴随"东部地区学校对口支援西部贫困地区学校工程"，"西部地区大中城市学校对口支援本省（自治区、直辖市）贫困地区学校工程"，内地对口支援西藏和新疆，对民族贫困县的教育扶贫工程等的实施，民族地区在师资、资金、设备、人才培养、教育教学经验等诸多方面得到了极大支持。这些对口支援形式灵活，互利互惠，对民族地区教育发展起到了很大作用。以对口支援为例，贵州、云南、广西等省区均高度重视对口帮扶工作，通过采取走出去、请进来的工作方式，扩大结对范围促进民族地区教育发展，积极利用外省的资源优势，主动与他们对接，通过确定了一批帮扶学校，成为民族地区教育优先发展的又一助推方式。

（三）民族地区教育优先发展的"移民"模式

民族地区教育优先发展的"移民"模式作为一种民族地区教育发展的异地帮扶机制，因其成本低、收益快、利益冲突较小而深受政府青睐，比较典型的"移民"模式有以下几种。

第一，建立"新疆班""西藏班"。基于西藏、新疆教育发展的现实情况，党中央、国务院先后于1984年和2000年决定在内地部分省（市）开办内地西藏班和新疆班，开创了通过内地办学定向支援民族教育的新模式。① 首先，国家于1984年颁布了《教育部、国家计委关于落实中央在内地为西藏办学培养人才的通知》，决定在内地16个中等以上的省、市中创办西藏初中班，以及在北京、成都、兰州创办3所内地西藏学校。截至2012年，内地西藏班在校生达2.18万人，分布在全国21个省市的28

①　严庆、宋遂周：《民族教育异地办学模式中的学生跨文化学习困难及其应对——以内地西藏班、内地新疆班为例》，《民族教育研究》2006年第2期。

所内地西藏班、58 所重点高中、90 多所高等院校，涉及初中、高中、中师、中专和大学等办学层次（类型）。① 据统计，内地西藏班举办 30 年来，累计为西藏培养经济社会建设人才 32116 人，其中培养大学毕业生 15159 人，中等师范专科学校毕业生 4840 人，中等专科学校毕业生 6870 人，中等职业技术学校毕业生 5247 人。② 其次，借鉴西藏班的成功办学经验，1999 年，国务院转发了教育部、国家计委、财政部、国家民委《关于进一步加强少数民族地区人才培养工作的意见》（教民〔1999〕85 号）和教育部《关于内地有关城市开办新疆高中班的实施意见》（教民〔1999〕12 号），决定从 2000 年开始，在北京、上海等 12 个城市开办内地新疆高中班。根据教育部下达的 2014 年内高班招生计划，2014 年内高班招生规模将达到 9880 人，与去年相比扩招 758 人，保持了连续 10 年扩招的增长势头。到 2014 秋季，内高班办班城市 45 个，办班学校将由 91 所增加到 93 所，在校生规模将达到 3.44 万人。③ 最后，随着内地民族班（校）的发展，其办学、招生规模不断扩大，办学模式也趋于多元化。当前，内地边疆班（校）覆盖从初中到大学各个办学层次，主要有独立建校模式、合校混合式、择优插班式、散插混合式等四种办学模式，内地西藏班（校）四种模式齐全，内地新疆班（校）主要以高中层次教育、以合校混合式和散插混合式为主。④ 多元化的办学模式更好地满足了少数民族学生学习的需求，更具灵活性。通过举办内地民族班（校）极大地提高了民族地区教育的质和量，提升了少数民族的科学文化水平，为西藏、新疆民族地区输入大量优秀人才。

第二，少数民族"教育移民"。最为典型的是海南省的"教育移民"。海南省"教育移民"是在各级政府的大力扶持下，使贫困或生态环境恶劣地区的人口实现外向型转移，通过整合教育资源提高当地人口的教育水

---

① 西藏班高中、中师、中专于 1989 年开始招生，西藏班大学于 1992 年开始招生，笔者注。

② 《内地西藏班 30 年为西藏培养人才 3 万余名》（http://www.gov.cn/xinwen/2015—05/30/content_ 2870828. htm）。

③ 《2014 年新疆内高班招生规模将达到 9880 人》（http://news. sina. com. cn/c/2014—06—21/005930398248. shtml）。

④ 王升云、李安辉：《关于完善内地边疆班（校）办学模式的思考》，《民族教育研究》2012 年第 2 期。

平，大幅度提高教学质量，使贫困地区或少数民族地区的青少年实现城镇就学、就业，并最终实现脱贫致富，促进地区的跨越式发展。[1] 海南省"教育移民"工程于 2005 年最先在昌江县实施，2008 年海南全省开展了"教育移民"工程。教育扶贫移民工程覆盖海南省全部少数民族市县，主要做法是在县城或乡镇政府所在地新建、改扩建标准化学校，将自然条件差、基础设施薄弱的贫困自然村和处于生态核心保护区的偏远村庄的义务教育阶段学生整体迁出就读，为他们提供与城镇孩子同等的教育条件。教育扶贫移民工程采取两种模式：一是省、市、县财政和香港言爱基金共同投入，统一设计、建设和管理的思源学校建设工程。二是省和市、县财政资金投入的教育扶贫移民学校改扩建工程。主要是完善贫困乡镇中心校寄宿制等设施建设，接收中心校所辖完小或教学点的学生寄宿就读。海南省实施"教育移民"是由其少数民族多、民族地区贫困等特殊情况决定的。它采取"集中办学"的模式，将贫困地区或少数民族地区的学生集中到一个经济文化条件较好的地方就读，在"教育移民"过程中解决了教育资源分布不均衡的问题，并整合了优质的教育资源。同时，"教育移民"还缓解了贫困地区的经济难题，并且保护了一些地方的生态资源。总的来说，海南省的"教育移民"为少数民族地区的学生接受良好的教育提供了便利，有利于提高少数民族地区学生的教育水平。

在云、贵、广三省区，少数民族教育移民实施的规模并不大。例如近几年，贵州省在贵阳一中、贵阳六中、省实验中学、贵州师范大学附属中学、实验三中、清华中学等 11 个省级示范性普通高中举办少数民族班，6 所省级以上重点中职学校举办民族特色班，加上省外如中央民族大学附属中学等招生优惠等措施，让少数民族地区优秀学生共享优质教育资源。云南省也通过云南民族中学、云南师大附属中学和中央民族大学附属中学民族高中班等招生让少数民族学生享受到优质教育资源。这些做法受到了学生、家长及社会的充分肯定和欢迎，针对民族地区教育发展实际情况，近年民族班招生在招生方式上逐渐注重在民族地区尤其是集中连片特殊困难地区县选录家庭困难，品学兼优，有培养潜力的学生，并要求学校给予师资配备，经济资助等方面的倾斜。

---

[1]　谢君君：《海南少数民族地区教育移民研究》，《广西民族研究》2012 年第 2 期。

第三，少数民族高层次骨干人才计划。新中国成立以来，国家一直重视少数民族人才的培养，特别是十一届三中全会以后，国家加大了对西部地区、民族地区等贫困地区人才培养的力度。从 1985 年教育部、国家计委和财政部联合颁布的《关于高等学校招收委托培养硕士生的暂行规定》，再到 1998 年教育部下发的《关于做好 1998 年研究生录取工作的意见》，国家实施了一系列关于培养少数民族高层次骨干人才的政策。这些政策的主旨在于保障内蒙古、广西、西藏、青海、新疆等省区的少数民族考生在录取时给予一定的倾斜，优先录取。随后，教育部等五部委又下发了《关于大力培养少数民族高层次骨干人才的意见》（教民〔2004〕5号）、《培养少数民族高层次骨干人才计划的实施方案》（教民〔2005〕11号）及《教育部办公厅关于做好"少数民族高层次骨干人才计划"研究生就业工作的意见》（教民〔2008〕10 号）等文件，国家将少数民族高层次骨干人才的培养放到了重要的战略地位。"少数民族高层次骨干人才计划"实施于 2006 年，相关文件规定，该项计划按照"定向招生、定向培养、定向就业"的要求，采取"自愿报考、统一考试、适当降分、单独统一划线"的原则招生，招收的对象主要是民族地区以少数民族为身份的硕士、博士研究生。而且近十年来其中硕士名额超过 50% 都分配给民族八省区，为民族地区社会经济发展提供了人才智力支持（表 4—2）。同时，计划还兼顾招收一定比例的少数民族地区的汉族考生，选择国家重点院校培养民族地区社会发展需要的教育事业类、农业经济类、社会公共服务类、民族文化类及现代科技创新类等方面的人才。

表 4—2　　　　2006—2015 年少数民族高层次骨干人才招生计划①

年份	博士（人）	硕士（人）	民族八省区所占硕士名额									占硕士名额比（%）
			贵州	云南	广西	青海	西藏	新疆	内蒙古	宁夏	总计	
2006	500	2000	201	202	228	78	75	189	105	71	1149	57.5

①　根据教育部网站相关数据整理（http://www.moe.edu.cn/，2014—11—10）。博士指标未分配到民族地区，新疆名额不包括新疆生产建设兵团，笔者注。

年份	博士（人）	硕士（人）	民族八省区所占硕士名额									
			贵州	云南	广西	青海	西藏	新疆	内蒙古	宁夏	总计	占硕士名额比（%）
2007	700	3000	280	292	320	123	124	309	200	120	1768	58.9
2008	800	3400	297	304	305	138	136	282	311	115	1888	55.5
2009	1000	3700	346	338	315	133	154	342	364	128	2120	57.3
2010	1000	4000	341	331	308	132	164	334	371	129	2110	52.8
2011	1000	4000	355	322	305	142	193	402	393	128	2240	56
2012	1000	4000	355	322	305	142	193	402	393	128	2240	56
2013	1000	4000	298	269	287	151	239	453	418	198	2313	57.8
2014	1000	4000	300	274	289	157	242	458	414	207	2341	58.5
2015	1000	4000	315	279	285	163	240	450	417	213	2362	59.1

此外，国家通过民族预科教育方式为民族地区培养高层次人才。例如在民族预科教育方面，贵州省进一步扩大少数民族预科学生招生规模，同时优化预科班培养模式、提高培养质量，2013 年，省外和省内高校分别在贵州招收预科学生 1760 人和 2870 人，2014 年，贵州省内民族预科招生增加至 3900 名。此外，贵州省根据《教育部关于印发〈普通高等学校少数民族预科班民族班管理办法（试行）〉的通知》（教民〔2005〕5 号）文件精神，结合自身少数民族预科教育的实际，为了提高预科办学效益，加强预科教育教学管理，自 2014 年秋季学期始，全省普通高校少数民族预科相对集中办学。根据规定，除个别高校外，贵州省高校预科教育相对集中在贵州大学、贵州民族大学、贵阳医学院和黔南民族师范学院四所高校，这些民族预科生还能得到助学金、生活补助、寒衣补助等学习资助。同样，2013 年 11 月，云南省教育厅批准在云南民族大学建立"云南省高等学校少数民族预科教育基地"。从 2014 年秋季学期起，按照"分校招生，集中办学，集中管理"的办学模式，全省高校的民族预科教育统一集中到基地进行为期一年的学习，实现了云南省少数民族预科教育由分散型向相对集中型转变。2014 年，云南省高等学校少数民族预科教育基地

共招收了全省 25 所高校的 2986 名预科学生。

第二节　民族地区教育优先发展法律实施的评价

一　评价方法选择的依据及操作方法

本研究拟用专家评价法进一步分析民族地区教育优先发展法律实施路径是否切合的问题，专家评价法又叫专家评分法、专家评估法等，是一种定性描述定量化方法。它首先根据评价对象的特征提炼出若干评价项目，并制定评价标准，聘请相关领域的专家依照自己学术和工作经验按此标准给予各项评分，最后进行整理分析。民族地区教育优先发展法律实施路径的评价采用此方法主要是因为，一方面，通过发展模式的分类，相关路径已比较明晰，便于提炼和分析；另一方面，这些路径无法直接采用定量计算的方式进行分析，采用此方法，可以比较直观地展现不同法律实施不同模式的优劣。

（一）评价标准的确定

依据前述三种不同的落实模式，我们可以把民族地区教育优先发展法律实施路径的评价维度分为特征维度（模式本身的特征）、环境维度（模式的环境影响因素）和目标维度（模式实现法律价值的程度）三个方面。第一，特征维度比较关注模式是否适应地方教育发展的需要，促进地方教育发展的速度和效率如何，以及这种模式的可持续性等；第二，环境维度主要考虑模式运行过程中受到的外部影响因素，我们可以选取最为重要的经济成本和社会阻力两个方面进行分析；第三，目标维度紧密结合前述相关法律的价值目标，从实现教育平等（地区优先）、尊重教育差异（文化优先）和适应地方经济发展水平（教育优先）三个方面展开。评价表如表4—3所示。

表4—3　　　　　民族地区教育优先发展法律实施路径专家评价

评价维度	比较侧重点	"造血"模式	"输血"模式	"移民"模式
特征维度	适切性			
	发展速度和效率			
	可持续性			

续表

评价维度	比较侧重点	"造血"模式	"输血"模式	"移民"模式
环境维度	经济成本			
	阻力			
目标维度	实现教育平等			
	尊重教育差异			
	适应地方经济发展水平			

围绕此框架，我们根据相关法律和法律实施具体措施将不同项目给予1—10分分值，专家根据要求结合自身经验给予适当的分值，专家评价标准设计如表4—4。

表4—4　　民族地区教育优先发展法律实施路径专家评价标准

评价维度	比较侧重点	分值	评价重心
特征维度	适切性	1—10分	模式适应地方教育发展需要的程度（越适应分值越高）
	发展速度和效率	1—10分	模式实现目标的速度和效率（速度越快、效率越高分值越高）
	可持续性	1—10分	模式是否可以一直积极实施下去
环境维度	经济成本	1—10分	模式实施在经济成本上能节约程度（成本越高分值越高）
	阻力	1—10分	是否会遇到外界阻力，我们的监督、评价、引导和责任追究机制是否会缓解这些阻力（目前阻力越大分值越低）
目标维度	实现教育平等	1—10分	模式对民族地区教育平等实现的作用大小（作用越大，分值越高）
	尊重教育差异	1—10分	模式对民族地区教育差异的尊重情况（作用越大，分值越高）
	适应地方经济发展水平	1—10分	模式是否适应了地方社会经济发展需要（作用越大分值越高）

（二）具体操作方法

结合研究的特点和需要，这里的专家主要是对民族地区教育发展事业具有丰富理论和实践的学者、教育行政官员和中小学校长。首先，确定专家人选。参与专家评价的主要是云南、贵州和广西三省区研究民族地区教育的高校教师 10 人，民族地区教育行政部门负责民族教育工作的领导 10 人，民族中小学校长 15 人，合计专家 35 人。其次，专家评分。这里需要向专家提供民族地区教育优先发展法律实施三种模式的背景资料，征询专家对相关评价标准的意见和建议，并请专家匿名评分。第三，形成结论。根据评分结果进行统计分析，并将其中一些比较特殊的问题向专家反馈，探寻专家评分的内在依据，形成最终结论。

二 民族地区教育优先发展法律实施评价结果

通过专家评分法的评分显示，在实践中，民族地区教育优先发展战略落实是三种模式共同作用的结果，但针对具体的民族教育问题，模式选择和倾向有所区别，基于不同的侧重点，不同模式有自身的优点及不足。

（一）民族地区教育优先发展法律实施模式中专家评分比较

首先，从特征维度对适切性、发展速度和效率、可持续性三个侧重点比较三种模式的异同（表4—5）。在适切性方面，专家认为"造血"模式（8.5143）＞"输血"模式（6.8286）＞"移民"模式（5.1429）。同时，"输血"模式专家意见分歧较大（标准差1.17538），有的专家给予"输血"模式9分的适切性分值，而有的专家则给予5分的适切性低分。在发展速度与效率方面，专家认为移民模式（7.1143）＞"输血"模式（5.1143）＞"造血"模式（3.1714），同时对于"造血"模式是否在发展速度与效率方面具有优势专家分歧较大（标准差1.17538）。总体上，由于教育具有长期性，在发展速度与效率上，三种模式都没有得到专家较高的分值。在可持续性上，专家认为"造血"模式（8.8000）＞"移民"模式（7.0000）＞"输血"模式（3.9143），总体上，专家比较认可"造血"模式在民族地区教育优先发展法律落实特别是"文化优先"实现中的可持续性特征，而基于投入经济成本的考虑，"输血"模式比"移民"模式将花费更多人力物力，教育投入成本较大，其可持续性并不为专家所看好。

表4—5　　　　民族地区教育优先发展法律实施模式特征维度专家评分比较情况

		N	极小值	极大值	均值	标准差
适切性	"造血"模式	35	6.00	10.00	8.5143	.98134
	"输血"模式	35	5.00	9.00	6.8286	1.17538
	"移民"模式	35	4.00	7.00	5.1429	.87927
发展速度与效率	"造血"模式	35	1.00	5.00	3.1714	1.17538
	"输血"模式	35	4.00	6.00	5.1143	.71831
	"移民"模式	35	6.00	8.00	7.1143	.79600
可持续性	"造血"模式	35	8.00	10.00	8.8000	.67737
	"输血"模式	35	2.00	5.00	3.9143	.91944
	"移民"模式	35	6.00	8.00	7.0000	.84017

其次，从环境维度对经济成本、阻力两个侧重点比较三种模式的异同（表4—6）。在经济成本方面，专家认为"造血"模式（8.8571）＞"输血"模式（6.6286）＞"移民"模式（5.7429）。同时，专家对移民模式是否会花费较大的经济成本意见差距极大（标准差1.89958），一些专家认为，"移民"模式借助教育先进地区的教学设备，并不需要投入较大的教育设施和师资力量，在成本上大大低于"造血"模式。而有的专家则认为，这种说法只考虑了教育优先发展法律实施者的实施成本，而这种成本转嫁到了受益者（即民族地区接受教育"移民"模式的受教育者）自身身上，这给他们增加了额外的交通、食宿等经济负担，也不利于调动其参与的积极性。在阻力方面，专家认为造血模式（7.8571）＞输血模式（6.8000）＞移民模式（6.0000），同样，由于对移民模式经济成本的争议较大，专家对移民模式的阻力认识持有较大分歧（标准差1.21268）。

表4—6　　　　民族地区教育优先发展法律实施模式环境维度专家评分比较情况

		N	极小值	极大值	均值	标准差
经济成本	"造血"模式	35	8.00	10.00	8.8571	.69209
	"输血"模式	35	5.00	8.00	6.6286	1.00252
	"移民"模式	35	3.00	8.00	5.7429	1.89958

续表

		N	极小值	极大值	均值	标准差
阻力	"造血"模式	35	7.00	9.00	7.8571	.77242
	"输血"模式	35	6.00	8.00	6.8000	.79705
	"移民"模式	35	2.00	7.00	6.0000	1.21268

第三，从目标维度对实现教育平等、尊重教育差异、适应地方经济发展水平三个侧重点比较三种模式的异同（表4—7）。在实现教育平等（地区优先）这一目标上，专家认为"造血"模式（8.3431）＞"移民"模式（8.1714）＞输血模式（6.8286），但总体而言，三种模式对实现民族地区教育平等具有较为积极的意义，因此分值均给予较高且差距较小。然而，在尊重教育差异（文化优先）这一目标上，专家则给予了不同的结论，认为"造血"模式（8.8571）＞"输血"模式（7.5714）＞"移民"模式（3.5714），"造血"模式从激发民族地区教育发展的内生动力出发，能够更加适应民族地区教育发展的特殊性需求。此外，"移民"模式是否能尊重教育差异意见差异较大（标准差1.59569），一些专家也提出了自己的看法，他们认为如果教学内容和教学方法选用得当，"移民"模式也可能适应民族地区教育发展的需要。在适应地方经济发展水平这一目标上，专家认为"造血"模式（8.0571）＞"输血"模式（6.2000）＞"移民"模式（2.7143），但是专家对"输血"模式和"移民"模式是否能适应地方经济发展意见也有差异（标准差为1.65920和1.04520）。

表4—7　　民族地区教育优先发展法律实施模式环境维度专家评分比较情况

		N	极小值	极大值	均值	标准差
实现教育平等	"造血"模式	35	6.00	10.00	8.3431	.68418
	"输血"模式	35	6.00	8.00	6.8286	.85700
	"移民"模式	35	6.00	9.00	8.1714	.78537
尊重教育差异	"造血"模式	35	8.00	10.00	8.8571	.60112
	"输血"模式	35	5.00	8.00	7.5714	.69814
	"移民"模式	35	1.00	6.00	3.5714	1.59569

续表

		N	极小值	极大值	均值	标准差
适应地方经济发展水平	"造血"模式	35	6.00	9.00	8.0571	.87255
	"输血"模式	35	3.00	9.00	6.2000	1.65920
	"移民"模式	35	1.00	5.00	2.7143	1.04520

为了进一步区分这三种模式存在的内在差别，我们依据其专家评分分值高低将这些数据转换为强中弱（或者高中低、快中慢）等直观表达形式，民族地区教育优先发展法律实施模式的差异如表4—8所示。

表4—8　　　　　民族地区教育优先发展模式差异分析情况

比较维度	比较侧重点	"造血"模式	"输血"模式	"移民"模式
特征维度	适切性	强	中	弱
	发展速度和效率	慢	中	快
	可持续性	强	弱	中
环境维度	经济成本	高	中	低
	阻力	强		弱
目标维度	实现教育平等	强	中	强
	尊重教育差异	强	中	弱
	适应地方经济发展水平	强	中	弱

第一，从特征维度看，"造血"模式具有较强的适切性，而且从民族地区内部入手解决民族地区教育发展问题是治本途径，尤其适合民族地区教育优先发展"文化优先"的需要。相反"移民"模式由于远离民族地区教育环境和背景，不能够全面反映民族地区教育发展的实际需求状况，其适切性比"造血"模式和"输血"模式都弱。但是，由于发达地区经济实力雄厚、教育设施和理念相对先进、师资力量较强，以及便利的交通环境，"移民"模式的人才培养方式相对效率较高，而民族地区教育发展需要做许多前期准备和投入，耗时长，发展速度相对缓慢，很难解决民族地区教育发展的紧迫性问题。第二，从环境维度看，由于民族地区地理环境限制、经济发展制约和文化差异影响，决定了民族地区教育基础设施建设、师资

投入等成本相对较高,仅仅依靠民族地区内部已无法解决这些问题。由此在教育资源分配方面,又会与其他教育利益群体、其他行业利益群体产生利益博弈,阻力相对较大,而教育发达地区已有较好的基础设施和师资力量,"移民"模式的成本投入相对较低。同时在实践中,教育移民并不较多挤占当地教育资源(如资金是专项投入,招生指标也不挤占地方名额),因此涉及的各方阻力相对较少,在满足民族地区教育优先发展"教育优先"这一内涵上具有优势。第三,从目标维度看,"造血"模式之所以能成为民族地区教育优先发展法律实施的主要措施,就在于其对民族地区教育优先发展三个目标(教育平等、教育差异、适应地方经济发展)的强实现。"造血"模式本身具有示范效应,可以在民族地区生根发芽,从长远看,收益更大。"输血"模式由于主要是从民族地区外部吸收新鲜力量,不一定适应民族地区教育发展的差异需求,容易造成同质化的教育发展道路,而且一定程度造成部分民族地区等靠要的教育发展思想。相比之下,"移民"模式最大的缺点是在民族文化传承、地方经济发展方面效果不佳,而且"移民"模式无法大规模推广,受益对象狭窄,但不可否认,"移民"模式对少数民族学生个人受教育权利保障效果比较明显。

(二)民族地区教育优先发展法律实施的不足

应该说,法律制度的健全使民族地区教育优先发展战略落实有法可依,有章可循,但是,并非所有的法律制度都会得到完全执行,正如弗里德曼所言:"某项规则得到完全执行几乎闻所未闻。"[①] 民族地区对于教育优先发展法律实施模式选择本身并不一定会完全按照法律的既定规则,法律实施可能存在三种明显的偏差。第一种是象征性实施偏差。所谓象征性实施,就是对法律规定实施的形式化。例如为了促进民族地区教师均衡,中央和地方政府采取"输血"模式,出台了一些相关的教师轮岗和流动的政策措施,但在实际的落实过程中,地方教育行政部门、优质学校和优秀教师并不一定会选派自身最优秀的教师实施轮岗。有的地方教师轮岗居然成为对教师工作不力的惩罚,即使被迫参与到教师轮岗中去的教师,也存在"身在曹营心在汉"的现象,使得法律实施流于形式。在法律象征

---

① [美]弗里德曼:《法律制度》,李琼英、林欣译,中国政法大学出版社 1994 年版,第 109 页。

性实施问题上，更为严重的体现在一些民族地区实施双语教学和少数民族文化传承教育等体现教育差异的问题上，由于上级考核的要求，许多地区迫不得已开设了相关课程，但重视不够、经费不足、师资不佳等情况制约了法律的真正落实，正如调研时一位校长是这样回答的，"双语教育完全没有必要，有的民族地区学生本身就会说民族语言，不需要学校教，有的地区学生生活中完全用不到，教了也会忘记，没什么用"。第二种是选择性实施偏差。由于民族地区教育优先发展相关法律对不同利益主体的利益进行了协调，对于一些民族地区来说，一些法律制度对其有利，必然会积极实施，而一些法律制度对其提出了更严格的要求或迫使其投入更大的人力物力，因此导致其"选择性失明"，只实施有利的法律制度，对义务性的规定不闻不问。例如许多民族地区为了引进人才出台了许多优惠的政策，在调研的云南、贵州和广西三省区，许多民族高校在地方政府的支持下开出了 20 万至 50 万元不等的高层次人才安家费的诱人条件，有的学校还承诺分房子、解决配偶工作等，许多民族地区中小学为了吸引人才和留住人才也纷纷出招。但是我们也注意到存在一些违反法律规定的情况，例如有的单位和教师签订合同后并不兑现合同约定待遇，有的单位为了招徕人才直接宣传如果原单位不放，无论何种原因均可以"再造档案"等，似乎出于民族地区教育发展的良好目的，破坏法律秩序也是情有可原。第三种是替代性实施偏差。地方政府在法律实施过程中，对相应的法律规定予以曲解，替代性实施相关法律法规。近年来，随着民族地区"高考移民"和虚假少数民族加分等事件被新闻曝光，民族教育优惠法律实施偏差的问题逐渐被社会关注。2008 年，湖北石首 20 余名高考生更改民族成分骗取高考加分。2009 年，重庆市 31 名高考生更改民族成分骗取高考加分，甚至当地文科状元也牵涉其中。这些事件的发生，地方政府、学校和学生本人都难辞其咎，原本为了解决少数民族高层次人才比例不高的立法初衷，却被地方利益集团曲解为提高本地、本校升学率的捷径。

第三节　民族地区教育优先发展法律实施的障碍

既然民族地区在实施教育优先发展相关法律法规时，并不完全按照法律规定制定具体的实施政策和路径，那么影响到法律实施的障碍是什么呢？除了法律制度本身的操作性和法律监督的问题外，更核心的原因在于，民族地区教育优先发展法律实施的逻辑并不全是法律制度的逻辑，还有群体利益逻辑和地区文化逻辑，这是我们分析民族地区教育优先发展法律实施障碍的两个关键点。

一 法律实施的群体利益逻辑障碍

马克思提出，"人们奋斗所争取的一切，都同他们的利益有关"①。民族地区教育优先发展法律实施，从过程上看，受到法律制度的制定方、实施方和接受方的共同影响；从参与主体上看，地方政府、学校、教师及学习者之间相互协调或者牵制；从实施内容上看，经费分割、人员分配、物质安排与教学内容选择等也多重交叉博弈，复杂的实施过程、参与主体、实施内容导致法律实施中各方利益主体难以兼顾，从而阻碍了法律实施的效率。利益阶层冲突化下发展权的实践困境在于，实现发展前提公平的促进机制缺失、实现发展环境公平的运行机制缺失以及实现发展共享成果的保障机制缺失。② 所以长期以来，关注教育发展过程中多重利益交织这一现实一直是学界讨论教育法律实施的立足点，正如有学者所言，"利益分化及协调问题是文明社会的制度焦点，也是人类设立制度的原点问题。从本质上说，人类各项权利的演变过程就是有关利益主体的利益博弈与分化过程"③。基于对利益冲突激烈性和消极性的认识，多主张通过利益主体的"联盟""合作""协调"等方式推动法律的实施，但是，这类主张往往过于理想化，可操作性不强，特别是在教育资源分配这一问题上，力图通过合作、协调，最终达到不同利益主体的"双赢"或者"多赢"这一预期，理论上即使成立，我们也要看到，教育收益的长期性特征，直接影响到合作或协调的结果。我们之所以提出民族地区教育要优先发展，并在教育相关利益分配时予以民族地区倾斜，其背后的深层次原因在于教育资源的相对有限，虽然在一些具体层面各方利益主体可能实现"多赢"局

---

① 《马克思恩格斯全集》第 1 卷，人民出版社 2002 年第 2 版，第 82 页。

② 汪习根主编：《发展、人权与法治研究——区域发展的视角》，武汉大学出版社 2011 年版，第 44—45 页。

③ 李长健、薛报春：《发展权理论与实践的逻辑变迁——以利益与利益阶层为视角》，《山西财经大学学报》2007 年第 8 期。

面，但是最终能够走向多方合作和协调这一乐观性后果的，主要还是不同利益群体对自身利益的分割和退让，即妥协的结果。但妥协本身是有底线的，突破底线就会导致利益主体的反抗和抵制，最后成为法律实施的障碍。

首先，从政府主体层面来讲，他们既是民族地区教育优先发展法律实施的重要主体，本身职责也要求把最广大人民根本利益作为自己决策的出发点。在中央政府层面，推进教育均衡发展，实现教育公平是其义不容辞的法律职责和历史使命，但是，民族地区教育发展问题具有地方性、情境性和文化特殊性等多种异质特征，中央政府往往难以直接控制。因此节约人力物力成本、提高机制运转效率成为其利益选择的出发点，由此我们可以看到中央政府在民族地区教育发展问题上多给予的是宏观性、原则性的指导方针，实际落实方在地方政府。再则，在民族地区教育优先发展问题上，中央政府倡导对口支援的法律实施方式，实质上将自身应承担的责任转移给地方政府，在这过程中施援和受援双方因利益选择不同而导致关系难以理清。就地方政府而言，其与中央政府并非简单的命令服从关系，地方政府也会根据自身利益权衡如何落实这些法律法规的规定，例如对民族地区进行教育对口支援的方案，地方政府在实施的过程中会考虑到对口支援对自身带来的利益和风险，如社会声誉、实际的物质利益、通过合作得到的发展机会等。中央和地方利益存在交叉和冲突，一旦利益无法协调，合作就难以实现，"上有政策，下有对策"就是这一情况的具体体现。

其次，学校自身的利益逻辑与政府有交叉和冲突的地方。从根本上说，民族地区教育优先发展最终的落实需要充分利用学校这一载体。例如双语教育、民族文化传承等的落实，学校作为有计划有系统的教育专门组织，都具有无可比拟的优势，而且根据《教育法》的相关规定，学校本应对落实国家教育方针，实现民族教育优先发展承担基本义务，但在利益立场的权衡下，学校并不一定按照理想化的轨道运转。对于学校而言，获取较高的社会声誉度、维持一定的在校生规模、充实的经济收入等均是其追求的利益目标。同时，由于教育行政部门对双语教育、民族文化传承等又有验收考核的要求，在衡量各方风险和收益后，一些学校会作出象征性执行双语教育和民族文化传承教育政策的决定。

再次，教师行动和思考的逻辑阻碍。作为教育教学工作的专业人员，教师本应把教书育人放在第一要务，但是一方面，一些地方政府和学校损害或漠视作为教师应得的基本利益，使教师不能安心教学；另一方面，个别教师过多看重自我利益，忽视教师义务，产生了教育观念和教育行为的矛盾。就民族地区农村教育而言，教师均希望提高农村教师工资待遇，虽然近些年一些民族地区农村教师工资增长幅度很大，部分地区还超过了城市学校，但是并不能满足教师对农村教育艰苦付出与物质回报的预期。若进一步增加农村教师工资又会造成政府教育财政的困难，这样，农村教师的工资期望与政府实际财政能力的矛盾成为解决民族地区农村教师"留下来"问题的主要矛盾。同时，即使多数老师把教书育人放在工作的第一位，但对于教育成就的预期并不和法律规定一致，许多教师把考试分数和高考升学率作为自己教书育人成功与否的衡量标尺，尊重民族教育差异本身难以得到教师主体的认同。

最后，家长与学生主体对相关法律实施的阻碍。民族地区家长和学生本身对民族教育发展抱有期待，希望能拥有更为平等的教育条件，但在尊重民族教育问题上，即使是一些少数民族家长，也难以理解双语教育、民族文化传承等课程开展的意义。在广西、贵州一些地方调研时我们发现，开展民族文化传承教育和双语教学，一些家长存在排斥的情绪。同时，教育改革本身具有一定风险性，在结论并未明朗之前，家长及学生也不愿意成为民族教育发展改革进程中的"试验品"。

群体利益逻辑障碍，主要是由外在的制度困境造成。民族教育发展涉及方方面面，其外在制度环境存在两个方面的问题。从制度本身来看，针对性、系统性不强，由于缺乏专门针对性的制度，民族地区教育发展受外界制度实施经验影响较大，但适用于全国其他地方，甚至是其他西部、贫困地区的教育发展方略也并非能适应民族地区教育发展的需要。由于缺乏系统性的政策，多数政策专门针对师资建设、资源开发等专门问题，未能将民族地区教育发展的所有问题有效整合在一起。此外政策"政出多门"，有些政策相互之间产生冲突，使得民族地区难以把握和实施。从制度的实施过程来看，在社会转型时期背景下，民族地区教育发展阶段性特征明显，教育诉求变化也较快，纵观近年来颁布的一些政策法规，民族教育相关文件数量不断增长，政策变动频繁，但缺少长远、系统的规划，加之相关政策在民族地区执行情况没有反馈，缺乏监督机制，造成有些地方执行政策时存在很大的随意性，得不到一定的约束与监管。由此可见，外在制度困境无法协调不同群体的利益问题，从而导致了群体利益逻辑障碍。由于法律本身具有一定稳定性，在社会转型时期，若要解决群体利益分歧，除了完善法律制度外，还在于在法律实施过程中，根据不同情况采取不同模式，以利于群体利益分歧的最小化。

二 法律实施的地区文化逻辑障碍

在社会科学领域，"文化"一词屡屡被提及，但对其内涵界定又存有诸多争议，对"文化"一词本身的理解就是一个历史演进的过程。由于本研究提及"文化"一般是指少数民族文化，因此，我们可以借鉴民族学界对"文化"的理解：文化是人们在体力劳动和劳力劳动过程中所创造出来的一切财富，包括物质文化和精神文化，以及人们所具有的各种生产技能、社会经验、知识、风俗习惯等。[1] 在我们谈及民族文化问题时，主要是指民族语言、艺术、文学、风俗、习惯等，并思考如何传承和创新这些民族文化。但是，少数民族的制度、法律、宗教等也是民族文化的重要组成部分，虽说我们提倡的学校教育与这些民族文化因素并不直接相关，甚至有意识的相分离[2]，但正如有学者所言，文化与民族具有"不可分离性"，文化的民族特征具有"相对稳定性"。[3] 民族地区的诸多文化因素对法律实施的影响是客观存在的，并不随个人意志所转移，这些因素如果与法律价值或实施目标发生冲突，则有可能产生对法律实施的障碍。例如在民族地区，受地区和民族文化因素的影响，即使是有利于少数民族群众的一些惠民措施也不一定能得到理解和支持，云南省曾经在西双版纳推行沼气池项目遇到的阻碍就是典型的例子。[4] 民族地区的文化因素同样会

---

① 林耀华主编：《民族学通论》，中央民族大学出版社 2014 年版，第 384 页。
② 例如教育与宗教相分离是《教育法》提出的基本原则。
③ 林耀华主编：《民族学通论》，中央民族大学出版社 2014 年版，第 400 页。
④ 为了改变民族地区农民的生活条件，云南省近年来在西双版纳推进户用沼气池项目，但一些群众认为通过沼气做出的食物是不洁的，而不愿意接受这一现代环保的生活理念。

对民族地区教育优先发展法律实施产生影响，例如《义务教育法》在民族地区实施存在更多的困难在于，一些少数民族群众因宗教等因素的影响，在孩子应接受义务教育的年龄，将孩子送到寺庙修行，使得我们在民族地区普及义务教育存在更多特殊性的困难。总的来说，民族地区教育优先发展法律实施的地区文化逻辑障碍主要表现在以下两方面。

首先，民族地区物质文化决定了民族地区教育优先发展法律实施的特殊性。物质文化是指"劳动工具和人们为了满足生活需要而创造出来的一切财富"。[①] 例如许多少数民族分布呈现的小聚居特性，多数群众不愿意随意迁移住所，由于居住所在地的交通不便等原因，如果要做到教育条件同等待遇，可能付出的成本就非常大，比如要增加校车、搭建桥梁，但来往学生又不多，公平与效率的矛盾在这里体现得极为明显；又如营养餐实施后，少数民族饮食文化的差异问题就凸显出来，一些单一少数民族聚居的学校可以根据本民族习惯选择合适的饮食，而当不同民族共处一个学校时，问题又显得较为复杂，如何适应不同民族因宗教信仰、文化观念产生的饮食文化差异，成为校方的难题。此外，民族地区社会经济发展相对落后，少数民族群众希望改变现状的迫切心情，导致其对能在短期产生经济效益的教育内容产生浓厚兴趣，而对长期性收益的教育内容不感兴趣，也就难怪在民族文化传承教育中，多以产生经济利益，培养生存技能为立足点，对民族文化中没有旅游和经济价值的文化内容漠不关心。

其次，民族地区精神文化对民族地区教育优先发展法律实施产生了影响，消极的民族文化可能阻碍法律的实施。少数民族精神文化可能对法律实施产生阻碍主要体现在以下三方面，一是民族文化发展的社会环境影响少数民族群众对法律实施的预期。随着社会的发展进步，我国民族间的文化交流不断增加，在这个文化融合和相互影响的过程中，出于对少数民族文化发展同质化的担忧，出现了一些排斥外来文化的倾向，对于政府积极推动的民族文化传承教育产生了担忧和抵制，民族文化发展和创新停滞不前。二是少数民族精神文化涵盖语言、心理、道德、法律、风俗、宗教等许多方面，而宗教信仰、少数民族习惯法等因素是抵制教育改革和发展的

---

①　林耀华主编：《民族学通论》，中央民族大学出版社 2014 年版，第 406 页。

主要因素。在这个方面，少数民族群众力图维护已形成的精神文化，无论新制度的好坏，均会产生本能的抵制。与此同时，语言沟通不畅、民族心理差异是民族地区教育优先发展法律实施困境产生的客观原因，在这个方面，即使少数民族群众想适应教育发展变革的趋势，但存在实现的困难。三是少数民族群众持有保守的教育变革倾向是由少数民族群众对教育发展变革风险的不确定性造成的。教育是一个长期性的事业，能否对自身产生收益需要很长的时间加以验证，尽管我们没有看见任何官方承认过某次教育改革最终失败，但是成功不是改革的唯一归宿，一旦对相应教育改革产生疑问，就将转化为少数民族群众抵制法律实施的具体行为和态度。例如在民族地区学校推行双语教育，很多少数民族群众明白其对于本民族文化传承和发展的重要性，但由于学生民族语言的使用是与其生活环境有关①，所以一些群众认为学校开设这门课"不利于学生考大学""对孩子造成了新的学业负担"，更多的群体更乐于扮演这场教育发展变革的旁观者。

　　法律实施的地区文化逻辑障碍，是由内在的观念困境衍生而来。以民族地区教育信息化为例，民族地区教育信息化面临多重目标，除了对教育信息化的重要性认识不够，对教育信息化的本质与内涵也存在误读。在实践中，一些人甚至认为教育信息化就是教育自动化、程序化，观念困境直接导致了民族地区教育信息化进程中重硬件轻软件的发展思维。由于信息技术变革速度较快，许多民族地区将更多的精力放在了如何提高信息技术的硬件和技术问题，投入大量的人力、物力加强基础设施建设，但对信息技术如何适应教育教学革新，如何面对教育信息化进程中的人机矛盾等问题关注较少。民族地区教育发展有自身特殊的需求，因此，软件资源的缺少，目前在少数民族教育信息化发展中，仍然是一个最为突出的问题。②此外，民族地区教育信息化观念困境还表现在对信息技术的安全性、破坏性的认识，例如使用不当可能带来的对民族团结与社会稳定的破坏。因

---

　　①　在调研中我们发现，一些民族地区的学生出生在父母的沿海务工地，在入学年龄才回到家乡就读，尽管早期生活的环境使得这些学生没有掌握自己民族的语言，但回到民族地区后，在民族语言的交流环境中逐渐学会了自己民族的语言。

　　②　杨改学、古丽娜·玉素甫：《少数民族基础教育信息化发展的新思路》，《电化教育研究》2013 年第 9 期。

此，民族地区教育优先发展法律实施的地区文化逻辑障碍的解决，需要以内在观念的革新为突破口，只有尊重民族地区人民群众的文化差异，以及改变民族地区不利于法律实施的一些落后思想观念，方能减少法律实施的地区文化阻力。

第五章　民族地区教育优先发展
法律保障的实效

　　长期以来，教育法学研究从法律保障角度思考教育问题的解决路径时，多倾向完善教育立法保障机制，伴随中国特色社会主义教育法律体系已经基本建构完成，学界逐渐开始关注教育法律在教育改革和发展中的作用和效果即法律保障实效。相比民族地区教育优先发展的立法保障和实施保障问题，法律保障实效受学界关注较弱，其原因一是法律保障问题缘起于立法的缺位和实施不力，二是研究视野的狭窄，法律保障实效问题未能引起足够重视。本章将从法律保障的实效入手，讨论在法律制定和实施之后，是否实现了法律价值和达到了预期的立法目标，进而讨论法律实效的影响因素，为完善民族地区教育优先发展法律保障机制提供实证依据。

第一节　民族地区教育优先发展法律保障实效的评价路径

一　民族地区教育优先发展法律保障实效评价的依据

（一）基于法律实效视角分析法律保障机制的缘由和思路

　　学界对法律实效的内涵理解虽分歧较大，但多认可其是立法目标的实现程度或效果，即"法律实效是国家实在法效力的实现状态和样式"①。因此，法律实效是检验民族地区教育优先发展法律保障机制好坏的现实路径，可以为相关法律保障机制的重构提供实践支撑材料。教育法律制度的实效并不只是由法律制度本身决定的，是多方面因素共同作用的结果。有学者提出"法律实效的实现需要四种基本保障机制，即法律机制、观念

---

① 谢晖：《论法律实效》，《学习与探索》2005 年第 1 期。

机制、组织机制和经济机制"①，因此，仅从法律制度本身执行情况并不能全面地反映法律实效问题。我们知道，法学研究中价值分析角度依照自然法标准评价国家实在法的应然问题，法教义学角度局限对法律文本本身的合法性、合理性分析，更看重逻辑分析与语义分析，但从法社会学角度提出法律实效，并不纠结于法律的实然、应然问题，而集中关注法律制度的实施效果，与之对应的是社会科学多学科的实证研究方法。对于教育法律本身而言，多数并没有实现司法化，一些民族地区教育优先发展法律甚至没有相对应的法律责任条款，仅仅局限在制度设计本身无法全面把握教育发展中存在的问题和原因。

从法社会学的角度评价法律制度的实效，就是以事实为研究对象，考虑影响法律实施效果的多方面因素，进而反思法律规范的有效性。这些影响因素可以分为法律制度本身、实施过程的外部环境因素、实施主体的自身因素三个方面，不同法律制度在影响因素上会有一些细微的差别，但均可以纳入这三个方面。由此我们可以从图 5—1 来理解基于法社会学的法律实效的评价模式：

图 5—1　基于法社会学的民族地区教育优先发展法律实效的评价思路

由上图可知，法律实效评价理论层面结合立法目标，实践层面结合经验事实，围绕具体的实施对象，从法律行为的评价、法律行为的有效性评价，以及公众对法律实施的期望与感受三个维度对利益相关者的权利义务行使状况、目标的实现程度和法律责任承担情况三个方面展开科学评价。

特别需要指出的是，基于法社会学的法律实效评价是从经验事实出发，强调法律的实际运行状态而非应然状态，进而考察社会现实中法律的实际效果与立法目的、法律实施之间的切合度，而法律行为本身并不一定产生所预期的法律实际效果。从这个角度看，对法律行为的评价应归属在

① 谢晖：《论法律实效》，《学习与探索》2005 年第 1 期。

法律实施过程中更为准确。在第四章，我们实际上已结合法律实施过程对法律行为本身进行了分析和评价，因此本章将重点关注法律行为的有效性和公众满意度问题。与前两章相比，研究更看重法律实施的实际效果，因此其构建内容和思路虽建立在法律文本分析和法律实施基础之上，但又有别于关注法律文本本身和法律实施的评价研究。

（二）民族地区教育优先发展法律实效评价的内容

法律实效评价属于立法后评估的一种方式，而立法后评估可以分为单行法评估、法的类型化评估、法的总体性评估。[①] 从实践层面看，我国对法律实效的评价多属于单行法评估范畴，但是由于民族地区教育优先发展法律涉及的文本众多，内容繁杂，我们不可能一一对应进行分析，同样的法律效果也很可能是多部法律共同作用的结果。可以说，在民族地区教育优先发展相关法律文本中，不同的法律规范体现的是相同的立法目的（尽管内容会有区别）。这就为从立法目的分析法律规范提供了可能，因此本章法律实效的评价，是把调整共同对象的不同法律法规作为一个类型，实施的类型化评估方式。

依据民族地区教育优先发展法律的特点，民族地区教育优先发展法律实效是指发生法律效力的法律规范解决了教育发展的哪些问题以及公众满意度。同时，由于法律实效评价标准来源于法律文本本身，因此评价内容的确立需要遵循以下程序。首先是确定相关法律文本的范围，明确其立法目的。在第二章我们讨论了民族地区教育优先发展法律内涵包含"地区优先""文化优先"和"教育优先"三个子问题，第三章我们又以法律文本的分析将这三个子问题推导为教育平等、教育差异、社会经济发展三个具体内容，这是评价的根本依据。其次就是根据立法目标，梳理相关法律条文，将其内容按照一定标准分类，如哪些是为了实现教育平等的，哪些是为了尊重民族文化差异，等等。这是评价的直接依据。最后是通过一定的度量工具，结合相关法律文本，将这些目的转化为可观察的教育现象，一些现象可以转化为指标进行评价，而一些现象需要在实践中分析评价。

由此，法律实效评价内容主要涉及两方面。一方面是法律实施后社会

---

① 王全胜等：《立法后评估研究》，人民出版社 2012 年版，第 118—119 页。

变化的情况。立法最终是为了促进社会向期望的某个方面发展，因此测量法律颁布前后教育变化情况是考察教育实践中运行的法律实际效果与其立法目的吻合程度的重要依据，一般而言，进行相关指标的数量统计比较是比较直观的方法，是法律实效的直接反映，具有较高的可信度和说服力。但是民族地区教育优先发展涉及的多部法律颁布前后也并不一致，一些前后教育变化情况也需一定技术才能转换为可度量和比较的数据，因此这个维度进行法律实效评价，难度也是最高的，问题也最为复杂。另一方面是公众满意度。近年来，一些法律学者将管理学中顾客满意度测量方法引进到法律研究中，通过法律满意度指数来分析法律效果的好坏。从法社会学考量法律实效，虽不关注法律本身的公正性，但其将法律的实施行为和结果与利益主体的期望联系起来，从本质上来看，是对法律实施后利益主体抽象心理行为的测量和反馈。正如有学者所言，"集体存在的目的尤其是公共权力的运行是为了保障人民的权利"[①]，由于教育法律本身可以视为维护公众教育权利的公共产品，加之"办人民满意的教育"目标的确立，使得从公众满意度维度测量民族地区教育优先发展法律实效具有合理依据。

二　民族地区教育优先发展法律保障实效评价体系的构建

(一)评价的原则、对象和方法

1. 评价原则

如前述，准确界定立法目的是民族地区教育优先发展法律实效评价的逻辑起点，因此评价体系构建必须与立法目标相契合，根据一定的原则选取并整合与立法内容相关的一系列观测数据和素材，综合评价民族地区教育优先发展的法律实效。不过，法律实施成效受个人、体制、环境及法律本身等多方面因素制约，评价体系构建既要考虑观测点之间的联系，也要考虑评价操作的外部环境等。总体来说，应遵循以下基本原则。

第一，结构性原则。这是指民族地区教育优先发展法律实效评价的同级观测点不仅是互不交叉重叠、相互排斥独立的评价内容，而且贯彻点之

---

① 汪习根：《法治社会的基本人权——发展权法律制度研究》，中国人民公安大学出版社2002年版，第63页。

间应是逻辑严谨、互为支撑，具有密切联系的共同体，合力显现了民族地区教育优先发展法律实效的整体状况。教育差异和教育平等是民族地区教育优先发展成效评价重要的两个方面，过去更多关注教育平等的实效评价，人为割裂两者之间的客观联系是片面的。

第二，发展性原则。教育是培养人的事业，人的发展遵循差异性、阶段性和循序渐进的自然规律，同时教育亦受社会经济环境的制约和影响。因此民族地区教育优先发展法律实效评价体系既要准确把握教育的发展规律，又要充分考虑客观现实，是基于社会实际情况做出的教育实践评价。在这样的评价体系下，我们承认教育理想目标的存在，但更多应进行纵向比较，抛开一般特征，抓住本质特征，肯定民族地区教育发展方向是前进的这一特征。

第三，可操作性原则。把民族地区教育优先发展立法中教育平等与教育差异的价值诉求转化为可观测的具体评价内容，要求评价体系构建应有具体的操作指向，充分考虑评价的物质基础、主要目标和整体效果，增强对民族地区教育优先发展整体成效的判断力。此外，评价体系应便于理解和操作，数据结果能被广大人民群众认识理解以及相关职能部门参考。可操作性原则还指可以对法律实施起到指导、规范和评价的作用。

第四，一致性原则。这是指评价体系对应的内容应与立法目标相一致。当前我国民族地区教育优先发展相关法律，既包括《宪法》和《民族区域自治法》中教育相关条款、国家教育相关法律和国家其他法律涉及教育问题的条款在民族地区的落实，也包括民族地区专门的民族教育条例的实施，就后者而言，虽然各地规范内容不同，但是均反映出地区教育差异的现实需求，评价体系构建应对其有明确的反映。

2. 评价对象与方法

法律实效评价对象的确定是依据具有强制力的法律制度，评价方法的选择依据又是法律实效评价的对象特征。需要再次说明的是，民族地区教育优先发展法律实效评价并不是要去衡量具体的教育行为是否违法，司法实践上也鲜有相关的法律追责案例。从内容上看，民族地区教育优先发展法律内容中宣示性、纲领性的规范大量存在，即使是许多具体实施细则提出"应当""不准""严禁"等法律词汇，但也无相应的法律责任章节进行一一对应和监督。从立法逻辑上看，民族地区教育优先发展法律是各级有权机关依据合法程序拟定，并在全国或本地区正式颁布实施的具有法律约束力的正式制度。所以说尽管法律实效评价的对象是国家各级有权机关制定的具有强制力的法律制度，但是我们更关注其在民族地区教育发展过程中的有效性问题，即其在民族地区教育发展中起到何种作用。关于这一点，已有学者提出，"教育发展包含两方面，即教育成就（educational attainment）和教育分配（education distribution）"①，因此我们可以从教育分配（关注过程公平）和教育成就（关注结果公平）的视角进一步分析这个问题。结合法律实效的特征和民族地区教育优先发展法律的科学内涵，我们认为民族地区教育优先发展法律实效评价的对象包括：（1）法律的社会目的是否有效实现及其程度，（2）民族地区人民群众对相关法律价值实际感受水平及程度。

根据法律实施后的社会发展情况和人民群众满意度这两个维度评价法律实效，所采取的评价方法会有一些区别。法律实施后的社会发展情况维度主要是先根据法律建构模型，确定评价内容，收集数据和素材从而展开分析，为了说明民族地区教育优先发展是否做到了与其他地区"同步"发展，民族地区之间教育发展是否存在差异，数据分析中还应经常考虑到区域比较的问题。人民群众满意度维度需要结合前面两个维度的内容选择合适的调研指标，设计调查问卷，采取问卷调查法，获取统计学意义上的合格样本，调研教师、学生、家长对民族地区教育优先发展法律实施的满意程度。

（二）评价体系的确立

评价体系由多个相互联系、作用的评价指标按照一定的层级有机组成。限于研究条件限制，为了能够及时准确反映不同指标的准确性，除了前文所谈及评价体系确立的基本原则外，我们紧密围绕立法目的，遵循宜简不宜繁的思路，选择最能体现民族地区教育优先发展法律实效的核心内容进行评价。在评价内容选择过程中，我们按照相关法律核心词、特色词、低频共性词的内容分类梳理，将评价指标内容界定为三大类型，六大一级指标（由三大类型和两个维度产生），十四个二级指标，以及若干个观测点。指标体系构建如表5—1所示。

---

① 孙百才、张洋、刘云鹏：《中国各民族人口的教育成就与教育公平——基于最近三次人口普查资料的比较》，《民族研究》2014年第3期。

表 5—1　　　　　　　　民族地区教育优先发展法律实效评价体系

序号	类型	一级指标	二级指标	观测点
I	教育平等	实施成效	教育起点	入学机会
			教育过程	办学硬件设施、办学经费、师资
			教育结果	少数民族受教育整体程度
		教育满意度	教育起点	入学机会满意度
			教育过程	办学条件、师资条件满意度
			教育结果	学业成就满意度
II	教育差异	实施成效	外部环境支持	经费、师资队伍建设、政策导向
			民族文化传承教育的形式及效果	教育形式、内容、态度；学生对本民族语言和文化掌握情况，学生适应情况和发展情况
		教育满意度	实施过程	外部环境支持的满意度、教育形式和效果的满意度
			实施结果	是否达到教育期望
III	教育与社会经济协调发展	实施成效	教育优先表现	教育发展优先于其他社会子系统 民族地区教育优先于其他地区民族文化传承的教育优先
			教育优先成效	劳动人口受教育程度、人力资源开发、教育对经济发展贡献率分析
		教育满意度	实施过程	教育优先表现和成效的满意度
			实施结果	教育优先对地区和个人发展的满意度

根据确立的评价体系，我们拟定的是"分项目评价标准"。表中的二级指标分为若干观测点，这些观测点分解为三类，一是可以通过数据查询挖掘的指标，例如通过各种教育统计年鉴挖掘的数据指标，"教育平等实施成效"评价维度均为此类指标；二是通过访谈法、田野考察等收集的素材，例如"教育差异实施成效"维度多属于此类指标；三是通过问卷调查统计分析的评价指标，这主要用于教育满意度分析。在"分项目评价标准"基础上，我们根据两个维度对法律实效分别进行综合评价，这是对民族地区教育优先发展法律实效的诸多方面进行的整体评价。

在前面我们将民族地区教育优先发展法律实效评价分为实施成效、教育满意度两个维度，以及基于地区优先的教育平等、基于文化优先的教育差异、基于教育优先的教育与社会经济发展关系三个类型，表5—2可以清晰说明维度与类型之间存在的关系。民族地区教育优先发展法律实效评价就是要从实施成效和教育满意度两个维度对教育平等、教育差异、教育与社会经济发展关系三个优先类型进行全面度量或观测，进而得出实效如何的最终结论。

表5—2　　　民族地区教育优先发展法律实效评价维度与类型关系

维度类型	教育平等	教育差异	教育与社会经济发展关系
实施成效			
教育满意度			

第二节　民族地区教育优先发展法律保障的成效分析

一　基于"地区优先"的教育平等实施成效

教育平等的直接目的是通过保障民族地区教育优先发展"地区优先"，缩小民族地区教育发展与非民族地区的差距，以及民族地区内部教育发展的差距。因此实施成效主要是横向进行民族地区内部、民族地区与全国平均水平、民族地区与非民族地区的教育发展程度比较。在本章的第一节中，我们将民族地区教育平等实施成效的评价指标划分为教育起点平等、教育过程平等和教育结果平等三个二级指标，接下来我们以这三个二级指标所列的观测点为依据，对民族地区教育平等实施成效进行分析。

（一）教育起点平等实施成效

这个二级指标的观测点涉及入学机会，具体可以量化为对入学率的观测。随着民族地区教育优先发展法律的逐渐落实，民族八省区少数民族适龄儿童入学率逐年提高（表5—3所示），截至2010年，新疆、内蒙古、宁夏三个自治区适龄儿童入学率已经超过全国99.7%的平均指标，云南省适龄儿童入学率与全国平均指标持平。这表明民族地区适龄儿童入学机会明显增加，入学权利得到充分保障。但其他民族省区入学率仍然低于全国平均水平，最低的贵州省适龄儿童入学率甚至从2005年的98.3%降低至2010年的97.9%，降低了0.4个百分点，与全国平均水平的差距从

2005 年的 0.9 个百分点扩大到 1.8 个百分点。

表 5—3　　　　　八个少数民族省区及全国适龄儿童入学率　　　　单位:%

年份	西藏	新疆	内蒙古	宁夏	广西	云南	贵州	青海	全国
2005	95.9	98.7	99.4	99.0	99.1	96.3	98.3	97.0	99.2
2006	96.5	99.2	99.7	99.3	99.3	96.6	98.6	97.1	99.3
2007	98.2	99.3	99.7	99.6	99.1	97.6	98.6	98.6	99.5
2008	98.5	99.6	99.7	99.7	99.3	98.3	97.2	99.4	99.5
2009	98.8	99.4	99.8	99.7	99.2	98.3	98.4	99.5	99.4
2010	99.2	99.8	100	99.9	99.4	99.7	97.9	99.6	99.7

数据来源:吴霓等《中国民族教育发展报告 (2012)》,教育科学出版社 2013 年版,第 35 页。

在高等教育领域,民族地区与其他地区教育起点的差距较大,如图 5—2 所示,2010 年云南、贵州、广西三省区高等教育毛入学率处于全国后三位,民族八省区情况较好的青海、内蒙古,也仅与全国平均水平持平,处于中间位置。与北京、浙江等地相比,民族地区高等教育毛入学率差距更大,这说明在高等教育领域,民族地区学生入学机会较少,教育起点平等相关法律虽然已经落实,但是实施效果不佳。

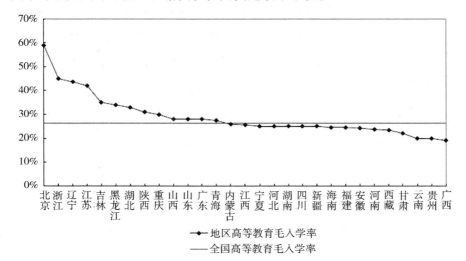

图 5—2　2010 年地区高等教育毛入学率①

――――――――――

① 资料来源:中国教育科学研究院《我国高等教育共同发展中的区域差距》 (http://www.nies.net.cn/ky/xsqy)。

（二）教育过程平等实施成效

教育过程平等实施成效主要是指受教育者在接受教育的过程中，教育条件的平等拥有，具体观测指标包括办学硬件设施、办学经费和师资三个方面。此外，我们也需要对民族地区内部教育过程平等存在的差距问题进行分析。

1. 办学硬件设施

办学硬件设施对民族地区学生享受平等的学习资源和机会影响很大，也是我们评价民族地区教育优先发展法律实效的重要内容，但是由于当前较少有专门针对办学设施的全国性统计数据，在评价民族地区办学设施情况时，主要依据政府部门的教育督导、民族地区政府自查自纠和田野考察的方式来获取相关资料。根据 2014 年国务院教育督导委员会对我国义务教育均衡发展的督导和调研情况，我国义务教育阶段学校办学基本标准总体达标状况良好，但办学基本标准不同指标间的达标率差异较大，少数民族相对集中的西部地区部分指标与东部地区差距仍然较大（表 5—4）。[1]

同时通过对义务教育校际间均衡状况评估发现（表 5—5），我国义务教育阶段各指标的差异系数较小，义务教育阶段中小学校际间总体均衡状况较好。同时，中部地区小学各项指标的差异系数均高于西部地区和东部地区；中部地区初中各项指标的差异系数均高于西部地区，大部分指标高于东部地区。我国不同地区的差异系数仍差别较大，中部地区的均衡性仍需提高。

---

[1] 2014 年 4 月份以来，国务院教育督导委员会办公室部署开展了地方政府、教育部门和学校在保障农村义务教育学校师生基本教学和基本生活方面情况的督导。督查组主要是深入革命老区、少数民族地区、边远山区、贫困地区核实是否达到基本办学标准。

表 5—4　　　我国义务教育学校办学基本标准核心指标达标情况①

地区	学校类型	达标情况	生均数学及辅助用房面积	生均体育运动场馆面积	生均数学仪器设备值	每百名学生拥有计算机台数	生均图书册数	师生比	生均高于规定学历教师数	生均中级及以上专业技术职务教师数	综合评估
全国	小学	学校总数(所)	16871	11367	9416	11825	16746	14756	7840	3068	18041
		达标学校数(所)	15324	10382	9170	11642	16279	13373	7800	2820	18041
		达标率（%）	90.83	91.33	97.39	98.45	97.21	90.63	99.50	91.92	100
	初中	学校总数(所)	6435	4425	3380	4970	6370	5335	2619	788	6768
		达标学校数(所)	6124	3858	3300	4944	6162	5116	2552	708	6768
		达标率（%）	95.16	87.19	97.63	99.47	96.74	95.90	97.45	89.85	100
东部地区（所）	小学	学校总数(所)	11091	8342	3776	9964	11091	10214	3842	1247	11091
		达标学校数(所)	10172	7974	3768	9797	10785	9116	3818	1057	11091
		达标率（%）	91.72	95.60	99.78	98.32	97.24	89.25	99.39	84.76	100
	初中	学校总数(所)	4431	3194	1441	4056	4431	4030	1056	405	4431
		达标学校数(所)	4324	2922	1441	4038	4292	3842	1043	344	4431
		达标率（%）	97.58	91.50	100.00	95.55	96.86	95.34	98.79	84.94	100
中部地区（所）	小学	学校总数（所）	4058	1306	3918	141	4055	4028	2411	1477	4057
		达标学校数(所)	3680	1203	3704	135	3911	3753	2406	1434	4057
		达标率（%）	90.60	92.11	94.54	95.74	96.45	93.18	99.79	97.09	100
	初中	学校总数（所）	1156	382	1091	65	1156	1050	783	302	1156
		达标学校数(所)	1118	357	1032	63	1098	1117	729	286	1156
		达标率（%）	96.73	93.44	94.64	96.95	95.01	97.14	93.12	94.70	100
西部地区（所）	小学	学校总数（所）	1721	1721	1721	1721	1601	514	1587	344	2894
		达标学校数(所)	1470	1206	1697	1709	1582	505	1577	329	2894
		达标率（%）	85.43	70.08	98.62	99.33	98.79	98.23	99.38	95.64	100
	初中	学校总数（所）	348	348	348	348	782	155	780	81	1181
		达标学校数(所)	682	579	827	843	773	155	779	78	1181
		达标率（%）	80.38	68.28	97.51	99.40	98.85	100.00	99.87	96.30	100

① 高丙成：《我国义务教育均衡发展工作情况和公众满意度调查情况分析报告》（http://www. nies. net. cn/zy/wjdc/201410/t20141020_ 316311. html）。

表 5—5　　　　　　　　　我国义务教育学校校际差异系数①

区域	学校典型	类型	生均数学及辅助用房面积	生均体育运动场馆面积	生均数学仪器设备值	每百名学生拥有计算机台数	生均图书册数	师生比	生均高于规定学历教师数	生均中级及以上专业技术职务教师数	综合评估
全国	小学	全县平均值	4.348	7.881	1620.70	12.361	28.304	0.079	0.062	0.043	
		差异系数	0.510	0.638	0.523	0.378	0.286	0.271	0.263	0.360	0.404
	初中	全县平均值	6.218	11.790	2373.60	15.605	39.146	0.105	0.085	0.067	
		差异系数	0.425	0.532	0.462	0.348	0.292	0.262	0.263	0.314	0.363
东部地区	小学	全县平均值	4.270	7.777	1856.70	13.066	29.016	0.062	0.064	0.045	
		差异系数	0.528	0.648	0.539	0.359	0.293	0.247	0.237	0.336	0.399
	初中	全县平均值	6.435	12.491	2791.60	17.142	41.322	0.094	0.093	0.071	
		差异系数	0.453	0.560	0.485	0.349	0.311	0.262	0.259	0.307	0.374
中部地区	小学	全县平均值	4.039	7.111	911.18	9.138	25.881	0.074	0.055	0.041	
		差异系数	0.540	0.691	0.545	0.490	0.299	0.344	0.337	0.422	0.458
	初中	全县平均值	5.490	9.239	1383.30	11.037	33.098	0.101	0.065	0.063	
		差异系数	0.399	0.535	0.451	0.403	0.304	0.262	0.279	0.334	0.371
西部地区	小学	全县平均值	5.453	10.080	1605.00	14.549	28.824	0.196	0.068	0.041	
		差异系数	0.400	0.533	0.430	0.321	0.241	0.284	0.280	0.383	0.360
	初中	全县平均值	6.371	12.709	1784.30	15.420	37.996	0.186	0.073	0.053	
		差异系数	0.332	0.397	0.369	0.267	0.186	0.258	0.261	0.320	0.299

在民族地区内部，办学硬件设施和条件近年来有了较大提高，根据我们 2014 年在云南省丽江市、贵州省台江苗族自治县等民族地区调研发现，随着民族地区教育优先发展法律的实施，民族地区学校营养午餐，教师生活条件（图 5—3）与职称待遇，教学仪器和图书，远程教育设备等方面都取得了满意的成果。

---

　　① 高丙成：《我国义务教育均衡发展工作情况和公众满意度调查情况分析报告》（http://www.nies.net.cn/zy/wjdc/201410/t20141020_316311.html）。

图 5—3　民族地区教师生活条件得到较大改善①

　　但是，民族地区办学校舍面积、寄宿制条件等存在显著差距（图 5—4），许多民族地区校舍面积不足，寄宿制条件较差，一些学校涉及 D 级危房问题，学生课桌椅问题，寄宿学生床位不足，饮用水和交通问题，食品安全问题，高寒山区还涉及必要的取暖条件。

图 5—4　民族地区学校寄宿制条件差距较大②

　　以贵州省为例，2014 年国务院教育督导委员会对贵州省贵阳市的白云区、遵义市的余庆县、黔东南州的麻江县和丹寨县四县区办学条件进行督导发现，虽然四县区义务教育达到了基本标准，但是部分指标仍然存在不足。例如寄宿生人均宿舍面积白云区小学数 36 个，达标仅 2 个；余庆县小学数 92 个，达标 35 个；麻江县小学数 46 个，达标 17 个；丹寨县小

　　①　图为贵州省台江苗族自治县反排村反排小学新修的教师宿舍，这为教师工作和生活提供了较好的条件。图片摄于 2014 年 11 月。
　　②　左图为广西壮族自治区南宁市长塘乡长塘小学现代化的宿舍大楼，这所壮族学生为主的学校宿舍楼基本配齐了学生住宿所需的各项用品，右图为云南省丽江市黄山镇南溪小学的学生宿舍楼，这栋具有纳西族建筑风格的小楼是南溪小学所有寄宿的纳西族学生寝室，由于床位不够，部分学生还需要共用床铺。图片分别摄于 2014 年 10 月和 7 月。

学数 29 个，达标 21 个。[1] 事实上，贵州省《2012 年全省教育事业发展统计公报》也反映出该省教育发展中存在的同样问题，数据显示（表 5—6），贵州省基础教育办学设施达标情况并不理想。校舍面积不足，体育、音乐等器械配备达标率偏低，特别是城镇学校办学相对集中，寄宿生相对比例较高的情况下，这一问题更显得十分突出。

表 5—6　　　　　2012 年贵州省教育事业发展部分办学设施指标一览

办学层次	校舍建筑面积(平方米)	体育运动场馆面积达标学校比例(%)	体育器械配备达标学校比例(%)	音乐器械配备达标学校比例(%)	美术器械配备达标学校比例(%)	数学自然(理科)实验仪器达标学校比例(%)
普通小学	17 962 190	61.93	70.93	66.22	69.59	74.56
普通初中	13 160 480	70.59	77.11	73	74.54	80.54
普通高中	8 836 205	77.35	79.15	74.66	76.01	81.61

　　数据来源：贵州省教育厅《2012 年全省教育事业发展统计公报》（http：//www.gzsjyt.gov.cn/Item/32580.aspx）。

　　2. 办学经费

　　办学经费是民族地区实现教育平等的重要保障，也是民族地区教育优先发展法律实施的重要内容，随着民族地区教育经费投入不断增加，民族地区教育事业发展得到了充分的物质保障。如图 5—5 所示，近年来民族八省区教育经费逐年增长，云南、贵州、广西等省区经费增长幅度较大，但西藏、青海、宁夏等省区增长速度较慢。

　　尽管民族地区教育经费逐年增加，但是相比全国其他省区，民族地区教育经费投入力度仍然不够，这也是民族地区教育发展长期处于落后地位的重要原因之一。如图 5—6 所示，2011 年民族地区教育经费处于全国中

---

　　① 教育部：《国家教育督导检查组对贵州省申报的 4 个全国义务教育发展基本均衡县（区）督导检查反馈意见》（http：//www.moe.edu.cn/publicfiles/business/htmlfiles/moe/s5987/201409/174845.html）。督导还进一步发现贵州该四县区教育发展存在以下情况：部分中小学校舍面积不足，大班额问题相对严重，中小学宿舍面积相对紧张，体育活动场地面积小，教学实验仪器配置不够，少数中小学班班通设施设备未达标等。贵阳市白云区、黔东南州丹寨县、麻江县小学生均体育场馆面积单项指标差异相对较高。

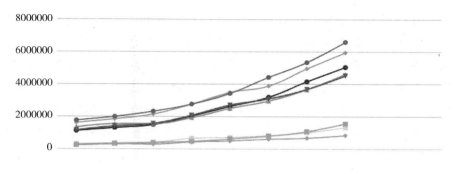

图5—5 民族八省区教育经费增长情况

资料来源：根据国家统计局网站公布相关数据整理。

等及以下水平，位居第一的广东省教育经费投入18846365万元，是西藏自治区教育经费投入826102万元的22.8倍，不过，如果考虑两省人口差距（广东当年人口10644万人，西藏当年人口312万人），广东省人均教育经费为1770.61元，西藏自治区人均教育经费为2647.8元，西藏自治区的教育投入明显比广东省处于优先位置。

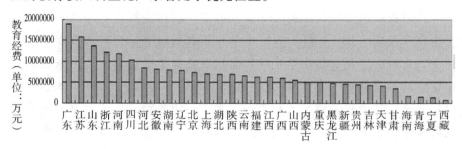

图5—6 2011年全国各省区市教育经费情况

资料来源：根据国家统计局网站公布相关数据整理。

接下来我们进一步分析民族地区内部不同教育层次的生均教育经费差异情况，我们选择2011年民族八省区的高等教育、普通中学、小学、幼儿园生均教育经费比较分析发现（图5—7），整体上，生均教育经费从高等教育、普通中学、小学、幼儿园依次降低，宁夏、西藏、青海高等教育生均经费远高于全国平均水平，宁夏、西藏、内蒙古、青海、新疆普通中学和幼儿园生均经费高于全国平均水平，西藏、内蒙古、青海、新疆小学生均教育经费高于全国平均水平，贵州、云南、广西不同教育阶段生均经费均低于全国平均水平，处于民族地区后三位，民族地区之间教育经费投入差距较大，2011 年广西幼儿园生均经费投入仅为 925.65 元，西藏幼儿园生均教育经费投入是其 13.3 倍。

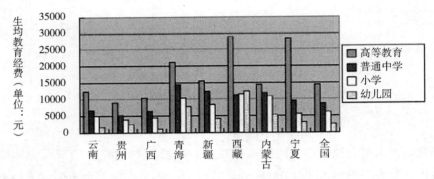

图 5—7　2011 年民族八省区生均教育经费投入比较

数据来源：教育部财务司、国家统计局社会科技与文化产业统计司编《中国教育经费统计年鉴（2012）》，中国统计出版社 2013 年版，第 596—609 页。

　　同时我们也发现，在民族八省区内部，农村生均教育经费与平均水平也存在差距（图 5—8）。农村小学与非农当地小学生均经费水平基本持平，青海、宁夏农村小学生均教育经费略高于平均水平，内蒙古农村小学生均教育经费 15876.48 元，远高于当地平均水平 10936.78 元。农村幼儿园生均教育经费投入与平均水平有一定差距，除西藏自治区农村幼儿园生均教育经费略高于平均水平外，其他民族省区均低于平均水平。青海、内蒙古、宁夏三省区农村初中生均教育经费高于当地平均水平，其他省区农村初中生均教育经费低于当地平均水平。而 2011 年，全国农村幼儿园、小学、初中生均教育经费均低于全国平均水平。由此可见，部分民族地区非常重视教育优先发展，教育经费投入高于全国平均水平，在民族地区内部，优先发展农村教育也得到重视，部分民族地区农村小学、初中和幼儿园教育经费得到充分保障，这为促进教育均衡发

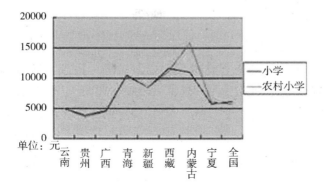

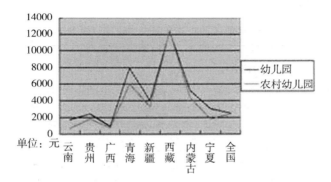

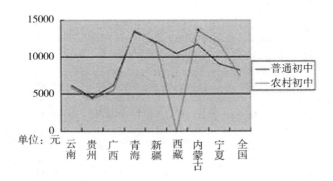

**图5—8 2011年民族八省区农村小学、幼儿园、初中生均教育
经费与当地平均水平比较**

数据来源：教育部财务司、国家统计局社会科技与文化产业统计司编《中国教育经费统
计年鉴（2012）》，中国统计出版社2013年版，第596—609页，西藏农村初中数据未统计。

展打下了坚实的物质基础。

3. 办学师资

教师是民族地区教育优先发展极为重要的参与力量，近年来，民族地区大力发展地方高等师范教育事业，逐渐缓解了民族地区教师需求的压力，数据显示，云、贵、广三省区不同教育阶段师生比逐年缩小，但仍然与全国平均水平有一定差距（表5—7）。在民族地区内部，师资队伍建设成效也存在差距，例如在小学、初中和高中阶段，云南省的师生比是三省区最小的，而高等教育阶段，广西壮族自治区的差距最小，云南省的师生比在三省区中位居最后。总体上，高等教育师资数量差距最小，初中教育师资数量差距问题最为突出。

表5—7　　　　　　2012年地区不同教育层次学校及师生数

教育层次	地区	学校数	专任教师数	在校学生数	师生比	师生比与全国差距
高等教育	云南	66	31 322	512 178	18.50	+ 0.98
	贵州	49	22 803	383 815	18.19	+ 0.67
	广西	70	35 027	629 243	17.80	+ 0.28
	全国	2442	1 440 292	23 913 155	17.52	0
普通高中	云南	444	45 255	706 180	15.60	+ 0.13
	贵州	446	41 572	772 972	18.59	+ 3.12
	广西	450	44 557	795 828	17.86	+ 2.39
	全国	13 509	1 595 035	24 671 712	15.47	0
普通初中	云南	1691	120 817	1 954 348	16.18	+ 2.59
	贵州	2215	114 753	2 100 850	18.31	+ 4.72
	广西	1860	117 478	1 966 202	16.74	+ 3.15
	全国	53 216	3 504 363	47 630 607	13.59	0

教育层次	地区	学校数	专任教师数	在校学生数	师生比	师生比与全国差距
小学	云南	13 020	233 710	4 067 038	17. 40	+ 0. 04
	贵州	11 529	197 983	3 800 803	19. 20	+ 1. 84
	广西	13 535	217 151	4 264 831	19. 64	+ 2. 28
	全国	228 585	5 585 476	96 958 985	17. 36	0

数据来源：教育部发展规划司编《中国教育统计年鉴 2012》，人民教育出版社 2013 年版，第 696—703 页。

此外，近年来随着民族地区职业教育的发展，民族地区职业教师师资队伍建设也得到逐渐加强，但与全国平均水平相比，差距较大，2012 年，全国中等职业学校师生比是 24.19，云、贵、广三省区分别是 26.64、29.26、39.51①。需要指出的是，民族地区教师队伍的质量不容乐观，在云南、贵州、广西进行的调研中，我们发现一些学校因无人会使用现代化教学仪器、钢琴等，使得这些设备成为摆设，而一些教师普通话不过关、不能适应民族地区生活习惯等问题也影响到其教学质量的提升。

4. 民族地区内部教育学习过程平等

当前民族地区教育优先发展需要解决民族地区与非民族地区特别是东部教育发达地区教育差距的问题，还要面对民族地区内部城乡教育差距的问题，根据 2012 年云、贵、广三省区不同类型乡镇（平原镇、丘陵镇、山区镇和城区镇）学校、学生及教师数的统计数据（表 5—8）我们发现，近年来民族地区教育优先发展法律得到了较好落实，但民族地区内部教育发展也存在一定差距（表 5—9）。第一，随着政府逐渐加大农村地区师资队伍建设，加之进城务工人员子女在城市就读数量增多，农村学生总数呈下降趋势，因此三省区乡镇各阶段学校师生平均比均低于当地师生平均比和全国平均比。第二，数据也反映出云、贵、广三省教育发展水平仍然处于西部地区后列的现实，但是不同类型乡镇之

_____

① 数据来源：教育部发展规划司编《中国教育统计年鉴（2012）》，人民教育出版社 2013 年版，第 705 页。

间存在较大差距，例如除云南省城关镇师生平均比 16.68 低于全国小学师生比 17.36 外，贵州和广西均高于全国小学师生平均比。第三，数据显示，云、贵、广城关镇学校办学规模处于前列，师生比、校生比、校师比等均高于其他地区，但与西部地区城关镇小学校生比 530.89，中学校生比 1799.89 相比，规模还相对较小，交通不便的山区镇中小学办学规模相对较小。

表 5—8　　　　　　　　云、贵、广乡镇教育基本情况①　　　　　单位：个

地区		小学校数	小学生在校生数	小学教师数	中学校数	中学在校学生数	中学教师数	幼儿园、托儿所
云南	全部镇	8253	227.42	13.34	1089	151.94	9.92	4035
	平原镇	760	26.51	1.57	130	19.68	1.33	648
	丘陵镇	1734	57.17	3.36	292	44.60	2.92	1240
	山区镇	5759	143.73	8.41	667	87.65	5.67	2147
	城关镇	1745	62.88	3.77	376	68.50	4.40	1024
贵州	全部镇	8056	215.28	11.74	1248	145.75	8.37	2017
	平原镇	——	——	——	——	——	——	——
	丘陵镇	506	14.09	0.83	84	10.13	0.60	175
	山区镇	7550	201.18	10.91	1164	135.61	7.77	1842
	城关镇	1062	50.11	2.53	310	49.15	2.81	685
广西	全部镇	10 002	305.83	17.09	1408	172.89	11.46	7016
	平原镇	449	20.63	1.09	101	12.04	0.84	559
	丘陵镇	6928	223.34	12.25	993	126.46	8.24	5007
	山区镇	2625	61.85	3.74	314	34.38	2.38	1450
	城关镇	1448	68.67	3.67	373	63.82	3.93	1647
西部地区	全部镇	53 654	1642.43	102.63	11 141	1243.28	86.00	34 811
	平原镇	7184	249.84	18.12	2118	217.18	17.19	6240
	丘陵镇	18 247	683.38	41.72	4527	525.86	36.08	17 415
	山区镇	28 043	709.21	42.78	4496	500.24	32.73	11 156
	城关镇	7785	413.30	24.09	2631	473.55	30.40	7477

　　数据来源：国家统计局农村社会经济调查司编《中国县域统计年鉴（2013）》，中国统计出版社 2013 年版，第 470—517 页。

---

　　① 贵州省是中国唯一一个无平原的省份，因此统计数据未涉及平原镇，笔者注。

表 5—9　　　　云、贵、广不同地区乡镇中小学校校生比、校师比、师生比

地区		小学校生比	小学校师比	小学师生比	中学校生比	中学校师比	中学师生比
云南	全部镇	275.56	16.16	17.05	1395.22	91.09	15.32
	平原镇	348.82	20.66	16.89	1513.85	102.31	14.80
	丘陵镇	329.70	19.38	17.01	1527.40	100.00	15.27
	山区镇	249.57	14.60	17.09	1314.09	85.01	15.46
	城关镇	360.34	21.60	16.68	1821.81	117.02	15.57
贵州	全部镇	267.23	14.57	18.34	1167.87	67.07	17.41
	平原镇	——					
	丘陵镇	278.46	16.40	16.98	1205.95	71.43	16.88
	山区镇	266.46	14.45	18.44	1165.03	66.75	17.45
	城关镇	471.85	23.82	19.81	1585.48	90.65	17.49
广西	全部镇	305.77	17.09	17.90	1227.91	81.39	15.09
	平原镇	459.47	24.28	18.93	1192.08	83.17	14.33
	丘陵镇	322.37	17.68	18.23	1273.51	82.98	15.35
	山区镇	235.62	14.25	16.54	1094.90	75.80	14.45
	城关镇	474.24	25.35	18.71	1710.99	105.36	16.24
西部地区	全部镇	306.12	19.13	16.00	1115.95	77.19	14.46
	平原镇	347.77	25.22	13.79	1025.40	81.16	12.63
	丘陵镇	374.52	22.86	16.38	1161.61	79.70	14.57
	山区镇	252.90	15.26	16.58	1112.63	72.80	15.28
	城关镇	530.89	30.94	17.16	1799.89	115.55	15.58

　　数据来源：国家统计局农村社会经济调查司编《中国县域统计年鉴（2013）》，中国统计出版社 2013 年版，第 470—517 页。

　　（三）教育结果平等的实施成效

　　这个二级指标的观测点是少数民族受教育整体程度，包括义务教育、高等教育及研究生以上学历在校生数、学龄人口、少数民族学生比例等。教育结果平等是教育平等的本质体现，一直是学界研究教育平等的重要切入点，教育结果平等是从最后的不同教育数据中显现的少数民族相应学历

比例反映教育优先发展的实施成效，通常意义上我们认为，民族地区教育结果平等要求少数民族的教育层次人口所占全国相应教育层次人口比例与其人口所占全国人口比例应正相关。按照这个观点，因为 2010 年第六次人口普查，少数民族人口约 1.14 亿，占全国人口 8.49%，所以 8.49% 应是我们衡量少数民族教育结果公平的参照指标。数据显示，进入 21 世纪以来，我国少数民族学生教育结果的公平程度逐年提高，成效十分明显，如表 5—10 所示，小学阶段少数民族学生所占比 2000 年超过全国平均水平（当时少数民族占全国总人口比例为 8.41%），经过十多年的努力，2011 年少数民族中小学生占比分别为 9.1% 和 10.5%，达到了民族地区教育优先发展立法的预期目标。而 2011 年高等教育阶段少数民族学生所占比只有 6.8%，一方面显现出高等教育办学层次少数民族处于不利地位的状况还没有彻底改变，另一方面也间接反映出民族地区基础教育发展并未带来高等教育的同步发展，基础教育质量尚需提高。

表 5—10　　　　历年不同教育阶段少数民族数（万人）及占比

年份	2000	2001	2002	2003	2004	2005	2006	2007	2008	2009	2010	2011
高等学校	31.99	40.97	52.39	65.52	75.59	95.32	107.55	115.35	127.99	141.05	150.83	167.62
高等学校占比	5.8	5.7	5.8	5.9	5.7	6.1	6.2	6.1	6.3	6.6	7.0	6.8
普通中学	498.91	482.84	613.16	654.46	676.11	684.74	689.38	685.46	680.23	679.94	680.34	683.67
普通中学占比	6.8	7.5	9.3	7.6	7.8	8.0	8.2	8.3	8.4	8.6	8.6	9.1
小学	1181.6	1172.0	1149.7	1120.7	1097.15	1078.07	1081.28	1074.18	1070.79	1059.12	1048.24	1044.02
小学占比	9.1	9.3	9.5	9.6	9.8	9.9	10.1	10.2	10.4	10.5	10.4	10.5

数据来源：国家统计局编《中国统计年鉴2011》，中国统计出版社 2012 年版，第 652—653 页。

自实施少数民族高层次人才骨干计划以后，少数民族高层次人才培养数量明显增多，少数民族博士生所占比由 2005 年的 3.78% 猛增至 2010 年的 4.68%，硕士生由 2005 年的 4.41% 增至 5.04%，民族地区高层次人才培养成效显著（表 5—12）。以贵州省为例，自实施少数民族骨干计划至今（2014 年 10 月），贵州省共培养少数民族高层次骨干人才硕士生 1894 名、博士生 579 名，完成任务数名列全国前茅。

表 5—11　　　　　　　高层次人才培养中少数民族学生占比

	2005 年数量（万）	2005 年所占比（%）	2010 年数量（万）	2010 年所占比（%）
少数民族博士生	0.72	3.78	1.21	4.68
少数民族硕士生	3.47	4.41	6.45	5.04

数据来源：根据教育部网站相关数据整理。

接下来，我们以云、贵、广三省区为切入点分析民族地区教育结果公平的实施成效。一方面是民族地区教育发展的结果公平。如表 5—12，2012 年云、贵、广三省区每 10 万人拥有的在校生数和全国平均水平比较发现，贵州、广西的学前教育阶段，云、贵、广的小学、普通初中阶段，贵州、广西的普通高中教育阶段发展水平超过了全国平均水平，云南学前教育、普通高中教育落后于全国平均水平，而云、贵、广三省区高等教育发展水平落后于全国高等教育发展水平。

表 5—12　　　　云、贵、广三省区 2012 年每 10 万人在校生数

地区	学前教育	普通小学	初中	普通高中	普通高校
云南	2424	8783	4220	2975	1566
贵州	2832	10957	6057	3443	1392
广西	3572	9182	4233	3790	1834
全国	2736	7196	3535	3411	2335

数据来源：国家统计局社会科技和文化产业统计司编《中国社会统计年鉴 (2013)》，中国统计出版社 2013 年版，第 42 页。

另一方面是少数民族间教育结果的公平问题。我国有 29 个少数民族分布在云、贵、广三省区，许多较少民族均集中在这一带民族地区，例如我国的布依族、仡佬族主要分布在贵州，仫佬族、毛南族、京族主要分布在广西，水族主要分布在贵州和广西，而哈尼族、傣族、佤族、拉祜族、纳西族、景颇族、布朗族、阿昌族、普米族、怒族、德昂族、独龙族、基诺族等较少民族主要分布在云南，这就增加了云、贵、广地区少数民族教育问题的复杂性。如图 5—9 所示，2010 年云、贵、广三省区主要分布民族文盲人口占本民族人口比例差

异较大，教育发展程度较高的毛南族、仫佬族等，文盲人口占 15 岁以上本民族人口比例较低，分别仅为 3.97% 和 3.84%，而有的少数民族文盲人口占 15 岁以上本民族人口比例偏高，如藏族和德昂族分别为 29.59% 和 21.39%，相比之下，全国少数民族文盲人口占 15 岁以上人口比是 13.07%。

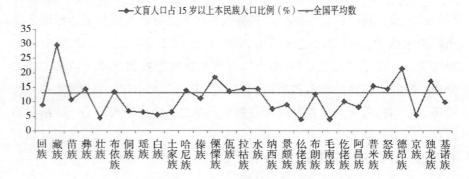

图 5—9 2010 年云、贵、广三省区主要分布民族文盲人口
占 15 岁以上本民族人口比例情况

数据来源：国家民委编《中国民族统计年鉴（2012）》，中国统计出版社 2013 年版，第 629—630 页。

同时，当前少数民族间的高层次人才教育结果平等程度不高（表 5—13），少数民族间也存在一定差距，发展较慢的德昂族 2010 年拥有的研究生数仅有 2 人，由于教育是一个长期性的事业，这种状况在较短时间内很难改变。

表 5—13　　2010 年云、贵、广三省区主要分布少数民族高层次人才培养结果

少数民族	人口数	主要分布区域	大学本科人数	研究生数	少数民族	人口数	主要分布区域	大学本科人数	研究生数
回族	10586087	云南、贵州等 19 省区	371 555	30 222	藏族	6 282 187	云南等 5 个省区	111 515	4964
苗族	9426007	云南、贵州、广西等 7 个省市区	132 635	7177	彝族	8 714 393	云南、贵州、四川	106 949	4276

续表

少数民族	人口数	主要分布区域	大学本科人数	研究生数	少数民族	人口数	主要分布区域	大学本科人数	研究生数
布依族	2870034	贵州	43878	1622	土家族	8353912	贵州等4省区	204943	14567
壮族	16926381	云南、广西、广东	296407	15980	瑶族	2796003	云南、广西、湖南、广东	53343	3554
侗族	2879974	贵州、广西、湖南	57878	2620	白族	1933510	云南、贵州、湖南	59298	3550
哈尼族	1660932	云南	15456	507	水族	411847	贵州、广西	5291	228
傣族	1261311	云南	15860	526	纳西族	326295	云南	14308	812
傈僳族	702839	云南、四川	5654	172	景颇族	147828	云南	1467	40
佤族	429709	云南	2746	89	仫佬族	216257	广西	6952	455
拉祜族	485966	云南	4425	152	布朗族	119639	云南	1528	46
毛南族	101192	广西	2677	139	德昂族	20556	云南	124	2
仡佬族	550746	贵州	16020	628	京族	28199	广西	1219	62
阿昌族	39555	云南	650	21	独龙族	6930	云南	108	11
普米族	42862	云南	1274	38	基诺族	23143	云南	390	20
怒族	37524	云南	630	22	全国少数民族	111324800		2803101	182926

数据来源：国家民委编《中国民族统计年鉴（2012）》，中国统计出版社 2013 年版，第 629—630 页。

二　基于"文化优先"的教育差异实施成效

"文化优先"要求给予民族地区文化发展提供教育支持和政策倾斜，根据民族地区教育优先发展法律实效评价体系对民族地区教育差异评价标准的界定，民族地区尊重教育差异实施成效评价主要从学校开展民族文化教育的外部环境支持、学校开展民族文化教育的形式及效果两个方面展开。

（一） 学校开展民族文化传承教育的外部支持情况

这主要涉及民族地区民族文化教育开展的经费来源、师资队伍建设、政策导向等方面。

1. 民族文化传承教育开展的经费落实情况

如前所述，民族地区教育经费中有一部分属于民族文化传承教育的相关经费，同时，民族地区文化传承的经费来源也不仅仅是从教育经费中支出。以云南省为例，根据《云南省扶持人口较少民族发展规划（2011—2015 年)》的要求，云南省民族文化发展工程经费涉及广播电视建设、文化室建设、民族博物馆、文物古籍保护、文化传承示范点和传承人培训等许多方面，同时民族地区文化传承本身涉及教育、民委、文化、新闻出版等诸多部门，经费投入项目也不仅仅局限在学校这一场域。但是，民族地区学校教育是民族文化传承和保护的重要途径，承担着十分重要的任务，因此近年来民族地区加大了对民族文化传承教育经费的投入，例如 2013 年，贵州省安排中央民族教育专项经费 845 万元，支持民族中小学开展民族民间文化教育，同时贵州省还列支专项经费在高校开展民族特色学科建设。

2. 民族文化传承教育的师资队伍建设

民族文化传承师资队伍建设可以从三个方面来理解，一是教师队伍建设中少数民族教师的比例，特别是民族地区少数民族教师的大量补充，有利于提高地方民族文化传承的意识和自觉落实。相关数据显示，我国少数民族专任教师比重近年来呈上升趋势（表 5—14），2011 年中小学少数民族教师占比分别为 9.1% 和 10.4%，已超过少数民族人口占比，而高等学校占比为 4.9%，远低于少数民族人口全国占比（2010 年）8.49% 的比例。

表 5—14　　　　　全国少数民族专任教师数及占比　　　　单位：万人，%

年份	2000	2001	2002	2003	2004	2005	2006	2007	2008	2009	2010	2011
高等学校	2.51	2.87	3.35	3.63	4.30	4.65	5.03	5.52	5.83	6.20	6.48	6.86
高等学校占比	5.4	5.4	5.4	5.0	5.0	4.8	4.6	4.7	4.7	4.8	5.0	4.9

续表

年份	2000	2001	2002	2003	2004	2005	2006	2007	2008	2009	2010	2011
普通中学	28.16	30.04	31.70	33.35	34.61	36.18	37.44	38.18	38.93	39.90	40.62	46.15
普通中学占比	7.0	7.2	7.2	7.4	7.4	7.6	7.7	7.8	7.9	8.0	8.1	9.1
小学	55.30	57.47	57.23	57.09	56.86	56.93	57.20	57.79	58.11	58.52	58.39	53.58
小学占比	9.4	9.7	9.9	10.0	10.1	10.2	10.2	10.3	10.3	10.4	10.4	10.4

数据来源：国家民委编《中国民族统计年鉴 2012》，中国统计出版社 2013 年版，第 650—651 页。

　　二是民族地区双语教师队伍建设，由于双语教师承担着民族语言、民族文化教育和传承的重要任务，近年来，民族地区加大了双语教师队伍建设的步伐，例如在云南省的 25 个少数民族中，除回、满、水三个民族通用汉语外，其余 22 个少数民族共使用 26 种语言。目前，云南省双语教学主要在学前和小学阶段开展，面向 14 个少数民族的幼儿及学生采用 18 个文种进行民汉双语教学。多年来，云南省每年都采取了省教育厅主办，相关州市县承办的形式举办多期民族地区双语教师培训，参加培训的教师都来自民族地区双语教学校点的一线教师。多年来，培训了彝文、佤文、白文、壮文、藏文、景颇文、载佤文、西傣文、德傣文、傈僳文、哈尼文、拉祜文、川黔滇苗文、滇东北苗文、独龙文、纳西文、门方瑶文、勉方瑶文等 14 个民族 18 个语种的双语教师，共 8000 余人。此外，截至 2014 年贵州省也培训民汉双语骨干教师 1400 人次。广西壮族自治区通过实施民族语言水平考试，有效地保障了少数民族双语教师的质量（图 5—10）。

　　三是民族文化传承的专业师资。在民族地区民族文化传承人多数在学历上的不利状况使其成为专业教师面临法律困境，一些民族地区采取聘任制、民间艺人进校园等方式灵活解决这一问题，但由于待遇偏低、岗位不稳，造成相关师资仍然十分缺乏的窘境。2014 年 12 月贵州省颁布《推进职业院校民族民间文化传承创新工作实施办法》，旨在培养一支民族民间文化职业教育传承队伍，拓宽贵州原生态文化保护发展途径。根据规定，贵州省职业教育教师聘用方面，将鼓励歌师、绣娘、银匠、木匠等民间艺人、非物质文化遗产传承人参与教学，聘请非物质文化遗产传承人等担任职业院校兼职教师、专业带头人、教学顾问、兼职教授等，通过招考、聘用、转型、整合等途径引进培育一批与民族民间文化教育传承有关的专业课教师。总体而言，民族文化传承的师资现状不容乐观。

图 5—10　双语教学师资队伍的建设走上制度化轨道①

3. 民族文化传承教育的政策导向

民族文化传承的政策导向主要是采取支持和激励等措施引导民族地区学校参与到民族文化传承教育中来。以贵州省为例，第一是贵州民族课程开发建设。主要是通过开展编写地方教材和校本教材、聘请民间艺人教学、召开现场会、举办专业师资培训班，特别是近几年贵州省各级各类学校充分挖掘、整理了一大批优秀的民族民间文化项目，广泛动员了各级各类学校师生参与这项工作，2011 年秋季贵州省已向全省各民族地区中小学免费发放了《贵州民族民间文化读本》教材。在民族团结教育方面，贵州省小学开设"中华大家庭"和"民族常识"、初中开设"民族政策常识"等课程宣传党和国家的民族、宗教等方面的法规政策，2013 年贵州省向中小学生免费发放 1450 万元的民族团结教材。第二是贵州省评选各级项目学校、激励社会各界参与等途径推进民族文化传承教育。截至 2014 年，贵州省已有 3865 所大中小学开展了民族民间文化教育，评选了 4 批 84 所省级民族民间文化教育项目学校，这些

---

① 图为广西壮族自治区南宁市长塘镇长塘小学从事壮汉双语教学的一位老师通过考试获得了壮语文水平考试中级乙等证书。在该校，截至 2014 年有 3 位老师从事壮汉双语教学。

学校多已开设了民族文化、体育课程。此外，为了鼓励社会各界参与到民族文化传承教育中来，政府也给予了相应的激励措施。第三是弥补双语教师不足的政策导向。截至 2014 年，贵州省共有 1370 所小学的 15 余万名学生接受了双语言教育。2014 年，贵州省教育厅委托相关民语专家和师生编译制作了少数民族双语有声读物①，已选择了全省 7 个市、31 个县、97 个乡镇中的 153 所幼儿园及 441 个小学班级作为试点。而针对贵州少数民族人口呈"大杂居、小聚居"分布的实际，贵州儿童双语的学习主要应在学前和小学低年级进行并克服语言障碍，2014 年，贵州人民出版社及合作机构与民语专家及参与录制的师生译制了苗（东、中、西部方言）、布依、侗、彝 4 语种 6 种方言学前有声读物，这些读物也是免费发放给需要的少数民族学前园（班）和小学使用。双语有声读物的使用，能保证语言的统一和规范，对少数民族儿童学习母语和汉语带来极大的方便，能在很大程度上解决双语教师资源不足、水平不高的问题。

（二）学校开展民族文化传承教育的形式与当代境遇

1. 学校开展民族文化传承教育的形式

通过我们在云南、贵州和广西三省区的调研发现，随着民族地区教育优先发展法律的实施，学校开展民族文化传承教育的办学形式日益丰富，效果良好，总体上可以分为以下几类。

第一，营造民族文化环境，完善民族文化传承教育所需教学设施设备。主要是通过具有民族特色的建筑物、民族文化宣传栏、播放民族歌曲、设置民族体育设施等形式对学生进行民族文化的熏陶和教育（图 5—11）。

第二，收集民族民间文化资料，编写校本民族教材，开发校本民族课程。民族民间文化显现的地域性、民族性文化特征，决定了教育内容的生活性和适用性，因此，编写校本教材是民族地区学校开展民族文化传承教育的重要形式之一（图 5—12）。

---

① 这套读物每份由 20 册绘本和一支点读笔组成，点读笔配制有苗语（东部方言）、苗语（中部方言）、苗语（西部方言）、布依语、侗语、彝语、普通话等 7 种语音的阅读。

图 5—11　民族地区具有民族特色的学校建筑与教学设施①

图 5—12　贵州省台江县台江民族职业技术学校自主
开发的《台江苗族音乐》校本教材

　　第三，聘请民间艺人进校授课。民族文化人才多数在民间，并不集中于学校，因此聘请民间艺人进校授课成为民族地区学校开展民族文化传承

---

　　①　图为贵州省雷山县西江小学具有苗族建筑特色的教学楼（左）和广西壮族自治区南宁市长塘小学民族体育器材（右）。图片分别摄于 2014 年 11 月和 10 月。

教育的重要途径，这种途径可以分为政府主导、学校主动、社会参与三种形式。政府主导形式是政府牵头，解决待遇、编制等问题，从制度上破除民间艺人进校的阻碍。学校主动是学校基于自身教育需要，从社会上临时或长期聘请艺人进校授课，限于法律制度制约，这种方式引进的艺人多属于兼职行为。社会参与形式，是社会各类公益组织和爱心人士基于民族地区文化传承和保护的现实需要，积极参与到学校教育中来。在云南省丽江市南溪小学调研时，我们就发现云南大学民族研究院曾积极推荐民间艺人进校进行纳西文化传承教育，不过社会参与形式是否能得到学校支持，与当地教育评价制度、学校领导和当地人民群众的教育意识有关，在一些民族地区，由于政府、学校和家长只重视学生考试和升学，民族文化传承教育只能流于形式或根本不开展。

第四，适应地方社会经济发展实际，开展民族技能技艺培训。例如贵州省丹寨职业中学将蜡染、手工制作成功引入课堂，三都水族自治县民族中学"女子班"将刺绣等工艺列入课程等。广西三江也结合地方社会经济实际，将侗族农民画、侗族刺绣等民族文化已经编写成教材引进学生课堂。在高等教育方面，贵阳中医学院开设了苗药专业，贵州民族学院建立了民族文化、民族体育和民族医药专业，凯里学院还开设了民族文化传承专业等，适应了民族地区社会经济发展的需求。结合地方社会发展需要开设民族技能技艺培训课程不仅让地方受益，也助推学校自身发展，贵州台江民族职业学校就是借助民族文化传承教育助推学校发展的典型。台江职中所在的台江县外出务工人员较多，全县初中毕业生每年不足 2000 人，其中近1200 人被当地或其他地方普通高中录取，500 余人初中毕业后不再继续求学，职教生源严重不足，即使给予相应的免学费、发补助等优惠，每年也仅能在当地招录 200—300 名学生。但是自 1996 年开始，台江职中开始将职业教育与民族职业教育结合，适应民族地区旅游和社会发展需要，学生就业率和就业质量较高，这吸引了台江周边县份如剑河、雷山的学生前来求学。在调研时，一位校领导这样告诉我们："来台江职中读书的学生很多人不是奔着毕业证来的，有的毕业了都不来拿毕业证书，他们就是来学技术，黔东南旅游发展起来后对具有民族技能技艺的人才需求加大，学生只要学会了技术，就业不成问题，这是我们学校吸引外来生源的主要原因。"

第五，将民族文化传承教育融入学科课程、综合课程中。许多学校在学习开始的学科课程和综合课程中引入民族文化教育，例如图 5—13 进行的壮语文教学活动。根据语言学家 Jim Cummins "发展相互依存假说"的观点，"孩子的第二语言能力是部分地依赖于第一已达到能力水平的语言。也就是说，越是发达的第一语言，越容易将是开发的第二语言"①。广西一些民族地区正是考虑到壮族地区一些儿童没有经过壮语文过渡，直接进入汉语教学，脱离他们熟知的壮语环境造成学习困难和语言障碍的情况，提出了充分利用壮文优势，以壮促汉，壮汉结合的教育方式，取得了较好的效果。但是广西一些民族地区的部分学生并不说壮语，学习双语教学也没有区别不同民族的具体情况，学生从小学一年级开始学汉语，二年级开始开设壮语课程，三年级开始开设英语课程，存在许多问题，正如一位老师所说，"三种语言同时学习，使学生学习产生了混乱。"

图 5—13 广西贵港古山小学在进行壮语文教学

第六，与民族团结教育相结合，增强学生的民族认同和国家认同意识。民族地区将民族团结作为教育的重点工作，在义务教育阶段普遍开设了民族团结教育课程。一方面是借助语文、地理等学科融入爱国主义和民族团结教育，另一方面是开始专门的民族团结课程，通过专兼职教师的讲授让学生懂得民族团结相关知识。在具体的实践中，现代化的教育技术使得教育图文声像俱全，一些民族地区还结合当地的民族历史、民族艺术等展开教学，极大地提高了民族团结教育教学效果。除了学校开展民族文化

① Sandra Del Valle *Language Rights and the Law in the United States*, Channel View Publications Ltd, 2003, p. 223.

传承教育外，学生因所生活的环境影响，也对本民族文化会有深刻的认识和理解（图5—14），一些民族村寨特有的民族文化受到外界关注后，也间接提升了学校和学生对本民族文化的重视和传承（图5—15）。

图5—14　云南省丽江市南溪小学所在地南溪村
的纳西民居影响学生民族艺术和审美观念

图5—15　贵州省台江县反排村反排小学通过编排
的反排舞，向外界展示村寨的苗族文化

2. 学校开展民族文化传承教育的当代境遇——基于丽江市南溪村的田野考察

民族地区学习开展文化传承教育形式多样，但在社会转型时期，这些形式的开展和最终目标实现存在诸多困难，云南省丽江市南溪村作为一个典型的民族村寨，近些年民族教育发展所反映出来的问题，是民族地区文化传承教育现实困境的一个缩影，本节我们以该村为例，对学校开展民族文化传承教育的实效问题做进一步分析。

（1）南溪村社会发展的现代变迁

纳西族居住在滇、川、藏三省区毗邻的澜沧江、金沙江及其支流无量河和雅碧江流域，高山深谷，地势险峻，在与其他民族交流的过程中逐渐形成了自己独特的民族文化，现纳西族人大部分居住在滇西北地区。我们调研的南溪村属丽江市黄山镇管辖，位于黄山镇文笔峰顶部一平坝之中，行政村下辖 8 个自然村，均为"和"姓纳西族人（另有少许外地嫁入白族、汉族妇女）。由于南溪村距丽江古城 24 千米，约 40 分钟车程，交通便利，因此 1999 年以来借助丽江古城旅游的强大辐射作用，南溪村发展迅速。根据南溪村委会 2014 年的统计数据显示，伴随社会经济发展水平提高，南溪村教育质量明显提高，近 10 年考取大学生 39 人，村民进城买房愿望强烈，截至 2014 年，共有 104 户在外购房，2000 年以后南溪村村民主要在丽江一带务工，极少有到沿海打工的村民（表 5—15）。

表 5—15　　　　　　南溪村社会经济发展水平提高后城里购房、
务工及考取大学情况（2014 年统计）

村组	旦前	旦后	满下	满中	满上	文屏	金龙	鹿子
人口（人）	214	176	227	155	138	118	238	246
城里购房户（户）	21	17	7	8	3	5	13	30
外出劳务人口（人）	0	2	43	24	3	24	50	80
2000 年以后大学生数（人）	7	10	3	5	2	2	2	8

但是，南溪村平均海拔 3200 米，属典型的高寒山区，平均气温 7℃—9℃，最低气温为 -10℃——-8℃，在我们进行调研的 7 月份，也经常遇到仅有 10℃ 的寒冷天气（图 5—15）。南溪村所辖 8 个自然村寨距离较远，其中路子村的小学生到南溪完小上学，步行约 70 分钟左右。伴随社会发展变迁，当前南溪村民族文化传承与发展还面临以下几个问题：第一，山外文化大量渗透，民族文化受到挑战和冲击，在南溪村许多青少年中，对学习纳西文化兴趣不高、意识不强，相反对于流行音乐和舞蹈较为热爱和痴迷；第二，丽江旅游业的发展使得南溪村民对发展当地旅游拥有强烈愿望，但一些纳西族人逐渐产生了对外来文化冲击和纳西民族文化复兴的困惑和担忧；第三，通过种植玛卡、重楼等药材，以及部分村民在山下开出租，南溪村村民整体收入水平已经提高，但在南溪村也逐渐出现社会分层和地位分化的问题，贫富差距有拉大趋势。

图 5—16　南溪村属于高寒山区，2014 年 7 月在当地调研时还需烤火

（2）场域变迁：南溪村民族文化传承的当代境遇

纳西族社会历史文化特征主要体现在：一是热衷于学习汉文化潮流中并未泯灭东巴文化，二是与社会经济发展不同步的古老婚姻制度，亲属制度和氏族制度的遗存，三是有相对传统性的影响民族社会行为的心理素质特点，四是在寻找不同界别或异质文化系统的联结中有自己的文化模式，五是纳西族地区在许多相关文化圈交接点上的特殊地位。[①] 丽江作为一个多元文化的地方，并不排斥外来文化，甚至藏传和汉传佛教的庙宇、伊斯兰的教堂、道教的道观都能在这里生根发芽，和睦相处。在不断演绎的过程中，纳西族还通过吸收其他民族的文化形成和发展自身文化，例如纳西古乐就属于典型的汉传文化，此外还有火把节、纳西服饰等。南溪村曾是当地土司的养马场，曾有信仰东巴教的历史，据传南溪所辖满下村的鸡冠山就有一东巴灵洞，东巴教创始人丁巴什洛在此修炼过，目前南溪村已没有完整的东巴教和仪式，但东巴文化及其精神对南溪村纳西族人形成自身的行为文化、物质文化和精神文化产生了重要影响，涉及生活的方方面面。

在社会转型时期，民族文化传承教育面临的最大问题就是如何适应传承场域的变迁。场域理论是社会学的重要理论，按照布迪厄场域理论的观点，场域中充满着力量和竞争，个体可选择不同的竞争策略，资本既是竞争的目的，又是竞争的手段。场域有自主化的趋势，但场域本身的自主性

---

① 郭大烈、和志武：《纳西族史》，四川人民出版社 1999 年版，第 12—17 页。

又受到外来因素的限制。① 因此关注南溪村民族文化传承的场域变迁问题，可以用来解释民族文化传承教育这一行为产生的物理环境及其相关联系。

第一，学校场域的变迁。学校作为学生的重要聚集地和文化宣传场域，在民族地区文化传承教育中承担着极为重要的作用。在 2005 年以前，南溪村的鹿子、旦前、金龙和文屏 4 个自然村都有自己的学校，调查发现，2005 年，南溪村完小共有教师 9 人，学生 140 人，到了 2014 年，南溪村完小就只有 62 名学生，开设学前班到小学六年级共 7 个班，教师 12 人（均为通过招考入职的外地大学生）。南溪村各办学点（学校）撤并后，除距离完小较近的满中和满下自然村，其他学生从学前到六年级均在学校住宿，随着教育部门推进寄宿制学校建设、营养午餐计划以及改善学校办学基本条件，南溪完小的教学基础设施、师资力量都有了很大提高。在民族文化传承教育方面，南溪完小以往主要是通过邀请民间艺人负责民族音乐教学、开设东巴文字学习班将社区教育与学校教育融合，编写具有民族特色的歌舞等措施进行民族文化传承教育，近年来，受家长和学生教育需求转变，教育行政部门对学校办学质量和评价标准的统一要求影响，南溪完小在纳西民族文化教育方面呈现明显的弱化趋势。而离开南溪求学的学生，因外界教育环境的差异，民族文化传承教育处于缺位状态。

第二，家庭场域的变迁。纳西文化对南溪村家庭生活各个方面影响深远，在青少年未入学之前，主要是通过家庭场域传授民族文化的，其中比较典型的是家庭主要进行纳西语言（方言）的传授。南溪村民所操纳西语属于西部方言，村中外来民族语言主要是汉语和白族语，汉语主要是通过传媒、官方文件、学校教育中传播普及，家庭极少进行专门教育，因此不仅南溪村纳西青年普通话说得好的极少，纳西族学生在未入学前很多甚至不会汉语。② 此外，南溪村民的建筑、饮食、民族心理、婚丧习俗等都是以家庭作为重要场域传承下来的。在社会转型时期，南溪家庭场域的变迁主要体现在：一方面，由于部分村民进城务工或居住，未在南溪村生活的青少年已经基本不会使用纳西语，纳西文化特征

---

① 李全生：《布迪厄场域理论简析》，《烟台大学学报》（哲学社会科学版）2002 年第 2 期。

② 在我们调研的另外一个民族村寨台江县反排村也存在同样情况，许多村里的老人无法听说普通话，和外界难以交流，在村里青壮年都外出务工的情况下，这些老人需要负责孙子孙女的生活和家庭教育，造成许多学生在进校前一直使用民族语言进行交流的情况。

在其身上也呈现较少，对于这种现象，南溪村年轻人与老年人的观念存在一些冲突，许多纳西老人担忧纳西文化无法得到很好的传承；另一方面，家庭对子女教育重视程度越来越强，且无重男轻女的现象，有条件的家庭在孩子3—4岁左右就会送到山下上幼儿园，家长支持子女教育多受纳西民族文化中"向往中原文化"的影响，也是村里近年来考取大学学生逐渐增多的榜样激励。

第三，文化生态场域的变迁。南溪村民族文化传承与其文化生态场域的变迁分不开，随着社会经济发展，南溪村民已经逐渐融入主流社会，在这个过程中，民族文化被不同利益主体过度阐释和符号化，和许多民族地区一样，丽江也奉行着"文化搭台，经济唱戏"的经济发展观念，对于有经济开发价值的民族文化和资源倍加重视，纳西民族文化传承教育也面临功能定位的重新思考问题。以东巴象形文字为例，20世纪80年代，政府曾推行过纳西拼音文字方案，南溪村也派专人进行学习，但最后并没有得到推广。实际上，南溪村当前民族文化传承教育并没有系统或明确的方式，口传心授、自然习得的状态没有根本改变（图5—17），除了政府和学校在民族传承文化教育中仍有不足之外，南溪村纳西村民原有生活社区已逐渐被打破，传统文化空间逐渐萎缩是主要原因，伴随南溪村民越来越多进城买房居住，南溪村作为南溪村纳西文化的地理边界正在消失，这对南溪村将来的发展，纳西村民进城后的适应和接纳又是新的挑战。

图5—17　南溪村年轻人过火把节①

---

① 纳西族火把节期间，在外务工、学习的年轻人都会回到村寨和家人团聚。没有政府、学校等机构的组织，在节日的夜晚，大家相聚在一起，围着火堆跳舞。图片摄于2014年7月。

第四，纳西族村民民族文化观念的变迁。南溪村纳西族人对家乡一直有着强烈的认同感，这是与村寨发展的历史、文化关系紧密相关的。近些年来，南溪村纳西族村民民族文化观念变迁主要受到两个方面因素影响，一方面是南溪村社会经济发展迅速，被政府打造为"南溪模式"的名片增加了其自豪感，另一方面是其良好的文化氛围和相对完整的民族文化形态吸引了中外许多学者进驻考察，例如2004年云南大学在南溪村设立"纳西族研究基地"等，推进了纳西族人对本民族文化的重视和荣誉感。此外，随着丽江旅游的发展，纳西文化也逐渐被外界所了解，出于与外界交流的自信心和荣誉感的需要，南溪村民逐渐产生主动学习本民族文化的强烈动机和诉求。

（3）学校教育在南溪村民族文化传承中的实效评述

面对现代社会发展进步，民族文化传承教育的场域发生了变迁，在一些民族地区，由于没有正确认识到民族文化自身的存续价值，民族文化传承教育活动本身呈现功利化、选择性的特点，学校教育作为民族地区文化传承的重要场域本应承担更为重要的职责，但受到社会转型时期外部因素和自身定位的双重影响，似乎也未尽到自身应有职责，有时候反而成为民族文化传承教育的阻力。不可否认，民族地区学校在地方民族文化传承教育中具有不可忽视的重要作用，但在当前背景下，仍然面临以下问题。

第一，学校开展民族文化传承教育的动力问题。由于学校在民族文化传承教育中的作用是如此重要，但长期以来，村小并没有开展民族文化传承教育的动力和激励机制。在南溪完小，学校教师经常会结合地方民族文化特点编排一些适合学生身心健康的民族歌舞，在适当时机也会教授一些地方文化知识，还曾开设过每周一节的纳西文化课程，如完小老师和学生共同开发的《纳西民间小调》就深受学生欢迎。但是受到上级教育评估和评价机制重视国家课程目标完成的导向、学生家长对学生文化课程期望颇高，加之当前南溪村完小已无本村村民担任老师，南溪完小民族文化传承教育的意识就显得较为薄弱。此外，南溪属于高寒山区，条件艰苦，教师流动率偏高，这使得其不能及时了解当地民族文化的存在价值。

第二，学校开展民族文化传承教育的条件问题。办学条件涉及教育活动所需的教材开发、师资配置、教育经费等，这已不是一所学校本身能够做到的。近年来，南溪完小教育质量提高很快，家长认为新来的教师"普通话也标准了""有大学文凭，拥有更多的知识"，但是相比之下是，外来的教师对纳西文化和语言等并不了解，学校教育与家庭教育、社区教育未能更好的衔接，此外，南溪完小开展民族文化传承教育缺乏适合小学生的教材，也缺少专门的教育经费。

第三，学校开展民族文化传承教育的形式选择。南溪完小民族文化传承教育多以开展文体活动为主，由于南溪村纳西文化逐渐受到外界关注，一些公益团体、研究机构也乐于参与到其中，但是出于减轻学生负担的考虑，学校教育没有进行民族文化相关内容的学习考核机制。因为学生普遍能使用纳西语言（方言），学校也没有开设专门的民族语言课程，相反，由于与外界交流较多，学生普遍对学校开设的英语比较重视。实际上，南溪村拥有良好的民族文化资源，但因各种原因并未能被学校教育吸收利用。

三　基于"教育优先"的教育与社会协调发展实施成效

民族地区教育优先发展法律强调教育发展相比社会其他子系统发展具有优先性，民族地区教育与社会经济发展的关系分析主要是从分地区财政支出中教育支出的比例、人力资源开发（劳动人口受教育程度、人才使用等）及教育对经济发展贡献率等几个角度展开的。

（一）财政支出中教育支出情况

《教育规划纲要（2010—2020）》第一章第二款明确了教育优先的三个方面，即发展规划优先、财政资金优先、公共资源优先。根据《2013年全国教育经费执行情况统计公告》（教材 2014 年 4 号）数据显示，2013 年全国公共财政教育支出（包括教育事业费、基建经费和教育费附加）为 21 405.67 亿元，比上年的 20 314.17 亿元增长 5.37%，贵州、西藏、宁夏、新疆四省区增长速度超过全国平均水平。同时，我们发现，虽然除青海外其他民族省区公共财政教育支出本年比上年增长为正，但是剔除财政经常性收入增长情况，则只有新疆、西藏有微弱增加，教育经费占比"明升实降"（表5—16）。

表 5—16　　　　民族八省区 2013 年公共财政教育支出增长情况

地区	公共财政支出（亿元）	公共财政教育支出占公共财政支出比（%）	公共财政教育支出本年比上年增长（%）	财政经常性收入本年比上年增长（%）	公共财政教育支出与财政经常性收入增长幅度比较（百分点）
内蒙古	438.14	11.88	4.26	9.95	− 5.69
广西	611.85	19.07	3.74	12.70	− 8.96
贵州	553.48	17.95	10.49	15.33	− 4.84
云南	670.87	16.38	1.02	12.72	− 11.70
西藏	110.37	10.88	20.85	20.81	0.04
青海	123.16	10.03	− 26.29	10.13	− 36.42
宁夏	111.74	12.11	8.60	18.24	− 9.64
新疆	520.50	16.97	12.49	12.12	0.37

　　不过，教育支出在公共财政支出中处于优先地位的法律规定得到切实执行，我们抽取云南、贵州、广西三省区与广东、浙江两个经济发达地区的民族自治地方，分析 2011 年民族自治地方分财政支出教育占比，从表 5—17 可以看出，从全国范围来看，民族自治地方教育支出排在地方财政支出占比第一位，云南、贵州、广西、广东也反映出这一特点，分别以 17.4%、20.1%、18%、21.2% 的占比超过全国 15.8% 的平均占比。但是，浙江民族自治地方教育支出占比低于全国平均水平，且排在农林水事务之后，出现这种情况的原因是，公共财政支出包括教育、卫生、国防、救灾等许多种类，在经济条件较差时，教育投入占比较高，充分体现了民族地区教育发展相对其他社会事业发展优先这一理念①，当经济条件好转之时，就要进一步考虑其他公共事业的投入问题，因此教育支出占比逐渐下降。

---

　　①　尽管广东省经济发展水平较高，但是广东民族地区经济发展水平仍然较为落后。

表 5—17　　　　　　　　民族自治地方 2011 年财政支出　　　　单位：亿元

项目	全国	云南	贵州	广西	广东	浙江
地方财政支出总数	13 588.74	1157.15	653.00	2545.28	21.00	16.91
一般公共服务	1521.85	116.54	110.07	322.18	3.50	2.20
教育	2145.20	201.27	134.69	456.89	4.46	2.21
科学技术	114.66	6.21	2.76	28.25	0.21	0.13
环境保护	444.06	36.26	20.03	53.90	0.82	0.41
交通运输	650.22	94.37	15.13	65.39	0.23	0.72
文化体育与传媒	235.81	16.43	7.75	37.48	0.40	0.49
农林水事务	1776.99	180.11	104.59	314.86	3.48	2.76
工业商业金融事务	496.97	22.72	7.22	293.29	2.59	0.65

数据来源：国家民委编《中国民族统计年鉴（2012）》，中国统计出版社 2013 年版，第 266—267 页。

　　此外，《教育法》三个增长的相关规定基本得到落实，除了公共财政教育支出增长外，民族地区教育支出其他部分指标增长速度也排在全国前列，例如 2013 年，各级教育生均公共财政预算教育事业费支出中。全国普通小学增长最快的是云南省（23.41%），全国中等职业学校增长最快的是宁夏回族自治区（43.07%）。全国普通高等学校增长最快的是贵州省（24.58%）。各级教育生均公共财政预算公用经费支出增长情况中，全国中等职业学校和普通高等学校增长最快的是贵州省，分别是 74.16% 和 59.81%。[①]

　　（二）人力资源开发实效

　　根据相关数据，我们发现 2012 年度我国八个少数民族省区从业人口受教育程度与全国相比存在一定差异，不同民族地区之间也并不均衡（图 5—18）[②]，数据显示 2012 年度云南、贵州、西藏、广西、青海等民族地区初中及以下学历从业人口高于全国 76.1% 的平均水平，而内蒙古、宁夏、新疆三个自治区则低于这个水平，2012 年全国从业人口中大专以

　　① 《2013 年全国教育经费执行统计公告（教财 2014—4）》（http：//www.nies.net.cn/xw/jyyw/201411/t20141106_ 316510.html）。

　　② 吴霓等：《中国民族教育发展报告（2012）》，教育科学出版社 2013 年版，第 62—63 页。

上学历占 10.1%，而新疆、宁夏、内蒙古、青海四省区分别是 13.9%、12.7%、12.4%、11.5%，大专以上学历从业人口比例超过了全国平均水平。

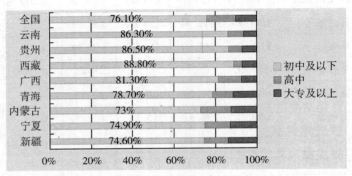

图 5—18　八个少数民族省区从业人口受教育程度的比例

有学者根据 2010 年人口普查统计资料分析发现，城镇化水平及人口受教育程度是决定在业人口职业结构的主要因素，因行业不同，我国少数民族职业选择与受教育程度的关系不同（如表 5—18 所示），特别是平均受教育年限与农、林、牧、渔、水利业生产人员占比强负相关（－0.8377）。各少数民族技能劳动力比例与农、林、牧、渔、水利业生产人员占比强负相关（－0.8293）。① 由此我们可以看出，民族地区社会经济发展必须遵循优先发展教育，改善少数民族受教育状况，进而改善人力资本结构和提高技能劳动力比例这一思路。

表 5—18　　　少数民族城镇化、受教育程度与职业选择的关系

	城镇化率	平均受教育年限	技能劳动力
国家机关、党群组织、企业、事业单位负责人	0.8239	0.7735	0.8142
专业技术人员	0.8951	0.8613	0.9573
办事人员和有关人员	0.8355	0.7752	0.8986
商业、服务业人员	0.8551	0.6841	0.6501

① 郑长德：《中国少数民族人口职业结构变迁研究》，《民族学刊》（成都）2014 年第 3 期。

续表

	城镇化率	平均受教育年限	技能劳动力
农、林、牧、渔、水利业生产人员	− 0.9437	− 0.8377	− 0.8293
生产、运输设备操作人员及有关人员	0.5527	0.4900	0.3493
脑力劳动	0.8993	0.8516	0.9555
体力劳动	− 0.8993	− 0.8516	− 0.9555
农村体力	− 0.9437	− 0.8377	− 0.8293
非农体力	0.8122	0.6768	0.5769
脑力劳动/体力劳动	0.8539	0.7967	0.9182
城市劳动/农村劳动	0.8253	0.6961	0.7688
职业多元化指数	0.9291	0.8222	0.8599

由于接受教育年限的限制，少数民族流动人口在城市就业存在一些特殊性的困难，例如多依靠少数民族身份就业导致就业面狭窄，文化程度较低造成只能从事艰苦环境的职业，部分语言能力差的少数民族甚至难以与他人交流等，可以说受教育程度的高低直接决定了少数民族人力资本的利用水平和效率。

（三）教育对经济发展贡献率

许多学者均关注过教育对经济发展贡献率的问题，测算方法主要有以下几种：一是收入增加额比重法，二是增长率拉动法，三是影响系数法。[①] 国内学者借鉴丹尼森算法开展研究的居多，总体而言，学界赞同教育对经济发展具有显著的作用，但涉及具体时期不同地区存在一定差异。根据杨天平、刘召鑫基于柯布—道格拉斯生产函数构建模型对中国高等教育对经济增长的贡献率进行测算，我们发现少数民族八省区与全国平均水平相比（表5—19），西藏教育对经济的贡献率最显著，为70.62%，广西教育及高等教育对经济发展的贡献率较低，分别为9.60%和2.02%，少数民族八省区2001—2011年度教育及高等教育对地区经济发展的贡献率存在不均衡状况，许多省区存在教育发展与经济发展

---

① 王家庭：《教育对我国农村经济贡献率的区域比较研究》，《教育科学》2012年第5期。

的低位均衡（即经济发展水平和教育发展水平均处于较低水平）。

表 5—19 少数民族八省区 2001—2011 年度教育及高等
教育对地区经济发展贡献率比较①

项目	全国	青海	云南	西藏	宁夏	内蒙古	新疆	广西	贵州
教育贡献率(%)	14.83	28.99	21.19	70.62	14.85	10.87	11.08	9.60	14.33
高等教育贡献率(%)	3.62	5.76	3.92	10.40	3.25	2.74	2.03	2.02	1.64

此外，根据王家庭基于丹尼森算法运用省区面板数据测算了 1990—2008 年教育对区域农村经济增长的贡献率，并进行区域差异比较结果发现（图 5—19）②，不仅地区间教育对经济发展贡献率存在差异，不同教育阶段的经济发展贡献率也存在差异，与其他省份高中教育贡献率最大不同，贵州、云南、新疆、西藏等民族地区义务教育贡献率高于高中教育与高等教育，这是因为贵州、云南人均平均受教育程度较低，因此这些民族地区仍然需要加大义务教育的投入，提高义务教育普及程度。

通过法律保障成效分析，我们发现在基于"地区优先"的教育平等实施成效方面，教育起点平等得到较好保障，教育过程平等如办学硬件设施、教育经费、办学师资等都得到了很好实现，而在教育结果平等上，少数民族受教育程度整体水平显著提高，各少数民族高学历人才有所增加。但是，在教育过程和教育结果两个维度，伴随民族地区与非民族地区特别是东部地区教育差距逐渐缩小，民族地区内部教育差距有扩大趋势，主要体现为民族地区之间，民族地区城乡之间的教育差距。在基于"文化优

---

① 本表根据杨天平、刘召鑫《中国高等教育对经济增长贡献率的分析比较》（《高等教育管理》2014 第 3 期）一文中表 3《2001—2011 年度各省（市、区）教育贡献率与高等教育贡献率比较》整理，具体测算方法请参见该文。

② 王家庭：《教育对我国农村经济贡献率的区域比较研究》，《教育科学》2012 年第 5 期。王家庭关于教育对地区经济发展贡献率的测算方法与杨天平等学者基本相同，其测算过程是，首先确定各级教育的简化系数，以其人口所占比重为权重进行加总得到教育综合指数，以此表示当期的平均劳动质量，即：教育综合指数 = $\sum$（某级教育简化指数×该级教育程度的劳动力所占比重）；然后计算基期与报告期之间经济年均增长率（y）与教育综合指数年均增长率（e），并将模型 $Y = AK^0 (L_0 E)^\beta$ 两边取对数得到线性回归模型，估算出一国或地区的劳动产出弹性 β，根据式 $C_e = \beta e/y$ 得出教育对经济增长的贡献率；最后计算各级教育占教育增长率的比重，进而算出各级教育对经济增长的贡献率。

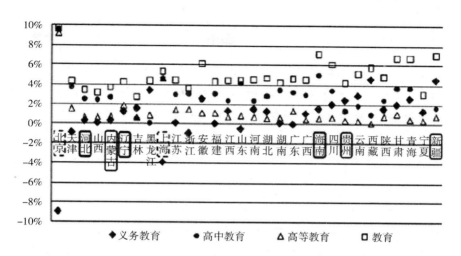

图 5—19 各省区不同等级的教育贡献率

先"的教育差异实施成效方面，学校开展民族文化传承教育得到了一定经费支持和政策引导，师资队伍建设也逐渐得到重视，同时，民族地区学校开展民族文化传承教育形式多样，实效明显。在社会转型时期，民族文化传承教育面临学校、家庭、文化生态场域的变迁和观念转变，在实施动力、实施条件和实施形式方面都存在问题和挑战。在基于"教育优先"的教育与社会协调发展方面，财政支出中教育支出逐渐增加，教育支出在公共财政支出中处于优先地位，《教育法》中三个增长的相关规定基本得到落实。同时，我国民族地区从业人口受教育程度与全国相比存在一定差异，不同民族地区之间也并不均衡，此外，教育对经济的贡献率因地区和教育层次不同也存在一定差异。

第三节 民族地区教育优先发展法律保障的满意度分析

民族地区教育发展社会结构的多样性和异质性，决定了通过完善法律保障机制满足相关利益群体教育诉求的特殊性，党的十八大报告提出的办好人民满意的教育这一目标，落实到民族地区就是将民族地区相关利益主体的满意度纳入到法律实效评价体系中来，通过了解相关利益主体的需求和教育的满意度，据此为法律保障机制的重构提供实践素材，具有积极而重要的意义。在本节，我们将相关利益主体界定为教育发展最为直接的感受者教师、学生和家长三个群体，考虑到民族地区教育发展的问题更多集中在农村地区，因此我们选取云南、广西、贵州部分农村中小学展开问卷调查①。本研究对满意度的分析，依据本章第一节中设计的评价体系，共设置 5 个维度，包括教育起点平等、教育过程平等（包括办学条件和师资水平维度）、教育差异、教育结果，共设问题 21 个，满意度分析采取 5 点计分法，非常同意 5 分，同意 4 分，一般 3 分，不太同意 2 分，不同意 1 分，为避免受惯性思维影响调查信度，调查问卷中问题编排采取维度循环方式，具体统计分析时，另行分类归纳。需要指出的是，满意度的研究缘起于顾客满意度（CSD），20 世纪末，伴随行政问责制的兴起，为了提高政府工作绩效，满意度分析才被纳入到公众对政府公共服务的情感态度分析中来。但满意度本身是受访者的主观性、情感性的复杂体验，落实到民族地区教育优先发展问题上，满意度分析同样是利益主体对教育优先发展法律实效的自身主观体验，将受自身文化、物质条件、生活环境、教育预期等多方面因素共同影响。

一　教育起点平等满意度

教育起点平等满意度的观测点即入学机会满意度，因入学机会主要受教育制度、经济条件、交通等因素影响，我们将此指标细化为制度保障、经济条件、交通条件和地区优惠四个方面，如表5—20所示。教育起点平等满意度较高，在不同群体内部意见比较一致，其中，学生、教师、家长对制度保障满意度均是最高的，总数均值达到了 4.4347，但是，部分群体对部分指标满意度不高，分别是家长在入学对经济条件影响满意度（均值 2.4064）、教师对交通条件满意度（均值 2.7979）、学生对地区教育优惠满意度（2.8433）三个指标。这也说明关于教育起点平等，家长更关注经济条件的改善，教师对师生交通条件比较关注，而学生更关注自身是否得到入学机会的倾斜和照顾。

---

① 问卷在云南省、贵州省、广西壮族自治区的民族地区农村中小学发放，涉及中小学校共32 所，发放 1500 份，回收问卷 1457 份，有效问卷 1416 份，其中学生占 70.6%，家长占 15.9%，教师占 13.6%，汉族 33.6%，少数民族 66.4%。

表5—20　　　　　　　　　教育起点平等满意度描述性统计结果

		N	均值	标准差	标准误	均值的95%置信区间		极小值	极大值
						下限	上限		
制度保障	学生	997	4.5517	.64828	.02053	4.5114	4.8919	2.00	5.00
	教师	192	4.1094	.82088	.05924	3.9925	4.2262	1.00	5.00
	家长	217	4.2028	.86356	.05862	4.0872	4.3183	1.00	5.00
	总数	1406	4.4374	.73256	.01954	4.3991	4.4757	1.00	5.00
经济条件	学生	980	4.4469	.72476	.02315	4.4015	4.4924	1.00	5.00
	教师	188	3.3989	1.19509	.08716	3.2270	3.5709	1.00	5.00
	家长	219	2.4064	1.06407	.07190	2.2647	2.5481	1.00	5.00
	总数	1387	3.9827	1.15457	.03100	3.9219	4.0435	1.00	5.00
交通条件	学生	983	4.2594	.87092	.02778	4.2049	4.3139	1.00	5.00
	教师	188	2.7979	1.07554	.07844	2.6431	2.9526	1.00	5.00
	家长	225	3.2000	1.20268	.08018	3.0420	3.3580	1.00	5.00
	总数	1396	3.8918	1.12025	.02998	3.8330	3.9507	1.00	5.00
地区优惠	学生	970	2.8433	1.11291	.03573	2.7732	2.9134	1.00	5.00
	教师	188	3.5691	.87172	.06358	3.4437	3.6946	1.00	5.00
	家长	211	3.7583	.94282	.06491	3.6303	3.8862	1.00	5.00
	总数	1369	3.0840	1.12304	.03035	3.0245	3.1435	1.00	5.00

二　教育过程平等满意度

我们选取办学条件和师资水平两个维度分析教育过程平等满意度的问题，这是因为由于教育信息公开工作尚不完善，学生、家长等对办学经费等其他教育过程平等涉及的问题也需要通过这两个维度间接感受。

（一）办学条件满意度

办学条件涉及学生学习、生活和课外活动等许多方面，从已有的研究来看，许多学者乐于从学校计算机数量、图书馆水平等考察一个学校的办学条件，但由于调研的云、贵、广等民族地区教育发展相对落后，我们依据近年来这些学校推进的寄宿制、营养餐、教学条件改善和危房改造等问题，提炼出四个教育满意度观测点，即寝室条件、就餐条件、教学硬件和校舍面积。如表 5—21 所示，首先，受访者对寝室条件、校舍面积均不满意。这说明，寝室条件较差、校舍面积偏小等仍然是困扰民族地区农村学校发展，实现教育过程平等的重要问题。其次，就餐条件这一观测点，家长满意度最低，学生相对满意度较高。其原因在于许多民族地区农村营养餐等经费是由上级统一划拨的，农村学校多处于地理位置偏远、交通不便之地，除去交通、人工和加工燃料等费用，营养餐经费使用到学生身上就较少，而许多家长更怀疑营养餐经费"被学校领导贪污了"。但许多学生持有相反的意见，当问及"更喜欢在学校还是家里吃饭"这一问题时，一个小学生是这样回答的，"我更喜欢在学校吃饭，因为每顿都有肉"。最后，受访者对教学硬件观测点满意度较高，其中教师满意度均值最高，为 4.0899。从中可以看出，当前民族地区教学硬件逐渐改善，一些学校还配置了电脑、钢琴等教学用品和建了篮球场、乒乓球台、图书馆等，有条件的学校还为教师修建了宿舍楼，这些举措得到了受访者的欢迎。

表 5—21　　　　　　　　办学条件满意度描述性统计结果

		N	均值	标准差	标准误	均值的95%置信区间		极小值	极大值
						上限	上限		
寝室条件	学生	883	2.9151	1.29478	.04357	2.8295	3.0006	1.00	5.00
	教师	188	2.9734	1.29348	.09434	2.7873	3.1595	1.00	5.00
	家长	218	2.6468	1.24398	.08425	2.4807	2.8128	1.00	5.00
	总数	1289	2.8782	1.28955	.03592	2.8077	2.9487	1.00	5.00
就餐条件	学生	923	3.1322	1.29569	.04265	3.0485	3.2159	1.00	5.00
	教师	189	2.5450	1.02850	.07481	2.3974	2.6926	1.00	5.00
	家长	220	2.4045	1.46027	.09845	2.2105	2.5986	1.00	5.00
	总数	1332	2.9287	1.32599	.03633	2.8574	3.0000	1.00	5.00
教学硬件	学生	911	3.3513	1.18581	.03929	3.2742	3.4284	1.00	5.00
	教师	189	4.0899	1.02488	.07455	3.9429	4.2370	1.00	5.00
	家长	219	3.2146	1.46704	.07886	3.0592	3.3700	1.00	5.00
	总数	139	3.4344	1.19180	.03282	3.3700	3.4988	1.00	5.00
校舍面积	学生	904	2.7843	1.25177	.04163	2.7026	2.8660	1.00	5.00
	教师	189	2.2857	1.13121	.08228	2.1234	2.4480	1.00	5.00
	家长	216	2.5648	1.01865	.06931	2.4282	2.7014	1.00	5.00
	总数	1309	2.6761	1.21177	.03349	2.6104	2.7418	1.00	5.00

（二）师资水平满意度

师资水平涉及教师责任心、教学水平、教师待遇和教师数量等四个方面。如表5—22所示，学生、教师和家长对师资水平满意度的分歧是比较大的。首先，在教师责任心方面，教师认为教师责任心较强（均值4.3246），而家长对教师责任心满意度不佳（均值1.8303）。这是因为许多家长因为长期在外务工，或者文化程度较低无法辅导学生，对教师具有更高的期望值，加之教师与家长沟通理解欠缺，造成对教师责任心理解的较大分歧，此外，家长对教师教学水平也不满意（均值为2.5837）。其次，在教师待遇满意度方面，学生及其家长认为教师待遇已经得到较大提高（均值分别为4.4479和3.2941），而教师群体对待遇并不满意（均值为2.2593）。造成这一分歧的原因是比较的参照物不同，有学生这样回答教师待遇的问题，"教师已经能够按时拿到工资，比我家里强多了"，而教师群体则更多与城镇教师进行比较，在工资水平已经均衡的情况下，还关心自身在农村教学所带来的机会成本损失和工作环境较差等问题。最后，当前农村教师数量问题已经得到较好解决，教师资源配置问题和结构问题比较突出，学生和家长对教师数量不满意（均值为2.7028和2.4698），主要是部分学科教师缺乏，教师流动性较高，有时候学校中途可能出现替换教师的情况，此外，部分乡镇随意调用教师参与政府工作，影响正常的教学秩序，也造成了学生和家长的不满，间接认为教师数量不足这一假象。

表5—22　　　　　　　　师资水平满意度描述性统计结果

| | | N | 均值 | 标准差 | 标准误 | 均值的95%置信区间 | | 极小值 | 极大值 |
						上限	上限		
教师责任心	学生	961	3.3840	1.25470	.04047	3.3045	3.4634	1.00	5.00
	教师	191	4.3246	.91155	.06596	4.1945	4.4547	2.00	5.00
	家长	218	1.8303	.91259	.06181	1.7085	1.9521	1.00	5.00
	总数	1370	3.2679	1.35854	.03670	3.1959	3.3399	1.00	5.00
教师教学水平	学生	945	3.0180	1.14458	.03723	2.9449	3.0911	1.00	5.00
	教师	188	3.2340	1.18299	.08628	3.0638	3.4042	1.00	5.00
	家长	221	2.5837	1.01735	.06843	2.4488	2.7186	1.00	5.00
	总数	1354	2.9771	1.14515	.03112	2.9161	3.0382	1.00	5.00

		N	均值	标准差	标准误	均值的95%置信区间		极小值	极大值
						上限	上限		
教师待遇	学生	989	4.4479	.751 90	.02 391	4.4010	4.4948	1.00	5.00
	教师	189	2.2593	1.301 18	.094 65	2.0726	2.4460	1.00	5.00
	家长	221	3.2941	1.489 18	.100 17	3.0967	3.4915	1.00	5.00
	总数	1399	3.9700	1.267 15	.033 88	3.9035	4.0364	1.00	5.00
教师数量	学生	959	2.7028	1.313 29	.042 41	2.6196	2.7860	1.00	5.00
	教师	192	3.8542	1.023 08	.073 83	3.7085	3.9998	1.00	5.00
	家长	215	2.4698	1.233 40	.084 12	2.3040	2.6356	1.00	5.00
	总数	1366	2.8280	1.332 21	.036 05	2.7573	2.8987	1.00	5.00

三　教育差异保障满意度

教育差异保障满意度主要是围绕学校开展民族文化课程、教育环境、民族语言使用和学生学习兴趣等四方面展开。如表 5—23 所示，受访者对教育差异保障满意度不高，这也是当前民族地区教育优先发展面临的新形势和新问题，虽然少数民族学生学习民族文化和语言有一定兴趣（均值 3.0662），但是汉族学生学习的兴趣并不高（均值 2.6133），受访者多认为学校在开展民族文化传承教育方面做得还不够。总体上，少数民族群体的满意度要高于汉族群体，这是因为民族文化传承教育主要针对少数民族，学生学习的意识比较主动，对于一些民族地区来说，开展民族文化传承教育特别是民族语言教育，都是统一整齐划一的教学方式，没有区分学生的民族和意愿，造成了一些汉族学生的不满。

表 5—23　　　　　　教育差异保障满意度描述性统计结果

		N	均值	标准差	标准误	均值的95%置信区间		极小值	极大值
						上限	上限		
学校经常开展民族文化课程和活动	汉	454	2.6256	1.13964	.05349	2.5204	2.7307	1.00	5.00
	少数民族	925	2.8714	1.10474	.03632	2.8001	2.9426	1.00	5.00
	总数	1379	2.7904	1.12190	.03021	2.7312	2.8497	1.00	5.00

续表

		N	均值	标准差	标准误	均值的95%置信区间		极小值	极大值
						上限	上限		
学校的环境具有民族特色	汉	462	2.3896	1.06601	.04960	2.2921	2.4871	1.00	5.00
	少数民族	918	2.6481	1.16255	.03837	2.5728	2.7235	1.00	5.00
	总数	1380	2.5616	1.13733	.03062	2.5015	2.6217	1.00	5.00
教师能使用民族语言进行交流	汉	451	2.5743	1.13750	.05356	2.4690	2.6795	1.00	5.00
	少数民族	905	3.0387	1.24962	.04154	2.9572	3.1202	1.00	5.00
	总数	1356	2.8842	1.23265	.03347	2.8186	2.9499	1.00	5.00
学生对学习民族文化和语言很有兴趣	汉	450	2.6133	1.06233	.05008	2.5149	2.7118	1.00	5.00
	少数民族	907	3.0662	1.13349	.03764	2.9923	3.1400	1.00	5.00
	总数	1357	2.9160	1.13031	.03068	2.8558	2.9762	1.00	5.00

四　教育结果满意度

教育结果满意度从教育对学生的作用（融入社会、提高收入、学习民族文化）和教育对社会发展的作用（促进经济发展、民族文化发展）两个维度五个观测点展开。从表5—25所示，首先，对于"读书有利于融入社会"和"读书有利于提高收入"这两个问题的认识，学生满意度较高（均值4.4906和均值3.5168），家长满意度较低（均值1.8716和均值1.5342），同时家长对读书与融入社会的关系认识分歧较大（标准差1.06127），学生对读书与提高收入的关系认识分歧较大（标准差1.22328）。由于家长对学生读书的期望多在于融入社会和提高收入两方面，当对其满意度较低时，产生了新的读书无用论，这是一些民族地区农村初中学生辍学率居高不下的重要原因。其次，学生对民族文化传承教育的结果比较满意，其中了解本民族的语言和文化（均值3.4938），而教师对这一结果并不满意（均值2.9521），这是因为在当前民族地区对教师工作业绩的评价体系中，学生的学业成绩和升学率仍然是一个重要的标尺，民族文化传承教育缺乏一个刚性的评价标准。同时，部分学生学习兴趣的缺乏和家长的不理解，使得一些教师对学生是否掌握民族文化和语言并不热衷。最后，对于民族地区教育优先发展与社会经济发展关系的认识学生和教师意见趋于一致，满意度较高，而家长满意度均较低，对教育促进地方经济发展的满意度均值为 2.0519，对教育促进民族文化发展的满意度均值为 2.3991。

表 5—24　　　　　　　　　　教育结果满意度描述性统计结果

		N	均值	标准差	标准误	均值的95%置信区间		极小值	极大值
						上限	上限		
读书有利于融入社会	学生	960	4.4906	.83704	.02702	4.4376	4.5436	1.00	5.00
	教师	186	3.6720	.83503	.06123	3.5512	3.7928	1.00	5.00
	家长	218	1.8716	1.06127	.07188	1.7299	2.0132	1.00	5.00
	总数	1364	3.9604	1.29389	.03503	3.8917	4.0291	1.00	5.00
读书有利于提高收入	学生	983	3.5168	1.22328	.03902	3.4402	3.5934	1.00	5.00
	教师	188	3.5479	.86701	.06323	3.4231	3.6726	1.00	5.00
	家长	219	1.5342	.73726	.04982	1.4361	1.6324	1.00	5.00
	总数	1390	3.2086	1.33013	.03568	3.1386	3.2786	1.00	5.00
教育能够带动经济发展	学生	960	3.5563	.99055	.03197	3.4935	3.6190	1.00	5.00
	教师	185	3.6324	.91189	.06704	3.5002	3.7647	1.00	5.00
	家长	212	2.0519	.98911	.06793	1.9180	2.1858	1.00	5.00
	总数	1357	3.3316	1.12388	.03051	3.2718	3.3915	1.00	5.00
了解本民族的文化和语言	学生	970	3.4938	.99559	.03197	3.4311	3.5565	1.00	5.00
	教师	188	2.9521	.85459	.06233	2.8292	3.0751	1.00	5.00
	家长	217	3.0461	1.12122	.07611	2.8961	3.1961	1.00	5.00
	总数	1375	3.3491	1.02318	.02759	3.2950	3.4032	1.00	5.00
学校开展民族文化教育能促进民族文化发展	学生	981	3.7737	1.08692	.03470	3.7056	3.8418	1.00	5.00
	教师	188	3.6543	.75476	.05505	3.5457	3.7628	1.00	5.00
	家长	213	2.3991	1.02119	.06997	2.2611	2.5370	1.00	5.00
	总数	1382	3.5456	1.14756	.03087	3.4850	3.6061	1.00	5.00

那么，受访者教育结果满意度是受什么因素影响的呢，我们将"教育结果满意度"作为因变量，其"教育起点平等满意度""教育过程满意度"（分为条件保障和师资水平两个方面）、"教育差异保障"作为自变

量，建立回归方程。发现教育起点平等、办学条件保障、师资水平进入方程，如表5—25所示，复相关系数 R 为 0.596，决定系数 R 为 0.355，对整个模型进行方差分析的结果为 F = 131.146，P = 0.000，且三个影响因素的回归系数均达显著，说明了模型的有效性，即教育起点平等、教育条件保障、师资水平对增进教育结果满意度有影响和预测作用。而 E 未进入方程，p 值〉0.05 没有统计学意义，说明当前民族地区人民群众教育结果的满意度受民族文化传承和教育的影响不大，这也是民族地区教育优先发展中如何通过民族文化传承与教育，实现民族文化优先发展所面临的棘手问题。

表 5—25　　民族地区教育优先发展结果满意度的多重线性回归分析结果

模型	非标准化系数	标准系数	t	Sig.
教育起点平等	0.037	0.396	14.500	0.000
办学条件保障	0.027	0.123	4.303	0.000
师资水平	0.031	0.308	10.878	0.000

通过满意度分析我们发现，在教育起点平等问题上，受访者总体满意度较高，但处于同样的利益群体内的学生、家长、教师也会对教育起点平等的关注点有差异，学生更关注自己的入学机会，家长关心入学带来的经济问题，教师关心入学带来的交通问题等。在教育过程平等问题上，满意度总体水平不佳，说明利益群体对教育平等的关注从"能上学"到"上好学"转变，部分指标因受访者所站立场不同，满意度存在分歧。在教育差异保障问题上，少数民族与汉族差异较大，部分民族地区未区分学生民族和意愿的强行做法，造成部分学生的不满。在教育结果平等问题上，学生和教师满意度较高，家长满意度较低，而家长在学生接受教育过程中扮演着重要角色，当前入学机会得到充分保障的情况下，家长读书无用论的观念已成为学生辍学的重要原因。

第四节　民族地区教育优先发展法律实效的影响因素

在本章第二、第三节中，我们分别从民族地区教育优先发展法律保障的成效和满意度两个角度分析了法律实效问题，通过分析我们知道，民族地区教育优先发展法律实效存在的问题主要集中在以下几个方面，一是教育基础设施问题，二是人才培养、使用和流动问题，三是少数民族受教育权保障问题，四是民族文化传承与发展问题，五是教育与地方社会发展的契合问题，六是民族团结教育问题。从根源上看，这些问题的产生除了法律制度本身、法律实施过程两方面因素外，法律所处的社会环境因素也是非常重要的影响因素，而社会环境因素又主要是传统法律文化、社会关系变迁、经济物质条件、教育行政管理体制等四个方面。

第一，传统法律文化的影响。法律是指"特定社会中植根于历史和文化的法律价值和观念"①。传统法律文化是与现代法律文化相对应的一个概念，一方面，民族地区传统法律文化有其他主流法律文化的一些共性，高鸿钧将这些传统主流法律文化的共性归纳为四个方面：义务本位、非理性因素、男权主义和团体主义。② 当前我国正在向法治社会迈进，需要重构的一个重要观念就是"义务本位"，民族地区教育优先发展法律因罚则不明，导致其强制力较弱，受到传统法律文化的影响，民族地区教育法律存在强调集体利益忽略个体权利的团体主义取向，造成法律价值难以彰显。当然，构建中国特色的教育法治模式还需要看到法律传统主流文化也有积极的一面，这些传统法律文化资源的继承、开发和利用的好坏也影响到法律实效。另一方面，少数民族传统法律文化的特殊性影响到法律实效。我们承认，少数民族法律制度是中华法系的有机组成部分，其中许多原始智慧、原创文化、价值因素至今存活在各民族的法律生活中，甚至还发挥着调整社会秩序的作用。③ 但就我国少数民族法律生活变迁来看，一是国家法与习惯法常存在冲突的地方，少数民族习惯法受社会环境和生活条件影响，依靠自身"因俗而治"的优势在干预社会生活、调节人际关系、维护社会秩序等方面起到了显著作用，但其法律文化中的消极因素也是法律实效不高的成因。从内容上看，少数民族习惯法内容上包括社会组织与头领习惯法、生产习惯法、民事习惯法、宗教与社会交往习惯法、纠

---

① 高鸿钧：《法律文化的语义、语境及其中国问题》，《中国法学》2007 年第 4 期。

② 同上。

③ 陈金全、杨玲：《中国少数民族法律文化价值探析》，《贵州社会科学》2007 年第 12 期。

纷解决习惯法等方面。① 这些因素对教育优先发展的落实影响十分明显，例如学生的宗教信仰和生活习惯（如西双版纳的和尚生）对教育管理变革的影响，一些民族地区的早婚现象（如媒体报道的云南省金平县早婚现象）对人口素质提高的影响，等等。二是民族地区文化权利维护意识薄弱，一些少数民族群众既不重视对自身民族文化的传承和创新，也不重视对民族文化权利的保护。少数民族文化是中华民族文化的重要组成部分，同时，"任何民族的文化，都是该民族群体长期劳动创造及智慧的结晶"②。在市场经济时代，这些民族文化资源的开发利用甚至可以给少数民族带来经济和文化利益，但由于缺乏维权意识，一些民族地区的民族文化开发多由外界从市场需求的角度进行开发利用，缺乏少数民族群体的参与和认同，这既不利于民族文化的传承与创新，也侵犯到少数民族对自身民族文化的所有权。尽管近年来出现过"乌苏里江船歌案"③ 等少数文化维权案例，但总体上来讲，由于法律意识的缺乏，在市场经济条件下，民族文化资源的开发和利用的主导者多是政府、企业、社会其他组织及个人，少数民族文化传承教育的权利保障实效不佳。

　　第二，社会转型期民族利益协调的特殊性和法律工具主义影响。在我国，各民族实现民族平等和共同繁荣这一根本利益是一致的，但在此前提下，各民族也有自身的利益诉求，利益是受物质生活条件所决定和制约的客观存在。有学者提出，"法是在社会中占统治地位的阶级在认识和确认其根本利益的基础上，认识和协调社会各种利益并保护被确认为合法利益的重要手段"④。由于民族利益具有群体性、客观性、非同质性、动态发展性等特性⑤，民族地区利益主体间的地位和关系一直是复杂的经济问题和敏感的政治问题，民族地区教育优先发展法律保障同样无法回避如何处

---

① 熊文钊主编：《民族法学》，北京大学出版社 2012 年版，第 347—368 页。
② 林耀华主编：《民族学通论》，中央民族大学出版社 2014 年版，第 404 页。
③ 乌苏里船歌案是指 2002 年黑龙江省饶河县四排赫哲族乡政府因认为郭颂《乌苏里船歌》侵犯其著作权，提起司法诉讼要求被告郭颂及中央电视台停止侵权、公开道歉、赔偿损失。法院最后做出判决要求郭颂等被告使用《乌苏里船歌》时注明源于赫哲族民间曲调，并在报刊上刊登相应声明。
④ 孙国华：《论法与利益之关系》，《中国法学》1994 年第 4 期。
⑤ 常开霞、刘俊生：《中国社会转型期民族利益协调研究》，知识产权出版社 2011 年版，第 57—61 页。

理利益分化和协调。在社会转型时期，民族文化的特性、民族文化资源的争夺以及宗教因素等都可能导致民族利益矛盾①，社会发展变化的外部环境对法律的相对稳定性也形成了挑战，国家在民族利益协调问题上面临效率与公平、优惠与特殊、政府与市场等问题的两难。与此同时，由于民族地区教育发展问题的复杂性和特殊性，法律保障很可能陷入工具主义的陷阱，这是我们在教育资源利益分配过程中，对法律保障效率论即"实现法律活动社会投入的最大社会产出"这一要求理解的偏差造成的。有学者指出，"转型时期的法律发展更多的是作为经济变革的工具而发展起来的，它更多的只是从属于经济发展的需要，是作为一种工具而不是作为一种独立的价值而存在的"②。法律工具主义把民族地区教育优先发展法律保障视为社会转型时期民族地区教育发展目标的一种实现工具，忽略了法律本身的价值意义，而这个目标又和民族地区经济发展紧密联系，造成民族地区教育发展的经济目标至上。当教育对经济发展作用无法快速凸显时，功利主义的思想必然导致各法律实施主体轻视民族地区教育优先发展的重要意义，这种现象"在理论上必然催生法律价值虚无主义，在实践上则注定陷入法愈烦、法愈乱的不断强化的人治泥潭"③。

第三，民族地区社会经济发展水平的制约。虽然民族地区拥有较为丰富的自然资源和民族文化资源，但是由于历史发展、地理环境等原因，社会经济发展水平仍然较为落后。根据国家民委统计数据显示（表5—26），近年来，少数民族八省区减贫速度快于全国，但贫困发生率仍高于全国平均水平。少数民族八省区贫困面较大，特别是本研究选取的广西、贵州、云南三省区，有农村贫困人口2040万人，占八省区农村贫困人口的比重为79.6%，占全国农村贫困人口的1/4，因此西南少数民族地区的扶贫开发任务仍极为繁重，教育优先发展道路仍然任重道远。民族地区社会经济发展水平落后表现在：（1）经济发展水平落后，主要是经济基础薄弱、基础设施建设滞后、产业结构不协调、市场化程度较低。（2）法治进程

---

① 常开霞、刘俊生：《中国社会转型期民族利益协调研究》，知识产权出版社2011年版，第92—96页。

② 马怀德主编：《法律的实施与保障》，北京大学出版社2007年版，第59页。

③ 同上书，第59页。

表5—26　　　少数民族八省区与全国分年度贫困人口及贫困发生率

年份 指标		2009	2010	2011	2012	2013
贫困标准（元）		1196	1274	2536	2625	2736
贫困人口（万人）	民族八省区	1451.2	1034	3917	3121	2562
	全国	3597.1	2688	12238	9899	8249
	八省区占全国比	40.3	38.5	32.0	31.5	31.1
贫困发生率（％）	民族八省区	12.0	8.7	26.5	21.1	17.1
	全国	3.6	2.8	12.7	10.2	8.5
	八省区与全国对比	高8.4%	高5.9%	高13.8%	高10.9%	高8.6%

数据来源：《2013 年民族地区农村贫困情况》（http：//www.seac.gov.cn/art/ 2014/4/21/art_ 151_ 203095.html）。

较为缓慢，人民群众法治意识较为薄弱，受宗教、文化等因素影响，一些不符合时代需求和法治理念的少数民族习惯法在调节社会关系中仍然充当重要角色。（3）文化发展水平较低，民族文化建设进程缓慢。同时，民族地区内部社会经济发展不平衡，有学者认为，民族地区的发展不等于少数民族的发展，少数民族分布在民族地区的山区、农村，经济发展十分有限。[1] 发展差距对民族关系造成了一些负面影响，例如对解决民族平等问题的制约、使民族地区发展动力不足、不利于民族关系的调整、不利于利益关系调整、对社会和边疆稳定产生负面影响等。[2] 实施民族地区教育优先发展根本上是要依靠民族地区自力更生，落后的社会经济发展水平制约着教育优先发展战略的落实，国家对民族地区教育资源分配的优惠和倾斜也有适度的要求，必须兼顾其他落后地区的教育发展需要。同时，民族地区教育发展的特殊性诉求也只能结合地方实际，因地制宜，仅依靠外界的支持和援助，无法实现民族地区教育的可持续发展。可以说，民族地区教育优先发展法律的落实，需要以民族地区社会经济发展水平提高为前提条件，没有坚实的物质基础、完善的教育制度、先进的文化观念，提高法律

---

① 李国春：《民族发展与民族平等论》，云南大学出版社 2009 年版，第 2 页。

② 同上书，第 50—52 页。

实效就只能是缘木求鱼，不得章法。以往我们仅从立法保障和法律实施保障角度思考民族地区教育优先发展法律保障问题，是静止、孤立和片面的看待民族教育问题的结果。因此，民族地区教育发展受民族地区社会经济发展水平制约，要解决民族地区教育优先发展问题需要将其纳入到民族地区社会发展这一宏观框架中思考。

第四，民族地区行政管理体制特别是教育行政管理体制的制约。新中国成立以来，为了加强对民族工作的领导，建立了从中央到地方的民族工作机构。民族教育工作有其特殊性，因此早在 1952 年，中央人民政府政务院就颁布《关于建立民族教育行政机构的决定》，加强民族教育工作的组织领导。民族地区教育行政体制也有特殊性，表现在于制度环境的特殊性、制度安排的特殊性、运行机制的特殊性和管理相对人（即存在与一般学校并存的民族学校系统）的特殊性等。① 虽然我国实行的是中央集权的教育行政管理体制，但是依据法律规定，民族地区教育行政管理制度安排有自己的特殊性。《宪法》第四条明确提出民族地区实行区域自治，设立自治机关，行使自治权，第一百一十九条还明确规定"民族自治地方的自治机关自主地管理本地方的教育、科学、文化、卫生、体育事业，保护和整理民族文化遗产、发展和繁荣民族文化"。此外，《宪法》还规定了民族地区自治机关的干部选拔和培养、教育规划制定、开展民族教育、教育经费支持、民族语言文字推广和使用等内容。在《宪法》的统领下，我国《民族区域自治法》《教育法》《教师法》等也对民族地区教育发展和教育行政体制制度安排做了专门规定。尽管民族地区教育行政体制制度安排有法律依据，仍然存在一些问题，具体而言体现在两个方面，一方面是法律依据的不完善。从宪法等法律规定看，其明确了民族自治地方内汉族和散居少数民族不具有法定区域自治权利，导致在确定民族自治地方自治权利（权力）的最终归属（本源）主体上难以自治②，而且《少数民族教育法》迟迟未能出台，民族教育工作缺乏明确的中央层面教育基本法律保障。更受学界关注的是，作为民族地区最高一级的自治区的自治条

---

① 潘启富：《中国民族地区教育行政制度研究》，博士学位论文，中央民族大学，2006 年，第 4 页。

② 王飞：《关于民族区域自治权的几点思考——基于宪法等法律规定解读立法意图》，《广西民族研究》2014 年第 5 期。

例呼吁多年也未见踪影，考虑到这个实际情况，近年来有学者提出了以自治区单行条例替代自治条例的妥协设想，但一些学者认为，该论调在理论认知、实践认知、论证逻辑和思想立场方面均有重大缺陷，既无必要性亦无可行性，并且还可能引发深层的消极影响。① 因此，法律制度的不完善使得民族地区教育行政体制构建和运行的法律保障不力，影响到民族地区教育优先发展战略的落实。另一方面，民族地区教育行政体制的制度安排呈现一般化、交叉性特点，难以显现民族教育工作的特殊性。民族地区教育行政体制的一般化是由于缺乏法律支撑以及民族地区自身不积极发挥自治权等原因所致，长期以来，民族地区教育发展深受"外部性"困扰，不仅教育发展同质化的问题难以解决，人才培养也难以从民族地区社会经济发展实际出发，同时，市场经济环境影响下，民族地区较弱的人才吸引力造成了教育与地方需求脱节的现实窘境。制度安排的交叉性在于，民族教育事务管理和责任的多重性，按理说，民族地区教育行政制度，是民族地区教育资源配置直接的工具和机制，是民族地区教育资源效益的决定因素。② 民族地区教育工作受民族工作部门、教育工作部门等多头管理，部分职能交叉重叠，这些部门之间并未形成合力，在更多时候，责任分工不明确造成相互制约、相互推脱的消极现象。此外，在社会转型期，民族地区教育行政体制还面临职能转变的问题，在国家治理现代化背景下，政府职能转变应把促进社会公平正义，实现公共利益最大化的善治作为价值取向③，而如何处理民族地区自治机构与市场的关系、优化民族地区教育行政组织结构、构建法治型教育行政体制等问题必将是新时期民族地区教育行政体制改革面临的重要议题，也将影响到民族地区教育优先发展法律实效的提高。

---

① 郑毅：《驳"以自治区单行条例替代自治条例"论——兼议自治区自治条例的困境与对策》，《广西民族研究》2014年第3期。

② 潘启富：《中国民族地区教育行政制度研究》，博士学位论文，中央民族大学，2006年，第8页。

③ 唐兴军、齐卫平：《治理现代化中的政府职能转变：价值取向与现实路径》，《社会主义研究》2014年第3期。

第六章　民族地区教育优先发展
法律保障机制的重构

重构民族地区教育优先发展法律保障机制能被专门列出来讨论，这说明它有一个需要解决的根本问题，这个根本问题来自于民族地区教育发展的内部，是为了适应民族地区社会发展过程中的教育诉求，以及回应社会转型期提出的民族地区教育为何优先、何以优先的时代追问。在重构民族地区教育优先发展法律保障机制之前，我们必须准确把握这个根本问题，将其称之为逻辑起点问题，在此基础上，进一步讨论构建机制需要遵循的基本原则。由于法律保障机制涉及立法保障、法律实施保障和法律实效保障三个方面，因此民族地区教育优先发展法律保障机制的重构需要基于科学的逻辑起点、遵循基本的构建原则、结合法律保障实践三方面的需要，从立法机制、法律实施机制和法律实效保障机制三个角度提出可行的对策建议。

第一节　重构民族地区教育优先发展
法律保障机制的逻辑起点

我们认为，重构民族地区教育优先发展法律保障机制的逻辑起点和民族地区教育优先发展问题的产生是一致的，均是源于探寻社会转型期民族地区教育发展的特点、原因和后果，阐释民族地区教育发展的规律性和客观性问题等活动的结果，明晰逻辑起点问题对提升民族地区教育优先发展法律保障机制的现实解释力具有重要价值。重构民族地区教育优先发展法律保障机制的逻辑起点问题主要涉及以下几个方面。

第一，逻辑起点的科学内涵。逻辑起点一词由"逻辑"和"起点"

组成，逻辑作为推论和证明的思想活动过程，在对客观世界进行抽象提炼之初始阶段，就要思考客观世界产生和发展的起点问题。所谓起点就是事物发展一切矛盾的萌芽，从这个角度看，起点范畴"本身所包含的矛盾是整个范畴体系运动、发展的内在动力和源泉，整个体系不过是这些矛盾在各种条件下合乎逻辑的'生长'和'运动'"①。逻辑起点一词本身蕴含两个基本含义，一是逻辑起点规定的是事物最本质最抽象的特征，回答的是事物发展最核心的问题，一个事物的发展不可能存在多个逻辑起点的问题；二是逻辑起点问题是人们形成事物发展的观念认识和社会实践后的必然结果，同时也是法律保障机制构建的出发点和最终归宿。从前者看，重构民族地区教育优先发展法律保障机制的逻辑起点具有唯一性的特征，这需要我们对重构法律保障机制的动因进行比较梳理，最终提炼最本质的要求；从后者看，在本研究中我们从问题缘起和法理分析讨论了法律保障机制的理论问题，从立法保障、法律实施、法律实效三个方面讨论了法律保障机制的实践问题，明晰逻辑起点必然是搭建在前述理论和实践问题基础之上，对民族地区教育优先发展法律保障存在的诸多问题表象提炼的结果。形象地说，逻辑起点问题是连接法律保障问题和重构法律保障机制的桥梁，是我们接下来讨论法律保障机制重构的必经之路。

第二，重构法律保障机制逻辑起点的理论与实践证明。逻辑作为论证规则的科学，自身也必然要经得住推理和证明。逻辑起点虽然是抽象的，但是并不意味着其是空穴来风，任由人们随意捏造，一般来说，逻辑起点的科学性需要经得住理论和实践两个方面的推敲。接下来，我们从民族地区教育优先发展法律保障的理论和实践两个方面来分析法律保障机制逻辑起点定位何以实现科学性的问题。一方面，我们在本书的第一、第二章已经讨论了民族地区教育优先发展法律的实践基础和法理问题，作为重构民族地区教育优先发展法律保障机制逻辑起点，在理论上必须能够回应三个问题：（1）搭建在民族地区教育优先发展法律的实践基础之上，这个实践基础表现为民族地区教育发展与其他地区教育发展实践活动的共性（如社会转型期的缩小教育差距问题，受到教育优先发展理论的影响等），

①　曾峻：《公共管理的逻辑起点论析》，《上海师范大学学报》（哲学社会科学版）2003年第5期。

还要反映出民族地区教育优先发展问题的特殊性（如适应教育差异、法律实效的特殊性等）；（2）符合民族地区教育优先发展法律价值选择的要求，既应符合我们在第二章对价值选择依据（群体教育发展权利、地区教育发展权利）的界定，也要反映出人的全面发展、正义、平等、自由、权利等价值诉求；（3）逻辑起点与民族地区教育优先发展法律基本内涵应具有一致性。这要求其反映出民族地区教育发展的基本矛盾和动力，通过逻辑起点的中介作用，能够促进最终的法律保障机制重构过程中对法律基本内涵的实践运用。另一方面，我们在本书的第三、第四、第五章，从立法保障、法律实施、法律实效三个角度讨论了民族地区教育优先发展法律保障的实践问题，作为重构民族地区教育优先发展法律保障机制逻辑起点，在实践上也必须能够回应这三个方面的需求：（1）与民族地区教育优先发展立法保障的内容相对应，反映立法保障的目标诉求，由于立法保障是一个历史演进的过程，这个演进过程又具备一定的规律性，因此逻辑起点还涉及与立法保障对应的逻辑性和历史统一性的问题；（2）能体现通过合法运用各种资源和手段将民族地区教育优先发展立法的价值和目标转化为实际效果的法律实施动态过程，并对各地区依据地区实际情况，采取不同的实施模式能够起到充分解释的效果；（3）逻辑起点是法律保障机制的首要问题，但并不意味着法律实效即是如此，作为参照尺度，逻辑起点问题还要能对民族地区教育优先发展法律实效的差异性和影响因素进行细致描述。总之，科学界定逻辑起点，应使其经得住理论阐释、实践推敲，从而把握住法律保障机制重构的逻辑线索，增强结论的吸引力和可信度。

第三，法律保障机制逻辑起点的误读与澄清。民族地区教育优先发展法律保障机制蕴含教育和法律的双重属性，教育的本质在于人的发展，法律的归宿在于实现人的平等，如果只关注到其中一个属性，而不顾及另外一个属性，那么就可能造成对法律保障机制逻辑起点的误读。一方面，仅仅从教育角度理解，可能将"以人为本"作为法律保障机制的逻辑起点，按照卡西尔的理解，即使是有关民族文化，也可视其为人的本性的提示，他认为"所有这些文化都是符号形式，应当把人定义为符号的动物"①，

---

① ［德］恩斯特·卡西尔：《人论》，甘阳译，上海译文出版社 2014 年版，第 45 页。

而且在现实层面，促进人的全面发展是民族地区教育优先发展法律的最高价值追求，教育活动由人组成，主体是人，对象是人，因此，"以人为本"似乎自然应成为法律保障机制的逻辑起点。我们认为，这样的观点是对逻辑起点含义和法律保障机制中人的作用的误读，尽管民族地区教育优先发展法律最终将落实到人，但是群体的需求是多元化的，按照必要而且可行的原则，法律应保障人的需要中最核心最迫切的那一部分。将"以人为本"纳为逻辑前提，忽略了法律与其他手段调节社会关系的不同点，不仅如此，在法律保障机制构建的过程中，人的作用和需要是在依靠系统化的制度、具有文化认同的群体显现的，正如马克思将其本质界定为一切社会关系的总和，我们不能孤立地去看待人的问题，将人的作用和目的放大为制度的唯一因素，只可能最终导致人治思维，依法治理理念难以彰显。另一方面，如果将"教育平等"视为逻辑起点也是不可行的，如果说"以人为本"侧重人的话，"教育平等"则侧重于事，强调平等是逻辑前提，则有必要将其转化为实现的立法目标，成为统领整个法律保障机制的最高价值追求。这不仅与前述民族地区教育优先发展法律最高价值相违背，而且当前教育发展的最主要矛盾"人民群众日益增长的教育需求和教育资源相对有限的矛盾"也难以得到有效调节。这是因为教育资源的相对有限决定了市场机制介入的可能性和必要性，而教育作为公共物品，其收益具有长期性（何况法律多数情况也不允许教育营利），将教育平等纳为逻辑前提，则更难协调平等与效率之关系，市场机制不愿或无力介入教育资源的分配之中，借以政府集体行动的统一教育资源供给必将效率低下，达不到教育发展的目标。

　　第四，保障教育发展权作为重构法律保障机制逻辑起点的理由和表现形态。否定"以人为本"和"教育平等"作为逻辑起点，并非不承认人的全面发展和教育平等作为法律价值的资格和地位（何况人的全面发展还是我们第二章讨论的最高价值），而是因为，这两个概念无法在民族地区教育优先发展问题和法律保障机制中间起到中介和桥梁的作用，更无法囊括民族地区教育优先发展法律的诸多价值（实际上"以人为本""教育平等"也只是这些价值的一个方面）。我们认为，重构民族地区教育优先发展法律保障机制的逻辑起点应该是保障教育发展权，理由在于：（1）教育发展权可以统领民族地区和少数民族生存困境所呈现的所有问题，直面民族地区谁的发展、发展什么、如何发展等困惑。关于谁的发展问题，发展权作为一项基本人权，是一项集体人权，是民族自决权的必然延伸。① 这也是我们第二章提出的共识，关于发展什么的问题，发展权早已突破原先经济发展的局限性认识，将发展权理解为政治、经济、文化、教育等的全面发展。在这其中，教育的发展与其他社会子系统的发展关系密切，相互促进，教育发展是社会其他子系统发展的前提基础，关于如何发展的问题，本研究从开始就已表明民族地区发展方式的特殊路径即教育优先发展，而何以优先则进一步涉及发展的表现形态问题。（2）保障教育发展权作为逻辑起点，可以协调教育发展中的人与事的关系问题，并全面回应法律价值的诉求。前述"以人为本""教育平等"等无法作为逻辑前提，原因之一在于对人与事的关系无法彻底厘清，发展权作为逻辑前提，也就蕴含了目标是人，过程是发展这样的主题。在这个主题之下，发展还将面对平等与效率、自由与秩序等诸多法律价值问题，这又要搭建在对发展权的正确理解之上。发展权作为逻辑前提的表现形态可以从两个方面理解。在横向上，发展权表现为对地区发展优先、教育发展优先和民族文化发展优先三者的认识，从纵向上，发展权体现为从立法保障、法律实施和法律实效三个过程如何实现发展权的认识。而这两个方面我们在本书的前面章节里已经进行了详细介绍。此外，将保障教育发展权作为逻辑前提，还为保障少数民族受教育权和优化地方教育治理模式的路径设计提供了选择的可能和空间。

第二节　重构民族地区教育优先发展
法律保障机制的基本原则

民族地区教育优先发展法律保障机制重构的基本原则，应能体现法律保障机制的普遍性特征，相对于其他教育法律法规，民族地区教育优先发展法律应具有自己独特的民族教育关怀视角，为民族地区教育优先发展法律保障机制的重构、实施和实效保障提供切实有效的指导。我们认为，基本原则应包括国家统一与地方差异相结合原则、适度原则、平等原则、实效原则四个方面。

第一，国家统一与地方差异结合的原则。如前所述，民族个体成员拥有国

---

① 朱炎生：《发展权的演变与实现途径——略论发展中国家争取发展的人权》，《厦门大学学报》（哲学社会科学版）2001 年第 12 期。

家公民的政治身份和民族成员的文化身份，国家统一与地方差异结合的原则就是要协调好公民身份与民族身份的关系。一方面，我国《宪法》明确提出我国是一个"统一的多民族国家"，《民族区域自治法》将"维护国家统一"作为一项基本原则确定下来，因此，维护民族团结和国家统一是民族教育法律必须坚持的法律底线，也是民族地区教育优先发展战略落实的基本前提，这体现了民族个体成员的公民身份。事实上，不能做到维护国家的统一和民族团结，就不可能真正实现民族地区教育优先发展，最终也无法实现民族地区全面发展、各民族团结进步和共同繁荣的目标。另一方面，考虑到民族地区教育问题的特殊性，法律保障机制应具有较强的地方适应性即我们所指的地方差异性原则，这不仅是立法保障应给予民族地区充分的变通权，还在于法律实施、法律实效评价标准的差异性，促进民族地区教育实质平等的实现。统一与差异相结合的原则在实践层面，实际上更多体现为中央与地方政府权力分配问题上，"在传统的中央政府和地方政府关系上，世界各国的主旋律是'放权'，然而，放权是有限度的"。① 即使民族地区的自治权利行使，也可能导致自治民族与非自治民族的利益冲突，这就需要中央层面的法律协调，张千帆以放权力度比较大的联邦制国家（如美国的州权理论发挥着压迫黑人的作用）为例，他认为，"和单一制相比，联邦制未必在保护少数族群的权利方面具有任何独特优势，具有独立地位的各州可能成为'多数人的暴政'，少数族群的权利只有寄希望于联邦政府的有限保护"②。此外，统一与差异原则在法律制度层面，还体现为地方主观能动性的发挥，应在国家的基本法律框架之下，是赋权的结果，而不能超越我们的《宪法》、基本法律和其他法律的规定，其变通权是有限度的。总之只有坚持统一与差异相结合的原则，才能促进民族地区教育优先发展法律目标的实现，最终推动民族地区各民族的团结、共同发展与繁荣。

　　第二，适度原则。所谓适度原则体现在三个方面，（1）内容适度，即作为法律保障机制，民族地区教育优先发展的哪些问题需要法律保障。在引言部分我们提出，即民族地区教育优先发展的问题涉及各个方面，限于法律资源的有限性和法律内容的滞后性，并不能囊括所有的教育问题，那么，哪些问题应该纳入法律的保障范围之内，哪些范围又应该通过其他社

---

　　① 张千帆：《权利平等与地方差异》，中国民主法制出版社2011年版，第283页。

　　② 同上书，第249页。

会手段调节和解决呢？我们认为，只有民族地区教育优先发展过程中长期存在的问题和具有紧迫性的核心问题才是法律保障机制应该关注的问题，例如教育发展涉及的师资问题、基础设施建设问题、民族文化传承教育权利的落实问题等，而在社会转型期具有阶段性、临时性和突发性的问题，应在法律保障机制的宏观指导下，通过灵活的政策实施和学校主观能动性的发挥，进一步落实。（2）实施主体行为适度，即政府放权的程度。对民族地区教育优先发展法律最主要的实施主体是人民政府，但是民族地区教育优先发展需要社会各界的广泛支持，这需要政府通过放权方式调动社会各方面的参与积极性，特别是激发市场机制和第三部门参与的意愿。同时，党的十八届三中全会《决定》强调，"必须切实转变政府职能，建设法治政府和服务型政府"，法治和服务成为政府职能转变的关键目标。政府分权的理论假设是政府的能力是有限的，对于教育事业的发展，政府更多应集中于宏观调控机制的构建，考虑到民族地区教育资源配置的效率，社会中介组织和市场运作机制也应在其中发挥积极作用。而我们意识到，政府职能转变必须建立法律规范体系和秩序政治规则，确立真正的法律权威和政府规制的正当性，达成普遍的政治共识。① 通过法律的约束对政府行为进行界定，既明确其责任，也防止其越权。（3）规模适度，即教育优先发展的资源投入、时间跨度、涉众广度要适度。在民族地区教育优先发展问题上，规模适度的问题已引起学界关注，例如有学者就提出教育优先发展应坚持适度性原则，即"教育优先发展投入要适度、规模要适度、时间跨度要适度"②。我们认为，规模适度的原则包括三个方面的要求，资源投入适度是教育资源分配在向民族地区倾斜的同时，按照比例原则，也不能对其他地区进行无底线的剥夺，倾斜与优惠要有助于发动民族地区的内生力和主动性，而不能由此导致其形成"等靠要"的依赖思想，仅仅通过加大投入促进民族教育发展，本身就是一种教育懒政行为；时间跨度要适度，即指考虑到教育收益的长期性特征，教育发展的目标应基于未来，我们反对一切严格的以当前社会发展需要为目的的教育发展方式，特别是在社会转型期，民族地区人才培养不立足未来很可能导致学无所有和知识过时，但是这个

---

① 杨建顺：《论政府职能转变的目标及其制度支撑》，《中国法学》2006 年第 6 期。
② 王世忠：《少数民族教育发展研究》，人民出版社 2013 年版，第 56—58 页。

未来是多长时间，需要科学的构想和定位；涉众广度适度，顾名思义就是法律保障机制适用的范围要明确界定，这既包括地域上法律保障机制主要针对民族地区，也包括对象上明确主要的责任主体如教育行政部门和民委部门等，而不能肆意扩大范围和目标，以防出现人人管，处处管，最后无人管的窘况，使得法律保障机制流于形式，最后起不到应有效果。

第三，平等原则。在第二章中，我们对民族地区教育优先发展法律的平等价值进行了分析，同样，教育平等也是法律保障机制重构的基本原则，贯穿于立法、法律实施和实效评价的各个方面。虽然许多思想家对平等的内涵理解不同，尤其罗尔斯与诺齐克更是针锋相对，但是我们均无法否认法律上立足于权利视角理解平等内涵的合理性。我们强调民族地区教育优先发展法律保障机制应遵循平等原则，本质上就是对教育权利的一种利益分配，王海明以每个人做出的基本贡献即缔结社会为切入点，讨论了平等权利分配的路径，这为我们处理民族地区教育权利平等问题提供了很好的思路。他认为，每个人因为基本贡献（缔结社会）平等而应平等地享有基本权利，因为具体贡献不平等而应比例平等地享有非基本权利。① 一方面，对于基本权利，每个民族应该平等地享有，即按需分配，这体现在民族地区教育问题上就是民族个体成员均能享受到基本的受教育权利。所谓基本权利，即维系人们生活和发展所需的最低限度的权利，《世界人权宣言》提出，"人人都有受教育的权利，教育应当免费，至少在初级和基本阶段应如此"②。保障民族地区义务教育阶段受教育者的受教育权是促进民族地区社会经济发展的基本要求，因此应实行积极的实质平等原则。另一方面，在接受高层次教育权利方面，我们也不能完全赞同一些学者提出的机会公平原则，而更倾向于适当比例原则，民族地区各民族基本的受教育权利得到实质平等的保障，这意味着理想状态下无论何民族，均能在起点平等和过程平等方面得到法律保障。如果学生个体间存在最终学习成就的差异，应属于学生个体兴趣、能力等原因造成，从这个角度上来，在高层次教育权利保障方面，一律强调实质平等并不合理。但是，当前我国在接受高层次

① 王海明：《平等新论》，《中国社会科学》1998 年第 9 期。
② 《世界人权宣言》（节录），转引自周勇《少数人权利的法理》，社会科学文献出版社 2001年版，第 203 页。

教育的选拔制度上，并未体现出对少数民族学生的差异性标准，除了专门接受少数民族语言学生的选拔考试，少数民族文化在选拔机制中很难以得到检验和测量，教育选拔机制的筛选功能对少数民族学生并不十分有利，从这个角度来讲，予以少数民族学生高层次教育权利保障的适当倾斜即适当比例照顾，又有其合理性，也体现了民族平等的原则。结合这两个方面，就要求我们在法律保障机制重构的过程中坚持平等原则，但对实质平等与机会平等问题应在平等原则的基础之下做合适选择。

第四，实效原则。重构法律保障机制的实效原则就是在多元文化和地区差异性背景下，要认识到民族地区教育优先发展的一般规律和情况的复杂性、特殊性，充分考虑影响实效的各种因素，提高民族地区教育优先发展法律的针对性和有效性。从评价标准上讲，包括法律制度完善和法律实施得到保障后，社会秩序发生的实际变化和群众的主观满意度。通过多年努力，我国社会主义教育法律体系已基本形成，民族教育虽尚无统领的中央层面专门立法，但对民族地区教育优先发展问题已有教育法、民族法等相关内容予以切实保障。在此背景下，"有法可依"是否带来了民族地区教育优先发展战略的最终落实？成为我们关注的新的焦点问题，实效原则就是从这个角度去思考法律保障机制运行的有效性问题。民族地区教育优先发展法律实效的影响因素是多方面的，特别是除国家法之外，少数民族习惯法在民族地区社会关系调解中具有一定作用，这更增加了其法律实效问题的复杂性。我们强调实效原则，就是要破除以往研究只强调完善立法和加强法律实施的惯性思维，我们需意识到，法律实效受社会政治、经济、文化等诸多因素影响，但提高实效又是我们重构法律保障机制的根本目标，回避对实效原则的讨论和服从，法律保障机制重构的意义和效果将大打折扣。

第三节　重构民族地区教育优先发展法律保障机制的对策建议

一　健全民族地区教育优先发展立法保障机制

结合我国中央和地方层面教育立法面临的困境，我们认为，民族地区教育优先立法保障主要应着力解决立法不平衡、立法缺位、立法膨胀、民族地区立法的合法性问题。

（一）完善教育法律，着力解决立法不平衡问题

从外部看，民族地区教育优先发展中央层面缺乏有力而明确的法律支持，地方层面各地区立法并不平衡。所以，从外部解决民族地区教育优先发展的立法缺位与不平衡问题，目的是要让民族地区教育优先发展"有法可依"。根据统一与差异相结合的原则，相关立法必须符合《宪法》《立法法》《民族区域自治法》《教育法》等法律规定，并体现民族地区的地方特色和民族特色。从中央法律层面来看，目前学界呼吁最大的是出台《少数民族教育法》，以推动民族地区和少数民族教育事业的发展。然而民族地方地理、文化和教育诉求等差异性一时难以协调，《少数民族教育法》的出台仍然存在一定困难，如果仓促颁布，则只能做原则性的一些规定，与《民族区域自治法》《教育法》的相关规定重合，无法起到实质作用。新中国成立后六次全国民族教育工作会议及会议决定为民族地区教育优先发展提供了中央层面的法规支持，但是，2002 年国务院印发《国务院关于深化改革加快发展民族教育的决定》后，直至 2015 年才召开，这很难适应社会转型时期民族地区教育发展的现实需要。在民族地区教育立法层面来看，《宪法》《立法法》《民族区域自治法》《教育法》等已赋予民族地区依照自身政治、经济、文化的特点与诉求，制定自治条例和单行条例的立法权力，民族地区应在中国特色社会主义教育发展道路发展总方向不变的情况下，结合地方社会转型期教育发展的客观需要和实际条件，以及社会各界的共识和参与，不断完善民族地区教育优先发展相关法律。当前民族地区民族教育立法需要尽快解决的问题是没有民族教育条例的民族地区，应抓紧出台民族教育条例，以便为教育优先发展提供法律支持，已有民族教育条例的民族地区，还应结合社会转型期的时代需要，尽快修订民族教育条例。从云南省的民族教育立法经验来看，云南省民族自治州的民族教育立法，为推动云南省《少数民族教育促进条例》的出台做出了积极贡献。只有民族地区教育法律逐渐完善，才能进一步推动中央层面《少数民族教育法》的出台，从而构建完整门类齐全、结构严密的民族地区教育优先发展法律保障体系。

（二）明确立法保障的主要内容，突破立法缺位与立法膨胀困境

从内部看，即使是有的民族地区已经有了民族教育条例，明确指出了

教育优先发展的目标，但是法律仍然存在重点不突出、适应性较差、内容随意性较强、缺乏必要的法律责任规定等问题，从内部突破民族地区教育优先发展的立法缺位与立法膨胀之间的现实困境，目的是提高民族地区教育优先发展法律的可行性，从而提高法律实效。实际上，西方发达国家民族教育立法也有许多值得我们借鉴的地方，有学者通过对美国、澳大利亚少数民族教育立法进行分析指出，美国、澳大利亚等西方国家教育立法内容和特点主要是：（1）明确规定立法目的是促进少数民族教育机会均等，提高少数民族学生的学业成就。（2）明确规定政府在少数民族教育中的责任。（3）重视对少数民族在教育管理和教育决策中的参与程度的规定。（4）重视对少数民族传统文化学习与教育的规定。（5）重视对少数民族继续教育与终身学习的规定①。从西方国家民族教育立法的历史来看，其基本问题都是围绕教育权利展开的少数民族发展权问题，但是西方国家少数民族教育问题因移民问题、种族隔离历史、立法思想的影响等原因，呈现出自己特殊性的一面。考虑到中国国情的特殊性，我们认为从内部解决民族地区教育优先发展立法缺位与立法膨胀的矛盾问题，可以遵循适度原则，从以下三个方面入手。

第一，明确各民族平等的教育发展权利。这有利于对民族地区非自治民族（包括汉族和非自治的其他少数民族）教育权利的保护，真正体现法律面前人人平等的原则。如前所述，发展权是我国民族地区教育优先发展法律保障机制重构的逻辑起点，平等原则是法律保障机制重构的基本原则之一，体现在立法内容上，就是要保证民族地区各族群众平等的教育发展权利。对于关系各民族维系民族个体成员生存发展所需的最低基本教育权利，应注重教育资源分配的按需标准，加强薄弱地区教育基础设施建设、师资配置及教育经费投入力度等，这样"边远地区一个人的学校是否应该存在"这类问题在基本教育权利视角下，不应成为一个疑问。而对于高层次教育需求产生的教育权利问题，是否予以民族地区优惠和倾斜，我们认为应该考虑两个标准，一是招生选拔制度是否不利于少数民族考生，二是招生选拔制度是否不利于民族地区。如果是不利于少数民族考

---

① 陈立鹏、孔瑛：《美国、澳大利亚少数民族教育立法研究》，《民族教育研究》2008 年第4 期。

生，则应给与少数民族学生以优惠和倾斜，但除了简单的予以民族加分外，更多应予以民族语文或者民族文化其他科目替换，增加学生的选择权，并有利于阻止一些假冒少数民族学生的现象发生。如果是因为教育条件不利而导致不利于民族地区学生，则应予以民族地区学生进行优惠和倾斜，在我们调研的云南省南溪村纳西族的学生就是享受到的高寒山区高考加分，而云南省对纳西族并没有高考加分的规定。① 在实践中我们还可能遇到的情况就是少数民族语言和文化专业的招生问题，这类情况的加分与否更应慎重对待。

第二，保障民族文化传承教育活动开展。民族地区教育优先发展法律基本内涵之一就是"民族文化优先"，这是基于教育全球化和现代化背景下，民族文化处于竞争劣势得出的结论。现代化是民族发展的必由之路，传统文化是民族根基维系之源，因此，在确保民族地区学生接受主流文化和教育的同时，也应注重对其民族文化的保护和开发。通过教育立法体现民族文化优先，既要注意对民族地区不同民族文化传承教育的选择权问题，也要注意民族文化教育内容的选择权问题。从不同民族文化传承教育的选择权问题角度看，民族文化具有多样性特征，不同民族有自己特色的文化，民族地区大杂居小聚居的居住方式，决定了多数学校学生是多民族共同组成，不同民族文化传承教育选择权就是回答谁的文化传承问题，例如在广西调研中我们发现，一些小学壮语教学是整班推进，许多汉族学生和家长对此并不理解。双语教学的丰富意义在于帮助所有语言的少数民族充实他们的语言和文化，两种平等语言分享在理念上是从内心唯一可以激

---

① 云南省涉及少数民族加分政策主要是三类，一是少数民族单因素加分，除白、回、纳西、彝、壮、满族和省外进入云南省的少数民族以外的 19 个少数民族在内地的考生；二是民族与边境地区单因素加分，边疆及执行边疆政策县的少数民族考生、汉族考生；三是地区与民族结合双因素加分，内地农村户口的彝族、壮族考生，内地高寒贫困山区的少数民族考生。贵州省涉及少数民族加分政策主要是民族与地区结合双因素加分，2014 年，贵阳市（三县一市除外）、遵义市红花岗区、汇川区、安顺市西秀区的少数民族考生加 10 分，其他地区少数民族加 20 分。广西壮族自治区实行少数民族单因素和民族地区结合双因素加分，2015 年少数民族加 5 分，"享受边境县待遇县"，在依规享受民族性降分照顾政策的基础上，还可再降低 10 分（总加分不得超过 20 分）。由此可见，当前高层次教育招生选拔机制已倾向将民族地区和少数民族教育问题结合起来考虑。

发尊重所有人最大的多样性的灵魂革命。① 但有学者指出，民族文化传承是一个复杂系统，任何一个变量的单一优化都不能解决文化传承问题。② 对于民族文化传承教育，我们应通过立法形式，保障政府、市场和社会其他组织的积极参与，在民族地区为不同民族文化传承和发展创造良好的条件，在学校内部，则结合自身办学特色、实际情况确定民族文化传承教育的方式和制度。从民族文化传承教育内容选择权角度看，民族文化呈现复杂性、综合性、活态性等特征，民族文化教育内容选择权回应的是传承什么，如何传承的问题。当前民族地区文化传承教育，更倾向于与经济效益结合起来的思路，这样既能解决教育资金问题也能提高学生学习的主动性和积极性，但在这个过程中，一些不具备市场开发价值的民族文化则可能束之高阁，无法得到有效传承保护，这种工具主义至上的传承观念应在法律中予以反对。因此，立法保障民族文化传承教育问题，就是要对经费来源、开展形式、学习内容、评价制度等进行明确，确保民族文化传承教育的正确方向。

第三，立法技术的问题，主要是立法程序、立法结构技术和立法语言技术。在立法程序上，公众的参与权、知情权没有得到很好的保障，联合国《发展权利宣言》第一条就提出"每个人和所有各国人民均有权参与、促进并享受经济、社会、文化和政治发展"，这同样包括参与事关教育发展的立法实践活动；在立法结构技术方面，法律规范应包含行为模式和结果模式两个方面的内容，而当前民族地区教育优先发展相关法律较少涉及对相关责任主体奖励和责任追究的规定，法律中明确提出的"必须""应当"条款难以得到监督和落实；在立法语言技术方面，一些语言的使用累赘、逻辑混乱的情况较为突出，使得对教育优先发展战略落实的指导意义减弱。解决立法技术的问题，主要是三个方面：（1）规范立法程序，充分保障公众的参与权与知情权。现代立法程序多主张"正义优先，兼顾效率"的价值取向，在立法过程中，坚持民主性、公开性的原则，保障公众的参与权和知情权，能准确反映民族地区人民群众的教育诉求，也

---

① Sandra Del Valle *Language Rights and the Law in the United States*，Channel View Publications Ltd，2003，p. 217.

② 姚磊：《国内民族文化传承研究述评》，《广西民族研究》2014 年第 5 期。

能减少法律实施的阻力和提高法律实效。（2）注意规范性法律文件和法律规范的科学表达方式，增强法律的权威性和可行性。法律文件的规范性表达，是指尽量减少类似"一些意见""几点要求"这样的文件表达方式，做到法律名称的规范统一，增强法律的权威性，当然，不同制定法律的有权机关的法律文件也可能因其法律效力层次的差异而导致名称不同，因此法律文件规范性表达还指要注意与所属层级的对应。此外，法律规范的科学表达，是指法的要素要齐全，体例要统一，同时应明确法律的结果模式相关内容，对在民族地区教育优先发展战略落实中起到积极作用的组织和个人应明确表彰，对阻碍和消极对待民族地区教育优先发展的组织和个人应追究法律责任。（3）立法语言的运用要严谨、精练和准确。这是指立法语言要用肯定明晰的词语表达概念，用逻辑严密的语句表达内容，用简单精练的方式表达态度，同时，相关法律应具有少数民族语言的法律文本，确保民族地区各民族群众均能学法用法，在语言上避免法律内容的模糊性。

立法缺位与立法膨胀问题本质上就是法律可以在什么范围内产生效力的问题，一些地区将立法与政策混为一体，随意增加立法内容或者屡屡修改法律文本，造成了法律实施的困难，从而影响法律实效的提高。从内容适度、实施主体行为适度和规模适度等角度明确民族地区教育优先发展立法保障的核心内容和程序，是相关法律得以实施的前提。此外，鉴于教育收益的长期性，我们也主张民族地区教育优先发展立法应遵循超常规的思路，用发展的眼光看待立法问题。

（三）确认民族地区教育立法变通权，增强地方民族教育立法的合法性

民族地区教育优先发展立法的变通权来自于《宪法》《立法法》等的相关规定，《宪法》第一百一十六条规定："民族自治地方的人民代表大会有权依照当地民族的政治、经济和文化的特点，制定自治条例和单行条例。"《立法法》第六十六条第二款虽也明确了相关变通权，但进一步规定变通权"不得违背法律或者行政法规的基本原则，不得对宪法和民族区域自治法的规定以及其他有关法律、行政法规专门就民族自治地方所做的规定做出变通规定。"《宪法》第一百一十九条赋予了民族地区自主管理本地方教育事业的权力，《民族区域自治法》第三十六、第三十七条对

民族地区教育管理的自治权进一步明晰。由此可见，所谓民族地区教育优先发展立法变通权就是在与国家法律相统一的前提下，由民族地区人大依据自身教育发展需要制定适用于本地的自治条例或教育单行条例，立法变通权为实现民族地区教育优先发展立法提供了法律依据。但是教育变通权多采用概括式语言进行界定，由于很多应属民族地区自治权的事项没有明晰，造成了民族地区在行使变通权时使用不当或者使用不足的情况发生。通过进一步确认民族地区教育立法变通权，可以增强其教育立法的合法性，这要求我们在坚持国家法制统一和尊重差异相结合的前提下，以保证民族地区教育发展权为切入点，明确教育立法变通权行使的范围、程序和监督机制，并提高法律工作者职业素养。特别是变通权内容上，我们认为应涵盖民族语言、民族风俗、民族人才培养、民族师资、教育管理制度以及与教育相关的财政税收、基础设施建设等具体内容。需要指出的是，明晰变通权并不意味着上级国家机关可以推卸在民族地区教育优先发展法律中的责任，我们应该坚持上级国家机关帮助与民族地区自力更生相结合的思路，共同推动民族地区教育事业的发展。

二　优化民族地区教育优先发展法律实施路径

在很多情况下，限于法律语言表达、立法技术等的制约，法律条款并不能对民族地区教育优先发展的实施路径具体阐述，例如许多相关法律提到通过民族地区教育信息化建设推进教育优先发展战略落实，但至于怎样推动则需要在法律实施的过程中发挥实施主体的主观能动性。在第四章，我们提到民族地区教育优先发展法律实施需要解决两个问题，即群体利益逻辑和地区文化逻辑问题，从这两个问题衍生而来的就是无法解决群体利益分歧的外在的制度困境与无法适应地区文化需要的内在观念困境，要解决法律实施存在的群体利益逻辑和地区文化逻辑问题，目的就是突破外在的制度困境和内在的观念困境，从根本上将法律实施的路径与民族地区教育优先发展实际需求结合起来。法律实施路径需要思考两个方面，一是符合法律规定，二是适应民族地区实际情况。这就增添了实施情况的复杂性，使得提出具体的路径显得尤为困难。因此，我们借鉴第四章提出的民族地区教育优先发展法律实施三种模式，以民族地区教育信息化为切入点，进一步谈及民族地区教育优先发展法律实施的路径优化问题。

第一，基于"造血模式"的民族地区教育优先发展法律实施进路。针对民族地区教育差异的教育诉求，教育在民族文化、地方经济发展中的作用发挥必须结合自身的发展需要，所以"造血"模式在适切性和可持续性方面具有较大优势，特别是民族地区教育优先发展"文化优先"内涵需要通过"造血"模式才能得到真正反映，因此我们认为，经济条件允许的情况下，"造血"模式应该成为民族地区教育优先发展战略落实的主要措施，并根据实际情况优化。但是，由于"造血"模式因涉及经费、师资、基础设施建设等诸多问题，效益凸显是比较漫长的过程，同时民族地区教育发展情况也各不相同，因此"造血"模式推广力度和整个国家社会经济发展水平密切相关。在新中国成立初期，限于财力物力有限，民族地区教育发展更多倡导"自力更生"，即使是在当前，民族地区教育优先发展仍然面临经费紧张、基础设施建设薄弱等问题。此外，民族地区教育发展还需要思考革新内在教育观念，克服地区文化逻辑障碍的问题，通过优化"造血"模式，解决一些少数民族等靠要的不良思想，调动民族地区群众发展教育的积极性。民族地区教育优先发展法律实施在教育信息化、师资建设、双语教学、民族文化传承、教育行政体制改革等具体的实施问题都需要从内部入手，通过"造血"模式提高民族地区教育发展自力更生的能力，例如从教育信息化角度看，对于民族地区优质教育资源的需求方面，已从最初的单纯资源数量和外界资源输入要求，逐步转向重视丰富的优质教育资源的开发建设及整合共享。民族地区教育发展的差异性特征对优质资源的多元化提出了要求，"造血"模式在解决民族地区教育信息化的"软件"问题（如课程资源的开发）方面优势明显。但无论是通过"造血"模式解决何种具体实施的问题，路径优化的基本逻辑都是从制度上解决群体利益分歧和从观念上解决地区文化差异两个方面。就前者而言，涉及政府教育职能转变问题，我们应通过政府分权和权力下移等方式，调动市场、社会中介组织参与民族地区教育发展事业的积极性，推动民族地区公共教育服务渠道的多元化。就后者而言，尊重公众的参与权、知情权，倾听并理解民众基于不同文化的教育发展诉求，并通过各种有效途径普及法律知识，改变民族地区一些地区早婚、重男轻女、读书无用等落后的文化观念，增强民族地区教育发展的适切性和公众支持力度。

第二，基于"输血"模式的民族地区教育优先发展法律实施进路。教育是一项长期性的事业，我们强调教育在民族文化、地方经济发展中的作用发挥必须结合自身的实际需要，但民族地区教育发展诉求又具有紧迫性，发达地区的先进经验可以让民族地区避免重走弯路，实现民族地区教育又好又快发展，所以对于民族地区教育发展急需解决的问题，应该采取"输血"模式。例如当前民族地区教育发展中的人才问题，通过教育对口支援，提供优惠条件吸引优秀人才到民族地区工作，效率远高于"造血"模式。基于民族地区教育发展的紧迫性，我们提出了民族地区教育跨越式发展的战略，这也是教育优先发展的一种表现形式。所谓跨越性，就是要超越其他地区教育发展的过程阶段，通过吸收外界优势资源，在较短时间内实现民族地区教育的优先发展。以教育信息化为例，2002 年国务院《关于深化改革，加快发展民族教育的决定》强调："大力支持少数民族和西部地区发展现代远程教育，提高这些地区对优质教育资源的共享能力，实现民族教育的跨越式发展"，当前教育发达地区学校信息化建设正在由数字校园向智慧校园转型，那么及时把握智慧校园的内涵与特征，领会信息化技术和智慧校园的技术要领和应用融合就更为重要，所以，在这个过程中，东部教育信息化发展中的经验和先进技术可以直接为我所用，体现了"输血"模式的独特优势。从这个角度来讲，我们需要思考的是如何通过教育信息化手段将教育发达地区的优质教育资源转化为民族地区的教育资源，推动民族地区教育教学革新和进步，这涉及民族地区基础设施建设的针对性和调动东部教育发达地区的积极性问题。通过"输血"模式推动民族地区教育优先发展法律实施，需要注意三个方面：（1）教育资源的可选择性，由于外界优质教育资源是基于自身教育需求发展而来的，并不一定适应民族地区教育发展需要和文化需要。因此应尊重民族地区对外界优质资源的可选择性，这是符合民族地区人民群众教育利益和适应民族地区文化需要的基本要求。（2）教育资源利用的便捷性，即对于民族地区的教育帮扶，需要考虑利用的便捷性问题，例如从交通便捷性角度讲北京对口支援内蒙古就远比支援云南更方便，从操作方便角度来讲一些教育设备的捐助和帮扶就需要考虑民族地区的利用问题，避免出现因难以使用造成设备成为摆设。（3）"输血"模式收益的最优化，这是指要从利益群体逻辑障碍考虑，不仅考虑到民族地区的教育利益，还要考虑输出方的教育利益，例如在内容上可以将民族地区的教育需要与支援方的特色、优势结合起来，做到双方共赢，在成本上要保障支援方正常的教育教学工作，并不损害教师的实际收益等。

第三，基于"移民"模式的民族地区教育优先发展法律实施进路。和"造血"模式一样，"移民"模式能积极吸收其他地区民族文化传承和发展、通过教育促进经济发展的先进经验，而且"移民"模式在成本、发展速度与效率等方面更具优势，因此更适合民族地区教育发展过程中对人才培养的紧迫需要。以教育信息化为例，"移民"模式主要体现为民族地区教育信息化师资队伍的培养。我们认为民族地区教育信息化师资队伍的培养必须通过"移民"模式这一有效手段，这是因为当前民族地区教育信息化进程中许多问题都与师资建设效果不佳有关，例如"农远工程"等的教育信息化资源闲置主要是教师教育信息化教育理念偏差或者信息化水平不足，通过"移民"模式推进师资队伍建设可以让民族地区教师直观的感受教育发达地区的信息技术与课程整合的先进理论，信息化环境下开展教与学的现代化手段、信息化情境下教学设计的理论与方法、智慧校园在学校信息资源整合与服务中的价值等。实际上，通过"移民"模式解决师资队伍建设问题，不仅是学习技术的需要，而且教育者对教育手段和资源的选择具有主观能动性，只有建立这样的对话和互动机制，才能将教育发达地区先进的教育理念深入到教师头脑之中，进而使其结合民族地区教育发展需要，整合教育资源，充分表达民族地区教育发展的利益诉求和适应民族地区的文化需要。此外，从利益整合角度来讲，"移民"模式尽可能回避了民族地区社会发展过程中教育与其他子系统对资源的争夺与冲突，因此也比较适用于需要回避利益冲突的教育发展领域。

第四，需要强调的是，民族地区教育优先发展的不同模式都具有自身的优缺点，均能在实现民族地区教育优先发展"地区优先""文化优先""教育优先"等方面发挥积极作用。"民族地区的现代化发展，必须与民族地区的实际相结合，并且内化为整个民族的现代化需要"①，因此我们

---

① 刘晓巍、张诗亚：《优先发展教育，促进民族地区整体发展》，《民族教育研究》2012 年第 4 期。

不能给民族地区教育优先发展法律实施的几种模式进行优劣排序，在不同情况下，基于不同目标，各种模式能发挥出自身优势。我们应结合民族地区教育发展中的具体问题和具体情况，考虑到教育资源的有限性、不同利益主体的教育诉求以及民族地区教育发展的程度和水平，选择恰当的法律实施模式，充分发挥民族地区教育在社会经济发展、民族文化传承和民族成员个体受教育权保障中的作用。

三　改善民族地区教育优先发展法律保障机制的运行环境

民族地区教育优先发展法律保障机制能否发挥实际作用，最终促进民族地区教育优先发展，不仅取决于法律制度本身是否科学和法律实施是否有力两方面，还深受法律所处的社会环境因素影响。在第五章，我们谈到这些影响法律实效的运行环境因素主要是传统法律文化、社会关系变迁、经济物质条件、教育行政管理体制等四方面，因此，我们认为要提高民族地区教育优先发展法律实效，必须改善法律保障机制的运行环境，这应从思想环境、物质环境和制度环境三个方面着手。

（一）牢固树立法治观念，提高依法治教理念和法律维权意识

树立法治观念是依法治教的本质要求，牢固树立法治观念就是要促进不同法律关系主体均对法律产生认同感和归属感，尽管法治观念的形成与社会政治、经济和文化发展条件密切相关，但归根结底是法律知识、法律情感、法律意志和法律行为等内化于人们内心的心理活动综合体。民族地区传统法律文化是在长期物质与精神实践中逐渐形成的，其对当地人民群众法治观念的思维模式产生了重要影响。民族地区依法治教进程的推进，需要弘扬民族地区积极的法律传统主流文化，并做好对这些传统法律文化资源的继承、开发和利用。同时也要克服一些民族地区传统法律文化中义务本位、重男轻女、极端的团体主义和利己主义等文化倾向，最终实现传统法律文化现代化，为提高民族地区教育优先发展法律实效创造良好的思想环境。

一方面，牢固树立法治观念要求提高依法治教理念，提高教育行政机关和学校工作人员的法治素养和法律意识。第一，依法治教理念在行政机关具体体现为依法治权，即约束和规范教育公权力，避免教育权力行使的失范和滥用。民族地区教育优先发展法律以实现人的全面发展为最高价值

目标，以保障发展权为保障机制的逻辑前提，政府部门在法律实施过程中具有不可推卸的义务和责任。这是因为保障民族地区教育发展权利的各项具体的决策、基础设施建设、教育体制改革等均需要政府部门牵头落实，如果法治观念仅停留在法律文本中，法律实效就难以得到提高，教育发展权保障就只能是空谈。十八届四中全会将"依法治国"作为顶层设计目标提出之后，"法无授权不可为、法定职责必须为"成为行政机关行使权力的基本准则，也成为教育行政部门依法治教的判断标准。提高依法治教理念，对于行政机关特别是教育行政机关而言，就是要明白自身行使的权力的法律依据，明确教育授权的权力和责任清单，为自己的法律行为提供法律思想的指引。从具体路径上来说，我们可以从加强教育法治学习和培训、重视将法治观念纳入干部考核指标、加快教育法治人才队伍建设、督促领导班子形成依法治教基本理念、健全依法治教监督机制等方面进一步加以强化和落实。第二，依法治教理念在学校具体体现为依法治校，依法治校是学校管理规范化的必然选择。依法治校的本质是学校管理者在学校管理中体现法治精神，并以法律为最高权威。① 学校树立依法治校理念，就是要形成信仰法律的意识，依法办学，由于学校法律事务的专业性，我们认为除了提高领导者法律意识、进行法治观念教育、加强法治观念监督和评价等常规措施外，在学校还可以通过构建法律顾问制度进一步引导学校逐渐形成依法办学的观念，但基于高校和中小学法律地位的区别，以及各自经济实力、人才资源的差距，在不同学校可以根据自身需要选择专门机构模式或者聘任法律顾问。

　　另一方面，牢固树立法治观念要求提高法律维权意识。长期以来，许多少数民族多借助于少数民族习惯法干预社会生活、调节人际关系和维护社会秩序，当自身教育发展相关权利受到侵害时也没有使用法律途径维权的意识。在社会转型时期，少数民族群众对高质量的教育需求日益增长，地区教育差距、城乡教育差距迫使其为接受优质教育将付出比其他地区更高的代价，伴随民族地区外出务工人员增多，保障随迁农民工子女受教育权问题和留守儿童的教育相关问题（心理问题、安全问题、学习问题等）又凸显出来，由于没有法律维权的意识，在自身教育发展相关权利受到侵

---

① 王景斌、唐吉庚：《依法治校论要》，《东北师范大学学报》2000 年第 2 期。

害时不能主动积极地寻求法律帮助，法律没有体现出应有的实效。因此提高民族地区人民群众教育法律维权意识，让其知法、懂法，才能守法和利用法律维权，这是提高法律实效的重要路径。为了实现这个目标，我们认为可以采用以下几种方式，第一是利用网络、广播、电视等媒体对民族地区教育违法和维权典型案件进行广泛宣传；第二是结合地方实际，采取人民政府群众喜欢的语言、文字形式开发教育法律教育资源，免费发放到群众手中；第三是以学生为主要教育对象，开展教育法治观念教育，并借鉴一些地区扫盲小先生制的相关经验①，让学生回家向父母宣传教育法律知识；第四是引导社会公益组织参与到民族地区教育法律宣传的工作中来，通过法律援助等形式，普及教育法律知识。另外，值得一提的是文化发展权的保障，文化优先发展是民族地区教育优先发展法律的基本内涵之一，但文化发展权的保障不局限在教育法律中。当前，在社会各界的支持和帮助下，许多民族地区的民族文化资源的开发利用给少数民族带来经济和文化利益，但少数民族群众法律维权意识薄弱，导致了民族文化发展权利法律保障实效不佳。从法理上看，少数民族对自身民族文化的自决权和使用权具有排斥性，未经允许不能被其他人用于谋取物质利益，有学者以旅游开发中的文化权为切入点，提出应"由一个明确的执行主体来代表该少数民族行使这些权利，并将行使文化权而实现的物质利益在该少数民族中进行合理分配"。② 但是民族文化发展权的保障和维护，仍然需要通过法律宣传教育的路径，提高少数民族的法律维权意识，只有自身形成民族文化发展权保障的法律意识，才能自觉的参与到民族文化传承和发展事业中来。

（二）加快民族地区发展，夯实民族教育法律保障的物质基础

我们知道，由于历史、地理、文化等诸多原因，民族地区尽管坐拥较为丰富的自然资源和民族文化资源，但社会经济发展水平仍然较为落后。教育发展与社会经济发展之间是相互影响、相互促进的辩证关系，社会经

①　在一些民族地区，为了扫除青壮年文盲，借鉴了陶行知倡导的小先生制，采取"小孩教大人"的扫盲小先生制，起到了比较好的效果。我们认为，民族地区法律观念教育也可以借鉴这样的成功经验。

②　张钧：《文化权法律保护研究——少数民族地区旅游开发中的文化权保护》，《思想战线》2005 年第 4 期。

济发展需要依靠教育的发展，而教育发展需要社会经济发展为物质基础。当前民族地区教育发展过程中，缺乏良好的社会经济发展外部支持，对教育造成了两个比较明显的消极影响。一是在义务教育阶段，民族地区外出务工人员增多，造成留守儿童数量增加，对学生的生活、学习、心理都造成了很多影响。尽管许多地区逐渐推进关爱留守儿童服务体系的建设，但均属于治标不治本的路径，只有民族地区社会经济发展水平提高，创造出更多的就业岗位，让当地群众不必跋山涉水外出务工，最终减少留守儿童数量，才是最根本的解决之道。二是在高等教育和职业教育层次，由于民族地区社会经济发展滞后，无法为毕业生提供更多更好的岗位，学无所用最终导致读书无用论沉渣泛起。尽管如台江职校等民族职业学校也能结合地区特点办学，但是许多民族地区职业教育发展、高等教育发展片面追求向东部地区看齐，甚至本身就立足于为东部社会经济发展培养人才，教育同质化造成自身优势不明显、劣势又特别突出，从而导致教育服务地方社会经济发展的价值和功能难以彰显。

我们认为，夯实民族地区教育优先发展法律保障的物质基础，就是要加快民族地区社会经济发展步伐，从民族地区的实际出发，着力解决民族地区经济发展水平落后、法治进程较为缓慢、文化发展水平较低等社会经济发展过程中的紧迫问题。一方面，在法律实施过程中虽然需要关注如何合理分配利益，解决民族地区群体利益逻辑障碍问题，但是民族地区教育资源有限，片面地强调分配的合法性和合理性，也不过是将教育发展保持在低位均衡的水平。只有将蛋糕做大，每个利益群体才能分享到更多的教育资源和利益。长期以来，伴随西部大开发战略落实，民族地区社会经济发展机遇大大增加，近年来，随着国家高铁发展进程加快，民族地区传统发展过程中的交通不便因素已经得到很好的改善。例如 2014 年底贵广高铁开通，2016 年底沪昆高铁亦将开通，民族地区与外界交流越发便利，如何把握历史机遇，基于民族地区跨越式发展成为民族地区发展的重要议题。在这个过程中我们仍然应摒除急功近利的思想，在依法治国思想统领下，积极转变政府职能，做到民族地区社会经济发展规划的民主与科学、发展战略落实的公众与市场参与、发展成果的人民共享，构建民族地区社会进步、民族团结、共同繁荣的和谐发展、可持续发展良好局面。另一方面，在法律实施的过程中虽然关注如何适应地区文化发展需要，但是民族文化本身是一个发展的动态过程，深受社会经济发展环境的影响。民族地区的法治进程缓慢、经济基础薄弱、民族文化人才缺乏等问题影响到民族文化的传承与创新，这就导致一些消极的文化思想在教育发展过程中形成阻滞，制约着教育在民族文化发展过程中的作用发挥。因此，加快民族地区法治进程、夯实经济基础、加快文化人才培养步伐亦是民族地区教育优先发展法律实效提高的物质前提。

（三）改革教育管理体制，清除法律实效不佳的制度壁垒

教育管理体制是民族地区教育优先发展法律保障机制运行的基本保障，通常认为，教育管理体制即指"一个国家管理教育事业运行和发展的基本组织体系与制度"①。教育管理体制涉及教育系统机构设置、权力分配、隶属关系等许多方面，这既要来源于教育法律的明确规定和授权，同样受国家政治体制、社会经济发展水平、教育文化传统等因素制约。新中国成立后，我国教育管理体制的改革是伴随对教育的社会功能认识的深化，即服从于政治需要、教育服务于经济发展、逐渐转向教育促进社会整体水平提高这一大趋势下进行的，主要围绕教育内部分权与教育外部放权两个主线。教育内部分权，就是权力重心逐渐下移，改变以往国家教育管理权力高度集中于中央教育行政部门的局面，对于民族地区而言，教育内部分权具有特殊性的需要和专门的法律授权规定。教育外部放权，就是权力重心分化，在有限政府理论的引导下，改变民族地区教育优先发展政府包办的一元化格局，积极引导社会各界积极参与到民族地区教育优先发展事业中来，形成民族地区教育发展主体多元参与的局面。改革教育管理体制，就是要让其符合民族地区教育优先发展法律的基本要求、保障民族地区教育优先发展法律实施，最终促进民族地区教育优先发展法律实效的提高。由于教育管理体制主要涉及教育行政管理体制、办学体制和学校管理体制三个问题，因此我们基于这几个问题进一步分析教育管理体制改革的路径问题。

第一，改革教育行政管理体制，在坚持社会主义教育发展方向不变的前提下，确保民族地区教育自治权的充分发挥。教育行政体制一般体现的是国家对教育管理权力的一种纵向分配倾向，当前关于中央与地方关系的

---

① 司晓宏：《教育管理学论纲》，高等教育出版社 2009 年版，第 99 页。

理论探讨主要有单一制模式、事实联邦主义理论、委托—代理模式等，但均不能很好地阐释国家治理现代化背景下我国中央与地方权力分配改革的复杂问题。中央和地方分权的思路应该是"既要解决好行政权力的层次性划分，又要解决好同一层次行政权力的功能性划分，还要解决好层次性划分和功能性划分的配套衔接"①。同时有学者提出，当前民族地区教育行政制度必须满足三个需求：有助于促进民族地区经济和社会的发展、缩小地区差距，继续解决历史遗留下来的"事实上的不平等"问题；有助于传承与发展少数民族文化，从而丰富和发展中华民族的文化；有助于消除或减少民族地区教育的"外部性"、使民族地区教育健康发展。② 因此，就民族地区教育行政管理体制改革而言，我们认为涉及教育分权的三个问题。

（1）解决教育行政权力的层次性划分问题，即中央和地方权力的配置，事实上我们经常探讨的中央集权制与地方分权制的教育权力分配制度均有优缺点，因此并不能说何种分权制度更为合理。有学者提出，世界各国教育行政体制改革"总是在集权与分权之间交替变革"③。就我国而言，改革民族地区教育行政管理体制目的是优化权力分配机制，使得教育总方针不变的情况下，激发民族地区教育优先发展法律实施的主动性、积极性、创新性，从而实现民族地区教育适应人民多元化的教育诉求和地方社会发展需要。教育分权应从两个方面入手，一方面，涉及教育发展方向的基本法律和重大方针政策应由国家统一制定，并对民族地区具有强有力的约束力，我们需要通过有效的教育方式强化民族地区少数民族群众的国家认同，使得国家认同强于民族认同，以确保国家统一、地区繁荣和边疆稳定。另一方面，教育分权要求民族地区拥有依照自身实际发展教育的权力，通过区域教育事业的发展，使教育能与地方社会经济协调发展。

（2）解决同一层次教育行政权力的功能性划分问题。在中央层面，教育分权并不意味着中央政府部门在民族地区教育优先发展法律中的责任减轻，民族地区教育优先发展所需的基础设施建设、教育经费、文化资源开发和利用都需要中央政府的优惠与倾斜，民族地区教育教学体制改革也

---

① 杨小云：《试论协调中央与地方关系的路径选择》，《中国行政管理》2002年第3期。

② 潘启富：《中国民族地区教育行政制度研究》，博士学位论文，中央民族大学，2006年，第9页。

③ 司晓宏：《教育管理学论纲》，高等教育出版社2009年版，第111页。

需要中央政府加以宏观调控和引导。在地方层面，民族地区教育优先发展事业涉及的教育行政权力不同于其他地区的特点在于两个方面：民族教育权力分散在教育、民委等多部门，以及少数民族居住的分散性决定了民族教育权力行使需要区域间的合作。因此解决同一层次教育行政权力的功能性划分一方面是要解决好民族地区内部教育权力的功能划分，我们认为，对于属于国家法律明确规定、符合教育方针政策的教育教学管理问题的教育权力应与上级教育行政部门衔接，纳入民族地区教育行政部门管辖，民族地区教育行政部门可以依据自身实际对相关学制、教学计划等做变通处理。同时，民族地区教育行政部门应专门负责对属于民族地区教育特殊性事项，例如民族语言教育、民族文化教育等教育权力的行使，如果涉及民委、文化部门，应采取民主协商机制，争取各方的积极配合，此外民族地区涉及民族教育的工作应吸纳当地少数民族人才的积极参与。

（3）教育权力配置争议的法律解决问题。在社会转型时期教育行政管理体制改革应注意两个转变，即由行政分权视角到法律分权视角转变，重放权向放权与监督结合转变。教育行政体制改革应着力构建法治型教育行政体制，从教育行政体制内部看，包括了对中央与地方关系争议的法律解决，民族地区之间教育利益分歧的法律解决，这要求我们加快构建教育分权的权限争议解决机制、完善争议机制的相关法律、建立争议解决的处理机构。同时，还应强调中央对地方教育权力行使的监督和争议的协调作用，特别是不同民族地区、民族地区与其他地区教育利益出现分歧，依靠上级政府部门依法协调和妥善解决更有效率。

第二，改革办学体制，转变政府教育职能，充分激发市场与社会中介组织参与民族地区教育发展的活力和动力，提高民族地区教育优先发展法律实施的效率。党的十八大报告指出，要按照建立中国特色社会主义行政体制目标，深入推进政企分开、政资分开、政事分开、政社分开，建设职能科学、结构优化、廉洁高效、人民满意的服务型政府。2014 年 3 月，教育部晒出"权力清单"，使公众明白教育部教育权力的边界，为依法转变政府职能做出了榜样。受服务政府、有限政府、法治政府理论的影响和导向，教育行政管理权力分权不仅出现"下移"，还出现向其他组织分化的现象，这促进了教育公共服务渠道多元化的发展。促进经济增长和推动社会发展是政府的传统职能。在人文取向发展观的要求下，政府在促进经济增长和推动社会发展的过程中，要把确保人民幸福的增加放在越来越重要的地位上，促进人民幸福的最大化成为政府最重要的工作职能，也是最高层次的工作目标。① 政府职能转变的本质就是一种适应性变化，随外部生态环境的变化，理性的政府会"有意识地对其子结构和内容不断进行调整，使其发展成新的形态，以谋取它与环境的动态平衡，进而实现其对经济增长和社会发展的现实推动"②，而且政府职能转变过程中一直需要调节"市场失灵"和"政府失灵"这两大难题。

因此，改革办学体制，转变政府教育职能应做到两个方面。一方面是通过完善法律制度，明确政府教育权力和责任。社会建设领域中的政府教育职能在于：以教育利益关系统筹协调为核心，建立公共教育政策体系；以促进教育公平和社会公平为核心，建立公共教育财政体制；以政事分开、政校分开为核心，建立公共教育治理结构；以人民满意为衡量标准，建立公共教育服务体系。③ 依法治教对教育治理体系和治理能力现代化提出了明确要求，即使是政府向外分权，也不能推卸自身在民族地区教育发展过程中的责任，这包括保障社会主义教育方向、民族地区教育发展优先、促进教育公平和均衡发展等。政府教育职能转变必须坚持党的领导和社会主义办学方向不变、权责法定的职能改革原则不变、在此前提下完善教育行政决策程序和制度，保障教育决策合法性和可行性，充分发挥政府在民族地区公共教育服务体系构建中的作用。另一方面，重视发挥非政府因素在民族地区教育优先发展事业进程中的积极作用，在责任不转移的前提下，依照适度原则，我们可以把政府并不擅长的教育科研、评估等工作分化给其他社会中介组织，通过推进教育事业管评办分离，转变政府教育职能，形成政府宏观把控，学校自主办学，社会积极参与的良好局面。与此同时，市场机制在提高教育资源配置效率方面具有优势，一些不触及教育公平底线的教育事业，应积极鼓励市场的参与，例如我们可以运用政府购买教育服务的方式解决民族地区校车问题、营养餐问题，在资金有限的背景下也可以引导市场参与到民族地区幼儿园办学、职业教育校企合作中

---

① 章立明：《鸟瞰与虫眼：多维视域中的发展理论》，民族出版社 2007 年版，第 142 页。

② 毛寿龙、景朝亮：《近三十年来我国政府职能转变的研究综述》，《天津行政学院学报》2014 年第 3 期。

③ 阮成武：《论社会建设中的政府教育职能》，《中国教育学刊》2009 年第 3 期。

来。需要强调的是，即使政府允许利用市场机制配置一部分教育资源，实现教育的公益性也是这部分教育资源进行市场化运作的前提。①

第三，明晰民族地区学校的法律地位，改革学校内部管理体制，促进民族地区学校能适应地方社会经济发展需要和人民日益增长的多元化教育需要。学校法律地位问题是依法治校必须面对的一个难题，一般认为，我国公办义务教育学校作为公法主体，宜定位为具有部分权利能力的公法法人，但对于高等院校法律地位则有多重法律地位论、公法法人地位论和根据高校性质对其法律地位进行分类三种观点。学校法律地位的界定对学校办学自主权和学校产权定位产生了重要影响，明晰民族地区学校的法律关系目的是使学校办学适应地方需要，为学校内部管理体制改革提供法律依据。从政府与学校关系看，明确民族地区学校法律地位需要解决三个问题。

（1）教育行政关系问题。在这对关系中，政府与学校处于管理与被管理的不对等状态，权力服从成为行政关系维系的基本原则。在我国司法救济制度中，外部行政关系适应法律保留原则，而内部行政关系不属于司法审查的范围，这增加了我们讨论民族地区教育发展过程中的政府指导学校办学法律问题的复杂性，例如民族地区教育发展过程中的政府采购行为。我们认为明确政府与学校的关系，关键是要平衡两者的权利和义务。

（2）学校办学自主权问题。我国教育管理体制改革一直以外部治理结构变革为主，而内部治理结构变革的步伐则相对迟缓，这影响到民族地区学校多元化办学和特色发展内部治理结构变革是落实办学自主权的核心问题。要落实学校办学自主权，我们应在领导体制上真正落实校长负责制（高校为党委领导下的校长负责制），并健全教职工代表大会制度，实现民主管理。应在学校组织机构设置上，遵循权责统一、精简高效的原则，依据学校实际需要，优化组织机构设置和明确岗位职责，应在学校教育教学制度制定上。依据法律规定，通过公开、民主的程序，积极听取家长、学生意见，结合学校的实力和定位，科学制定。

（3）权力制衡机制和监督机制问题。民族地区教育优先发展法律围绕保障教育发展权这一核心问题，实施主体是人民政府，落实场域主要是学校。在这个过程中涉及的法律责任主体十分广泛，包括国家教育行政机

---

① 刘复兴：《教育政策的价值分析》，教育科学出版社 2006 年版，第 43 页。

关和其他国家机关及其工作人员，实施教育教学活动的学校、校长和教师，义务教育阶段适龄儿童、少年的父母或其他监护人，其他社会组织和公民等，各方利益交织在一起，就出现了教育发展权利救济和教育权力行使的监督问题。一方面，教育法律权利救济问题，由于这一问题主要是由教育发展权利延伸的学生受教育权相关问题，受教育者可利用权利救济途径既包括法律救济途径如教育行政申诉、行政复议、行政诉讼和民事诉讼，也包括非诉讼救济解决机制特别是校内纠纷调解和解决机制。从前者看，虽然 2014 年修订的《行政诉讼法》扩大了受案范围，并明确规定可将复议机关纳为共同被告，为受教育权法律保障提供了更为有力的支持，但我们仍需进一步扩大教育行政复议的受案范围、细化教育行政诉讼的程序性规定，为受教育权提供完善的制度保障。从后者看，非诉讼救济机制具有程序简便、克服法律途径受案范围局限的优势。因此，我们也应尽快完善校内申诉和调解制度、校外仲裁制度等，切实保障学生受教育权的实现。需要指出的是，由于抽象的行政行为不具备行政诉讼的可能，特别是《行政诉讼法》规定了"行政法规、规章或者行政机关制定发布的具有普遍约束力的决定、命令"不能提起诉讼，尽快完善民族地区教育发展过程中非自治民族教育发展权利保障和救济渠道也是必须尽快解决的难题。另一方面是教育法律实施的监督问题，一个运作协调的系统合力大于系统部分功能之和，但"我国现有监督体制表面上看似乎是上下、左右、内外较为严密，但事实上各监督主体不仅处于离散状态，而且还因为职责与权限不清导致各种扯皮现象"[①]。民族地区教育优先发展法律监督主要应依托民族地区人民代表大会、司法机构、教育督导机构和社会其他教育组织，依据相关法律的规定，围绕民族地区教育优先发展法律实施中的优惠性和特殊性教育措施落实情况，督促民族地区教育均衡发展，以及学校特色、个性的发展。

---

① 马怀德主编：《法律的实施与保障》，北京大学出版社 2007 年版，第 264 页。

第七章　民族地区教育优先发展的前景展望

通过前面分析我们可以得出以下结论，伴随社会结构和文化背景的逐渐演变，发展权成为人权研究的重要议题。尽管作为发展权的主体、客体等问题还需进一步商榷和讨论，但是发展权尊重作为主体的个人或集体的参与与自由，倡导政治、经济、社会和文化等协调发展的人权观念，体现出作为第三代人权的发展权与传统人权观念的不同特征。教育发展权是发展权的重要内容之一，教育作为基础性、先导性和长期性的事业，与社会其他子系统的发展密切相连，并在这个关系系统中呈现优先性的特性。可以说，教育优先发展是推动社会政治、经济、文化等平衡发展的基础动力，是保障教育发展权，从而实现人的自由而全面发展的关键渠道。与一般消极权利主张国家消极不作为相比，民族地区因地理、历史、经济、文化等诸多方面因素的制约，教育发展相对落后，加之民族地区教育优先发展还体现出主体性、文化规定性的特征，民族地区教育发展权的实现需要通过完善法律保障机制，推动国家的积极作为，促进民族地区教育优先发展，保障民族地区和少数民族充分参与社会发展的权利。从这个意义上看，民族地区教育优先发展法律的基本内涵是以保障民族地区教育发展权利为中心，并由此衍生出地区发展优先、教育发展优先和文化发展优先三个具体形态，三者形成合力共同作用于民族地区教育优先发展战略。我们很高兴地看到，近些年来，民族地区教育优先发展法律保障机制正在逐步完善，民族地区教育发展过程中国家教育责任优先、经费优先、教育教学设施供应优先、教育基本建设优先、少数民族受教育权保障优先等具体问题都得到了法律的认定和实施。但是，一方面，民族地区教育优先发展立法保障仍然存在立法缺位和立法膨胀的问题和矛盾，特别是违反民族地区教育优先发展法律责任的不明晰，导致民族地区教育优先发展战略落实的法律效力不佳。另一方面，受群体利益逻辑和文化逻辑的影响，民族地区教育优先发展法律实施存在诸多困难，加之法律实效的影响因素许多是在法律制度之外，民族地区教育优先发展法律保障机制的重构还需考虑教育本身特征和民族地区外部环境的影响。

我们始终认为，无论民族地区教育发展的社会背景如何变迁，优先发展民族地区教育事业的战略定位是不会改变，基本内涵也不会改变。2014年9月28日的中央民族工作会议专门强调：要大力推进基本公共服务均等化，促进社会公平。教育投入要向民族地区、边疆地区倾斜，加快民族地区义务教育学校标准化和寄宿制学校建设，实行免费中等职业教育，办好民族地区高等教育，搞好双语教育。可以说，民族地区教育事业的发展，正是我们坚持民族地区教育优先发展战略的结果，教育的发展也为民族地区社会经济发展做出了积极而重大的贡献。回顾第五次全国民族教育工作会议后的十三年，我们欣然看到，民族地区教育事业发展有了质的提升，时任教育部民族司司长毛力提·满苏尔用了六个关键词形容这十三年来民族地区教育事业的发展进步，即规模、教师、民族团结、双语、免费和支援。从规模上看，教育规模不断扩大。2014年，全国各级各类学校中少数民族在校学生总数为2501万人，占在校学生总数的9.9%。从教师上看，民族地区教师队伍建设不断加强。少数民族专任教师129万，占全国专任教师的8.6%。实施免费师范生计划、"特岗计划"、"国培计划"、职业学校教师素质提高计划、乡村教师支持计划、农村教师周转房建设等项目，向民族地区尤其是民族地区的农村倾斜，有效促进了少数民族和民族地区教师素质的提高，民族地区教育质量得到稳步提升。从民族团结上看，民族团结教育深入开展，学校已成为促进各民族交往交流交融的重要阵地。从双语上看，双语教育全面推进，各地积极探索多种形式的双语教育模式。民族文字教材实现了与汉语文教材配套同步供书，开发了以部分民族语言文字为载体的学科教学、专题教学、传统文化教育等资源。从免费上看，近年来，是民族教育投入最多、资助力度最大、办学条件改善最显著的时期，健全了义务教育保障机制，完善了从学前到高等教育的资助政策体系，真正实现了义务教育的免费教育。部分民族地区实现了15年免费教育，对家庭经济困难学生，基本做到了应助尽助。从支援上看，对口支援深度推进，教育对口支援成为推进民族教育发展的一支重要力量。①

　　但是我们也清醒地认识到，民族地区教育事业发展还存在诸多问题，在认同民族地区教育优先发展基本内涵的基础上，我们认为，在不同的历史阶段，民族地区教育事业发展有着自身阶段性、差异性的发展诉求。也正是因为如此，为了适应党的十八大以来党的民族理论政策新思想、新论断的要求，特别是中央民族工作会议、中央统战工作会议等，以及习近平总书记系列重要讲话对新形势下做好民族教育工作提出的"不让一个民族地区掉队，不让一个少数民族掉队"目标，2015 年 8 月国务院发布了《关于加快发展民族教育的决定》（国发〔2015〕46 号），加之第六次全国民族教育工作会议的召开，为新时期民族地区教育事业发展提出了新的任务，这也成为民族地区教育优先发展法律保障机制建构的主要努力方向。从国务院《关于加快发展民族教育的决定》（国发〔2015〕46 号）文件来看，今后相当长一段时期，我国民族地区教育事业发展的基本原则是五个坚持，即坚持中国共产党的领导、坚持缩小发展差距、坚持结构质量并重、坚持普特政策并举、坚持依法治教。坚持依法治教为民族地区教育优先发展法律保障机制变革提供了重要的指导思路和路径指向，《关于加快发展民族教育的决定》（国发〔2015〕46 号）明确提出要依据国家法律法规，运用法治思维和法治方式深化民族教育综合改革，扎实推进教育行政部门依法行政、学校依法治校，加强法治教育，增强各民族师生法律意识。同时强调要坚持教育与宗教相分离，全面贯彻党的宗教工作基本方针和有关宗教法律法规。这为今后民族地区教育优先发展法治建设提出了四个方面的主要要求，即民族教育综合改革的法治化，民族地区依法治教和依法治校，民族地区法治教育，民族地区教育与宗教分离。

　　而在发展目标上明确定位为"各级各类教育质量显著提高，服务民族地区全面建成小康社会的能力显著增强"，这进而分为七个方面的具体目标和路径，包括：打牢各族师生中华民族共同体思想基础、全面提升各级各类教育办学水平、切实提高少数民族人才培养质量、重点加强民族教育薄弱环节建设、建立完善教师队伍建设长效机制、落实民族教育发展的条件

---

① 参见《民族教育取得巨大成就 六个"关键词"概括变化》，2011 年 8 月 27 日，新华网（http：//news．xinhuanet．com/talking/2015—08/27/c_ 128172833．htm）。

保障、切实加强对民族教育的组织领导。除了国务院《关于加快发展民族教育的决定》（国发〔2015〕46号）文件对民族地区教育发展方向的指引外，当前民族地区教育发展还要面对许多现实问题。结合民族地区教育发展的经验和当前民族地区社会经济发展的客观形势，我们认为民族地区教育优先发展法律机制变革不能回避几个关键词，而如果适应这几个关键词的发展需要，则需要在今后民族地区教育发展实践中继续摸索。

第一个关键词是"精准扶贫"。2015年习近平总书记在贵州省调研强调要科学谋划好"十三五"时期扶贫开发工作，确保贫困人口到2020年如期脱贫，并提出扶贫开发"贵在精准，重在精准，成败之举在于精准"，一时间"精准扶贫"成为社会关注的热词。可以说"精准扶贫基于对以往扶贫工作的反思，其提出精准识别、帮扶、管理和考核的内涵，是新时期中国扶贫工作的重要机制"[①]。学界普遍认为，教育在民族地区扶贫工作中具有重要作用，应是民族地区扶贫工作开展的优先事项，教育扶贫的优势在于其是基于提高人口素质，克服贫困恶性循环的重要抓手，教育扶贫效果虽然呈现具有滞后性，但是具有可持续性、长期性、彻底性的优势，不过，发挥教育在民族地区扶贫工作中的重要作用，需要民族地区其他社会条件的积极配合。当前我国扶贫领域推出的精准扶贫工作机制，将对民族地区教育优先发展事业推进产生积极而重要的影响。

从理论上来说，精准扶贫提高了扶贫对象的针对性、增加了扶贫资源使用的有效性，但是在实践中如何实现精准识别、精准扶持和精准考核，却显得十分困难。从民族地区教育精准扶贫角度来看，今后尚需突破以下几个问题，这也是民族地区教育优先发展战略推进的趋势。

一方面，民族地区教育精准扶贫推进需要构建相适应的实施机制。传统民族地区教育优先发展制度呈现出粗放教育扶贫的特征，不仅造成一些地方"等、要、靠"的消极思想，教育扶贫效果本身也欠佳。教育精准扶贫就是要消解传统教育优惠机制难以确保针对性的弊端，根据民族地区和少数民族的不同教育需要，制定积极而有效的教育帮扶政策，促进民族地区教育事业发展。在今后一段时间内，构建与民族地区教育精准扶贫相

---

① 葛志军、邢成举：《精准扶贫：内涵、实践困境及其原因阐释——基于宁夏银川两个村庄的调查》，《贵州社会科学》2015年第5期。

适应的实施机制，主要是涉及三个方面，一是精准识别的机制，民族地区教育发展形态的多样性要求对其诉求的多元化予以关注；二是教育精准扶贫的考核机制，由于扶贫对象针对性的提高，我们就需要建立针对不同民族地区、不同少数民族群体教育发展成效的评价机制，对教育精准扶贫的科学性进行评价；三是创新教育精准扶贫的受益机制，在前面我们讨论了民族地区教育发展的正的外部性问题，加之教育本身具有弥散性和传承性，因此基于教育精准扶贫将对象更为聚焦这一现实，我们需要构建充分发挥教育受益者效果和作用的创新机制。

另一方面，民族地区教育精准扶贫将充分考虑到城镇化背景下的农村教育，瞄准单元下沉至乡村。长期以来，民族地区教育问题的关注靶向更多集中在城市，这也在民族地区内部造成了城乡之间的教育差距，城镇化进程的加快使乡村教育发展面临窘境。这既有农村劳动力转移带来的农村学校空心化、小规模以及流动儿童上学难的问题，也有农村本身治理现状不乐观、农村教育思想观念变化、农村教育政策的制度缺陷等带来的农村留守儿童教育问题、农村教育发展转型问题等棘手难题，归根结底，这些问题都是源于乡村社会变迁和社会经济发展的必然结果。民族地区教育精准扶贫需要我们正确面对这些现实难题，将瞄准单元下移至乡村，将靶向指向农村教育。因此，未来若干年的民族地区教育优先发展战略必将把缩小民族地区城乡教育差距、促进教育均衡发展放在核心位置，从关注留守儿童教育问题、农村教育可持续性和适切性等精准问题出发，提高民族地区教育质量和效率，为民族地区社会经济发展做出积极贡献。

第二个关键词是"教育治理"。党的十八届三中全会提出推进国家治理体系和治理能力现代化的改革目标，这对全面深化教育领域综合改革也产生了非常重要的影响。在政府治理转型的大背景下，教育治理现代化成为教育综合改革的重要切入点和核心环节。教育治理是多元主体共同管理教育公共事务的过程，它呈现出一种新型的民主形态。教育治理的直接目标是善治，即"好治理"；最终目标是"好教育"，即建立高效、公平、自由、有序的教育新格局。[1] 教育治理现代化是政府教育职能转变的必由之路，目标是通过治理结构和机制的改革，实现教育治理主体的多元化。

---

① 褚宏启：《教育治理：以共治求善治》，《教育研究》2014 年第 10 期。

治理过程的科学化、民主化和法治化，治理结果的效能化，充分保障政府、市场、社会、学校、家庭等诸多要素积极参与到教育改革创新实践中来，提高教育公共服务的质量和效率。如前所述，民族地区教育发展问题具有自身的特殊性，这是教育的相对独立性、前瞻性特征，以及少数民族教育为社会经济服务、文化传承及促进少数民族个体全面而自由的发展多重目标等决定的。以往民族地区教育优先发展战略实施，较少关注到政府治理转型这一背景，对政府分权、赋权行为关注不够，对其他社会组织、少数民族自身在民族地区教育发展中的作用认识不足，对政府角色定位、职能调整、体制变革缺乏应有的关注。在具体实践中存在诸多问题，当前我们强调民族地区教育治理现代化，就是充分考虑到民族地区发展进程中呈现的地理空间的复杂性与多样性、现代技术对民族地区教育变革的影响、城镇化背景下少数民族人口流动加快、少数民族教育权利诉求增加且教育目标多元化等问题，构建出适应民族地区教育发展的促进机制。在这个机制中核心问题也在于对政府角色定位、职能调整、体质变迁等的科学理解。正如有学者所言，整个国家的治理体系包括教育治理体系依赖的主要价值基础是法治、自由、民主和公正。[①] 教育治理现代化就是要瞄准民族地区教育发展的实际诉求和客观环境，进一步说，从法律保障机制角度来看，这种教育诉求就是对教育公平、正义、自由的向往，是需要法治化的教育治理道路来保障的。

第三个关键词是"创新驱动"。党的十八大提出创新驱动发展战略是我国经济发展方式转向的重要标志，必将对民族地区社会经济发展推动方式产生积极而重要的影响。长期以来，民族地区教育优先发展主要依靠外在的教育资源倾斜和资助，这种教育发展方式对教育要素驱动具有强烈的依赖性，但受到教育资源有限性和其他地区教育诉求的增加，这种教育发展方式是不可持续的，其弊端表现在以下几方面。第一，教育资源有限，仅对原有教育资源进行利益分配难以平衡地区间、民族间的教育发展需求，民族地区教育优先发展必须寻找新的教育发展驱动力，这种力量更看重区域内知识、人才、技术的整合和创新。第二，这种教育发展方式受到民族地区发展经济决定主义的影响，已不适应新时期民族地区社会发展新

---

① 石中英：《现代教育治理的四个价值基础》，《中国教师》2015 年第 5 期。

形势的需要，借助外在教育要素的注入虽可以在短期内缩小民族间、地域间教育差距，但难以形成民族地区教育发展的核心竞争力，使民族地区教育发展深受外部因素影响，丧失了发展的自主性。第三，民族地区产业结构长期处于低水平、不合理的状态，即使是具有民族地方特色的产业、产品多数也受到外来资本的影响。近年来，民族地区依靠资源丰富、劳动力充足、环境优美等比较优势在社会经济发展中的高增长步伐逐渐衰减，依靠民族地区自主创新技术增加民族地区产品和产业的品牌价值成为需要攻克的新问题，而人才培养是这一问题破解的关键路径。

创新驱动发展战略就是要求民族地区教育发展由教育资源倾斜驱动向教育内生性核心竞争力驱动转变，通过提高民族地区教育发展质量，实现民族地区人口素质的提升，为民族地区社会经济发展供给高素质的劳动者。有学者提出，从形成新的发展方式考虑，创新驱动作为发展战略本身也有个从外生向内生转变的问题。[1] 以往民族地区教育发展呈现的事对外来教育理念和教育形式的外生性模仿，这种教育发展方式虽然能较快的吸收外部先进的教育理念和教育形式，但是并不一定与民族地区教育发展诉求契合。虽然无论何种教育发展方式都是追求民族地区人口素质的提高，但是在创新驱动发展战略引领下，坚持教育内生性核心竞争力驱动，对凸显民族地区教育在传承民族文化、创新民族产业、培养民族人才等方面具有积极而重要的作用。创新驱动蕴含着人力资本等与创新相关的资本类型和形式，对经济的影响正超越传统生产要素[2]，基于创新驱动的民族地区教育发展就是要坚守民族地区教育为地方社会经济服务的根本方向，为地方社会经济发展培养更多的创新型人才，二者也正是今后民族地区教育优先发展战略的基本走向。

第四个关键词是"互联网＋"。"互联网＋"是依托信息通信技术和互联网平台与传统行业的深度融合，形成广泛的基于互联网的社会经济发展形态，教育作为社会子系统的重要组成部分，同样深受"互联网＋"的环境影响。有学者指出，"互联网＋"给教育带来五大革命性影响。第一，新技术是革命的动因，教育范式由工业化时代转向信息化时代。第二，学生过上数字化学习生活，网络塑造成一代新人。第三，放大优秀教师的智慧，

---

①　洪银兴：《论创新驱动经济发展战略》，《经济学家》2013 年第 1 期。

②　王志标、杨盼盼：《创新驱动价值链重构作用机理探究》，《科技进步与对策》2015 年第 21 期。

促进教育公平。第四，依托大数据技术，教育治理体系和治理能力走向现代化。第五，移动互联让学习无处不在，学习型社会正在形成。①

就民族地区而言，"互联网＋"同样是其社会经济发展的新增长点，也是民族地区教育发展的机遇，但更为重要的是，我们还要充分认识到互联网本身作为一把双刃剑的消极方面。当前互联网对中国社会管理的挑战主要表现在五个方面，一是网络安全缺乏保障，二是网络违法犯罪蔓延，三是网络文化渗透加剧，四是网络对敌斗争复杂激烈，五是网络成为社会矛盾的放大器。② 可以说"互联网＋"一方面推动地方政府治理自身的变革与调整，另一方面地方政府在推动地区经济和社会领域的"互联网＋"过程中要转变自身角色定位。③ 因此，在今后一段时间内，基于"互联网＋"时代的民族地区教育发展将围绕以下问题进一步进行机制优化。一方面是进一步更新民族地区教育治理价值理念，充分发挥信息通信技术和互联网平台，提升民族地区教育行政部门服务民族地区教育发展的治理能力及水平，特别是民族地区教育信息化建设的推进，为民族地区教育决策和实施的民主化、公开化、科学化提供了可能，也促进了民族地区教育政策制定和执行的互联网思维模式产生。另一方面是"互联网＋"时代的民族地区教育优先发展战略落实，需要对教育发展行政组织机构职能进行优化，这表现在两个方面，一是信息技术的发展使得公众参与和监督教育行政部门的决策及实施的积极性提高，"互联网＋"时代的信息传导开放式、分布式、对等性等技术特征也增强了民族地区教育优质资源获取的机会，人民群众教育诉求将得到较为充分的表达和实现。二是"互联网＋"时代的民族地区教育发展更加精准化，信息扁平化的特性使得组织冗余的问题产生，传统民族地区教育科层行政管理体制将会在分权和放权的趋势中被重新整合。

"互联网＋"时代的来临也将影响到民族地区教育发展的内在结构和教育需求，社会组织、学校、家庭、市场等因素在民族地区教育发展进程中的作用将会得到更大空间的发挥，因此民族地区教育优先发展法律机制变革也将对不同主体参与的可能性和规范性问题做出回应。

---

① 张杰夫：《"互联网＋"给教育带来五大革命性影响》，《人民教育》2015 年第 13 期。

② 施雪华：《互联网与中国社会管理创新》，《学术研究》2012 年第 6 期。

③ 孟庆国、李晓方：《变革与转型："互联网＋"地方政府治理》，《中国党政干部论坛》2015 年第 6 期。

结　语

在本课题的研究过程中，我们结合对民族地区教育优先发展法律价值、基本内涵，以及在法律保障实践现状深刻反思基础上提炼总结的结论，提出重构民族地区教育优先发展法律保障机制的对策建议，强调坚持国家统一与地方差异相结合原则、适度原则、平等原则、实效原则等基本原则基础上，从健全民族地区教育优先发展立法保障机制、优化民族地区教育优先发展法律实施路径，以及改善民族地区教育优先发展法律保障机制的运行环境三个方面入手改善民族地区教育优先发展法治环境。

限于能力与精力等原因，研究仍存在几个方面的不足，需今后进一步深入探讨和改进。第一是保障民族地区教育发展权是民族地区教育优先发展法律保障的核心问题，但在研究中，我们只间接讨论了民族地区和少数民族教育发展权的主体、客体问题，对教育发展权的法律责任制度、法律规范方式、可司法性等问题并未深入探究。第二是在社会转型时期，民族地区教育发展呈现出在与东部地区教育发展差距缩小的同时，区域间、民族地区内部教育发展差距仍然较大的问题，在本研究中，我们重点关注了教育发展相对落后的云南、贵州和广西三省区，对民族地区教育发展相对较好的地区例如内蒙古等省区的教育优先发展问题的特殊性缺乏关注。即使是在云、贵、广等地区，也更多将精力集中在农村，民族地区教育发展的特殊性问题把握并不全面，案例不够丰富，导致部分结论说服力较弱。第三，本研究提出基于综合性、差异性、多元化等视角，教育优先发展的评价标准应是以优先发展是否可持续、优先发展是否实现了社会和人的平等发展、优先发展是否是有效率和质量的发展三个方面讨论，但在具体的评价体系构建中，对何为可持续性、何为发展效率与质量等问题没有深入展开讨论，在注重民族地区教育发展一般同质性问题的分析基础上，对民族地区教育发展的教育差异性问题关注不够。

在社会转型时期，民族教育发展的动态性特征、阶段性特征较为明显，由于法律具有滞后性的特点，并不能完全把握时代发展的方向和趋势，当前民族地区教育发展如何面对"精准扶贫""教育治理""创新驱动""互联网＋"等现实语境，尚需在教育实践中探索思考。随着民族教育的不断发展，民族地区教育优先发展法律保障仍然会不断呈现出新的权利诉求和问题，但是，这些问题和诉求都必须回归民族地区教育发展权这一逻辑起点上来，只有从保障民族地区和少数民族教育发展权利为切入点，才能全面分析、解释民族地区教育发展的不同问题，以及实现民族地区教育优先发展战略的落实。作为民族教育法律研究的入门者，课题组对民族地区教育优先发展法律保障的研究还不够深入，研究中一些主观性的论断不一定具备说服力，由于学术水平有限，对于一些时代发展的新问题并没有深入探究。例如十八届三中全会以后，我国政府财政专项转移支付将逐渐被一般性转移支付替代，这使得以往保障教育优先发展的教育专项财政支出政策面临挑战，民族地区教育优先发展的经费保障制度面临新的问题，诸如此类问题，还待今后继续深入思考。本着抛砖引玉的目的，希望借本研究引起学界更多研究者对民族地区教育优先发展法律保障问题特别是民族地区和少数民族教育发展权问题的关注和后续研究。

附录:民族地区教育优先发展
满意度调查问卷

您好!

首先感谢您的支持! 为了了解民族地区教育优先发展相关法律实施的具体情况,为民族地区教育发展和改革提供材料和可行建议,特开展此次调研,如能得到您的支持和帮助,我们感激不尽。本次问卷采取无记名方式,我们将对您的个人信息和作答情况严格保密,调研数据也仅限于研究所用。您只需按照自己的真实情况和想法填写答案或者打"√"即可,您的用心填写将为我们的研究带来莫大的贡献。

非常感谢您的配合与参与,祝您身体健康,工作顺利!

一 基本信息

1、您的性别 ( ) A 男 ( ) B 女

2、您的民族 ( ) A 汉族 ( ) B 少数民族

3、您的身份 ( ) A 学生 ( ) B 老师 ( ) C 家长

二 以下各题每项共分为非常同意、比较同意、一般、不太同意、不同意五个等级,请您依据自身感受在相应空格打"√"。

序号	题目	非常同意	比较同意	一般	不太同意	不同意
1	学生入学得到了充分的政策保障	5	4	3	2	1
2	现有学生寝室条件较好	5	4	3	2	1
3	学校的教师都具有较强的责任心	5	4	3	2	1

序号	题目	非常同意	比较同意	一般	不太同意	不同意
4	学校积极开展民族文化课程和活动	5	4	3	2	1
5	读书有利于融入社会	5	4	3	2	1
6	读书没有给学生造成较大的经济负担	5	4	3	2	1
7	学校的就餐条件较好	5	4	3	2	1
8	学校的教师教学水平较高	5	4	3	2	1
9	学校的环境具有民族特色	5	4	3	2	1
10	读书有利于提高收入	5	4	3	2	1
11	就学不存在交通条件的困难	5	4	3	2	1
12	学校的教学设施比较现代化	5	4	3	2	1
13	学校教师的待遇得到了很大改善	5	4	3	2	1
14	教师能使用民族语言进行交流	5	4	3	2	1
15	发展教育能够带动经济发展	5	4	3	2	1
16	学生享受到民族地区的教育优惠政策	5	4	3	2	1
17	校舍面积符合教学活动开展的需求	5	4	3	2	1
18	学校的教师数量比较充足	5	4	3	2	1
19	学生对学习民族文化和语言感兴趣	5	4	3	2	1
20	学校民族教育能促进民族文化发展	5	4	3	2	1
21	学生基本了解本民族的语言与文化	5	4	3	2	1

三 您对民族地区教育优先发展有何建议和期望？

参考文献

一　中文文献

（一）马克思主义经典著作

［1］《马克思恩格斯选集》第1卷，人民出版社2002年版。

［2］《列宁选集》第3卷，人民出版社2012年版。

［3］《邓小平文选》第1卷，人民出版社1994年版。

（二）中文著作

［1］林耀华主编：《民族学通论》，中央民族大学出版社2014年版。

［2］王世忠：《少数民族教育发展研究》，人民出版社2013年版。

［3］鲁洁、冯建军：《教育转型：理论、机制与建构》，教育科学出版社2013年版。

［4］吴霓：《中国民族教育发展报告（2012）》，教育科学出版社2013年版。

［5］陈瑞华：《论法学研究方法——法学研究的第三条道路》，北京大学出版社2013年版。

［6］和晓蓉、和继全：《民族文化保护与传承的实践总结与理论探索：以中国西南诸民族为个案》，知识产权出版社2013年版。

［7］汪全胜：《立法后评估研究》，人民出版社2012年版。

［8］王鉴：《中国少数民族教育政策体系研究》，民族出版社2012年版。

［9］熊文钊主编：《民族法学》，北京大学出版社2012年版。

［10］司永成主编：《民族教育政策法规选编》，民族出版社2011年版。

［11］景天魁、邓万春：《发展社会学概论》，中国社会科学出版社 2011 年版。

［12］常开霞、刘俊生：《中国社会转型期民族利益协调研究》，知识产权出版社 2011 年版。

［13］张千帆：《权利平等与地方差异》，中国民主法制出版社 2011 年版。

［14］孟立军：《新中国民族教育政策研究》，科学出版社 2010 年版。

［15］刘会强：《发展观的范式变革》，上海社会科学院出版社 2010 年版。

［16］孙霄兵：《推进教育优先发展政策与制度建设研究》，教育科学出版社 2010 年版。

［17］瞿同祖：《中国法律与中国社会》，商务印书馆 2010 年版。

［18］滕星：《多元文化教育：全球多元文化社会的政策与实践》，民族出版社 2010 年版。

［19］罗慧燕：《教育与社会发展——中国贵州省的一个个案研究》，民族出版社 2009 年版。

［20］李国春：《民族发展与民族平等论》，云南大学出版社 2009 年版。

［21］司晓宏：《教育管理学论纲》，高等教育出版社 2009 年版。

［22］王立：《平等的范式》，科学出版社 2009 年版。

［23］何怀宏编：《平等二十讲》，天津人民出版社 2008 年版。

［24］陈向义：《物本与人本：发展理论的迷失与重建》，上海交通大学出版社 2008 年版。

［25］孙霄兵：《教育优先发展法理研究》，教育科学出版社 2007 年版。

［26］罗豪才：《软法与公共治理》，北京大学出版社 2007 年版。

［27］章立明：《鸟瞰与虫眼：多维视域中的发展理论》，民族出版社 2007 年版。

［28］马怀德主编：《法律的实施与保障》，北京大学出版社 2007 年版。

［29］高书国：　《中国城乡教育转型模式》，北京师范大学出版社

2006 年版。

[30] 刘复兴：《教育政策的价值分析》，教育科学出版社 2006 年版。

[31] 杨军：《西北少数民族地区基础教育均衡发展研究》，民族出版社 2006 年版。

[32] 郑杭生：《民族社会学概论》，中国人民大学出版社 2005 年版。

[33] 汪习根：《法治社会的基本人权——发展权法律制度研究》，中国人民公安大学出版社 2002 年版。

[34] 石中英：《知识转型教育改革》，教育科学出版社 2001 年版。

[35] 周勇：《少数人权利的法理》，社会科学文献出版社 2001 年版。

[36] 胡德海主编：《教育学原理》，甘肃教育出版社 2000 年版。

[37] 郭大烈、和志武：《纳西族史》，四川人民出版社 1999 年版。

[38] 卓泽渊：《法的价值论》，法律出版社 1999 年版。

[39] 瞿葆奎主编：《教育基本理论之研究》，福建教育出版社 1998 年版。

（三）中文译著

[1] [美] 克利福德·格尔茨：《文化的解释》，韩莉译，译林出版社 2014 年版。

[2] [德] 恩斯特·卡西尔：《人论》，甘阳译，上海译文出版社 2014 年版。

[3] [美] 德沃金：《至上的美德——平等的理论与实践》，冯克利译，江苏人民出版社 2012 年版。

[4] [美] 约翰·罗尔斯：《正义论》，何怀宏等译，中国社会科学出版社 2010 年版。

[5] [美] 弗莱施哈克尔：《分配正义简史》，吴万伟译，译林出版社 2010 年版。

[6] 迈克尔·沃尔泽：《正义诸领域：为多元主义与平等一辩》，褚松燕译，凤凰出版传媒集团、译林出版社 2009 年版。

[7] [德] 韦伯：《经济与社会》，杭聪明译，北京出版社 2008 年版。

[8] [加] 威尔·金里卡：《自由主义、社群与文化》，应奇、葛水林译，上海译文出版社 2005 年版。

[9] Touraine Alain：《我们能否共同生存：既彼此平等又互有差异》，

狄玉明、李平沤译，商务书馆 2003 年版。

　　[10][印度] 阿马蒂亚·森：《以自由看待发展》，任赜、于真译，中国人民大学出版社 2002 年版。

　　[11][日] 大须贺明：《生存权论》，林浩译，法律出版社 2001 年版。

　　[12][英] 弗里德里希·奥古斯特·哈耶克：《通往奴役之路》，王明毅、冯兴元等译，中国社会科学出版社 1997 年版。

　　[13][英] 米尔恩：《人的权利与人的多样性》，夏勇、张志铭译，中国大百科全书出版社 1996 年版。

　　[14][美] 弗里德曼：《法律制度》，李琼英、林欣译，中国政法大学出版社 1994 年版。

　　[15][美] 罗伯特·诺齐克：《无政府、国家与乌托邦》，何怀宏等译，中国社会科学出版社 1991 年版。

　　（四）期刊论文

　　[1] 姚磊：《国内民族文化传承研究述评》，《广西民族研究》2014 年第 5 期。

　　[2] 王飞：《关于民族区域自治权的几点思考——基于宪法等法律规定解读立法意图》，《广西民族研究》2014 年第 5 期。

　　[3] 毛寿龙、景朝亮：《近三十年来我国政府职能转变的研究综述》，《天津行政学院学报》2014 年第 3 期。

　　[4] 孙百才、张洋、刘云鹏：《中国各民族人口的教育成就与教育公平——基于最近三次人口普查资料的比较》，《民族研究》2014 年第 3 期。

　　[5] 郑长德：《中国少数民族人口职业结构变迁研究》，《民族学刊》2014 年第 3 期。

　　[6] 郑毅：《驳"以自治区单行条例替代自治条例"论——兼议自治区自治条例的困境与对策》，《广西民族研究》2014 年第 3 期。

　　[7] 杨天平、刘召鑫：《中国高等教育对经济增长贡献率的分析比较》，《高校教育管理》2014 年第 3 期。

　　[8] 唐兴军、齐卫平：《治理现代化中的政府职能转变：价值取向与现实路径》，《社会主义研究》2014 第 3 期。

［9］杨改学、古丽娜·玉素甫：《少数民族基础教育信息化发展的新思路》，《电化教育研究》2013 年第 9 期。

［10］吕普生：《多民族国家中的少数群体权利保护：理论分歧与反思》，《民族研究》2013 年第 6 期。

［11］王善迈、袁连生：《我国各省份教育发展水平比较分析》，《教育研究》2013 年第 6 期。

［12］蒋馨岚：《"少数民族高层次骨干人才计划"的就业为何偏离政策目标——基于社会流动的视角》，《贵州民族研究》2013 年第 5 期。

［13］吴晓蓉：《内地西藏班（校）民族教育政策的流变及成效》，《西北师大学报》（社会科学版）2013 年第 5 期。

［14］张殿军：《民族法学研究范式转型与民族法立法体制机制探析》，《河北法学》2013 年第 5 期。

［15］朱志勇、向思：《凤凰为何不还巢？——"少数民族高层次人才计划"学生违约个案研究》，《清华大学教育研究》2013 年第 2 期。

［16］黄利红、覃美洲、周丽丽：《宪法视野下少数民族高考优惠政策与受教育权的平等保护》，《民族教育研究》2013 年第 2 期。

［17］于春洋：《论民族个体身份的双重性》，《理论与现代化》2013 年第 1 期。

［18］司马俊莲：《中国少数民族文化权利法律保护的特点、问题及完善对策探讨》，《中南民族大学学报》（人文社会科学版）2013 年第 1 期。

［19］陆春萍：《1980～2010 年中国少数民族教育研究范式综述》，《西北民族研究》2013 年第 3 期。

［20］王家庭：《教育对我国农村经济贡献率的区域比较研究》，《教育科学》2012 年第 5 期。

［21］刘晓巍、张诗亚：《优先发展教育，促进民族地区整体发展》，《民族教育研究》2012 年第 4 期。

［22］严存生：《法的合法性问题研究》，《法律科学》2012 年第 3 期。

［23］谢君君：《海南少数民族地区教育移民研究》，《广西民族研究》2012 年第 2 期。

［24］王升云、李安辉：《关于完善内地边疆班（校）办学模式的思

考》，《民族教育研究》2012 年第 2 期。

[25] 龙洋、孙霄兵：《对我国教育法学理论体系逻辑起点的思考》，《教育学报》2011 年第 6 期。

[26] 张诗亚：《我国高考招生中少数民族考生优惠政策的新思考》，《民族教育研究》2010 年第 10 期。

[27] 胡启忠：《法律正义与法律价值之关系辩证》，《河北法学》2010 年第 3 期。

[28] 洪岩璧：《族群与教育不平等：我国西部少数民族教育获得的一项实证研究》，《社会》2010 年第 2 期。

[29] 褚宏启：《城乡教育一体化：体系重构与制度创新——中国教育二元结构及其破解》，《教育研究》2009 年第 11 期。

[30] 周继良：《我国教育市场失灵的若干理论分析：一个经济学的视野》，《教育理论与实践》2009 年第 10 期。

[31] 奚丽萍：《教育同质化现象论》，《教育研究与实验》2009 年第 5 期。

[32] 姜峰、刘丽莉：《澳大利亚促进民族地区教育均衡发展政策研究——〈土著民族教育（目标援助）法案〉述评》，《民族教育研究》2009 年第 5 期。

[33] 朱祥贵、聂武莲：《少数民族受教育权的基础理论探析》，《民族教育研究》2009 年第 4 期。

[34] 王鉴、安富海：《论民族教育优先发展的科学内涵》，《西北师大学报》（社会科学版）2009 年第 3 期。

[35] 阮成武：《论社会建设中的政府教育职能》，《中国教育学刊》2009 年第 3 期。

[36] 郑杭生：《改革开放三十年：社会发展理论与社会转型理论》，《中国社会科学》2009 年第 2 期。

[37] 孙百才、张善鑫：《我国发展少数民族教育的重大举措与主要经验》，《西北师范大学学报》（社会科学版）2009 年第 1 期。

[38] 曾天山：《教育优先发展是实现现代化的根本大计》，《教育研究》2008 年第 11 期。

[39] 陈立鹏、孔瑛：《美国、澳大利亚少数民族教育立法研究》，

《民族教育研究》2008 年第 4 期。

[40] 陈金全、杨玲：《中国少数民族法律文化价值探析》，《贵州社会科学》2007 年第 12 期。

[41] 李长健、薛报春：《发展权理论与实践的逻辑变迁——以利益与利益阶层为视角》，《山西财经大学学报》2007 年第 8 期。

[42] 涂卫：《农村少数民族妇女受教育权平等的法律保障》，《中央民族大学学报》（哲学社会科学版）2007 年第 4 期。

[43] 李曦辉：《民族教育的经济效益与社会效益》，《民族教育研究》2007 年第 4 期。

[44] 高鸿钧：《法律文化的语义、语境及其中国问题》，《中国法学》2007 年第 4 期。

[45] 杨建顺：《论政府职能转变的目标及其制度支撑》，《中国法学》2006 年第 6 期。

[46] 严庆、宋遂周：《民族教育异地办学模式中的学生跨文化学习困难及其应对——以内地西藏班、内地新疆班为例》，《民族教育研究》2006 年第 2 期。

[47] 徐斌：《制度变革与人的全面发展》，《毛泽东邓小平理论研究》2006 年第 1 期。

[48] 李云霞：《关于民族教育立法的思考》，《青海民族研究》2006 年第 1 期。

[49] 滕星、马效义：《中国高等教育的少数民族优惠政策与教育平等》，《民族研究》2005 年第 5 期。

[50] 贾中海：《个人与社群——马克思主义对社群主义与自由主义的批判与超越》，《长白学刊》2005 年第 5 期。

[51] 崔卓兰、孙波、骆孟炎：《地方立法膨胀趋向的实证分析》，《吉林大学社会科学学报》2005 年第 5 期。

[52] 张钧：《文化权法律保护研究——少数民族地区旅游开发中的文化权保护》，《思想战线》2005 年第 4 期。

[53] 马德益：《转型期俄罗斯教育优先发展战略的构建》，《外国中小学教育》2005 年第 3 期。

[54] 劳凯声：《教育市场的可能性及其限度》，《北京师范大学学

报》（社会科学版）2005 年第 1 期。

　　［55］余雅风：《教育立法必须以教育的公共性为价值基础》，《北京师范大学学报》（社会科学版）2005 年第 1 期。

　　［56］谢晖：《论法律实效》，《学习与探索》2005 年第 1 期。

　　［57］吴向东：《制度与人的全面发展》，《哲学研究》2004 第 8 期。

　　［58］夏勇：《权利哲学的基本问题》，《法学研究》2004 年第 5 期。

　　［59］吴明海：《美国少数民族教育立法问题的历史研究》，《清华大学教育研究》2004 年第 4 期。

　　［60］周大鸣、秦红增：《参与发展：当代人类学对"他者"的关怀》，《民族研究》2003 年第 5 期。

　　［61］陈东升：《冲突与权衡：法律价值选择的方法论思考》，《法制与社会发展》2003 年第 1 期。

　　［62］张湘洛：《加拿大的教育立法及其启示》，《教育评论》2003 年第 1 期。

　　［63］蒋超：《论我国民族教育立法的若干问题》，《西南民族学院学报》（哲学社会科学版）2002 年第 7 期。

　　［64］石书臣：《人的全面发展的本质含义和时代特征》，《河北大学学报》（哲学社会科学版）2002 年第 6 期。

　　［65］万明钢：《"积极差别待遇"与"教育优先区"的理论构想——西部少数民族贫困地区教育发展途径探索》，《教育研究》2002 年第 5 期。

　　［66］杨小云：《试论协调中央与地方关系的路径选择》，《中国行政管理》2002 年第 3 期。

　　［67］赵世林：《民族文化传承的本质》，《北京大学学报》（哲学社会科学版）2002 年第 3 期。

　　［68］朱炎生：《发展权的演变与实现途径——略论发展中国家争取发展的人权》，《厦门大学学报》（哲学社会科学版）2001 年第 12 期。

　　［69］马佳宏：《论西部大开发中的教育优先发展》，《中国教育学刊》2001 年第 6 期。

　　［70］王希恩：《论中国少数民族传统文化现状及其走向》，《民族研究》2000 年第 6 期。

[71] 袁桂林:《农村实施教育优先发展战略初探》,《东北师范大学学报》2000 年第 2 期。

[72] 王海明:《平等新论》,《中国社会科学》1998 年第 9 期。

[73] 吴清山、林天佑:《教育名词浅释——教育优先区》,《教育资料与研究》1995 年第 5 期。

[74] 孙国华:《论法与利益之关系》,《中国法学》1994 年第 4 期。

[75] 聂海清:《教育优先发展观的理论依据》,《教育评论》1990 年第 5 期。

（五）博硕论文

[1] 彭建军:《少数民族发展权法律保障研究》,博士学位论文,武汉大学,2012 年。

[2] 车保睿:《论中国社会转型期法律实效》,硕士学位论文,安徽大学,2011 年。

[3] 戚妹婷:《美国"补偿教育"计划对我国民族教育优先发展的启示》,硕士学位论文,西南大学,2011 年。

[4] 鲁莎:《教育优先发展理论研究》,硕士学位论文,海南师范大学,2010 年。

[5] 裴直:《〈云南省西双版纳傣族自治州民族教育条例〉法律实效研究》,硕士学位论文,西南大学,2007 年。

[6] 范成梅:《黔西南布依族苗族自治州教育立法的调查报告——以〈黔西南布依族苗族自治州教育条例〉为例》,硕士学位论文,西南大学,2007 年。

[7] 田艳:《中国少数民族文化权利法律保障研究》,博士学位论文,中央民族大学,2007 年。

[8] 潘启富:《中国民族地区教育行政制度研究》,博士学位论文,中央民族大学,2006 年。

[9] 陈立鹏:《中国少数民族教育立法研究》,博士学位论文,中央民族大学,2004 年。

（六）相关国际人权文件

[1]《联合国土著民族权利宣言》（2007 年）

[2]《发展权利宣言》（1986 年）

［3］《消除一切形式的种族歧视国际公约》（1965 年）

［4］《经济、社会和文化权利国际公约》（1966 年）

［5］《取缔教育歧视公约》（1960 年）

［6］《世界人权宣言》（1948 年）

（七）统计年鉴

［1］国家统计局人口和就业统计司编：《中国人口和就业统计年鉴（2013）》，中国统计出版社 2013 年版。

［2］教育部财务司、国家统计局社会科技与文化产业统计司编：《中国教育经费统计年鉴（2012）》，中国统计出版社 2013 年版。

［3］教育部发展规划司编：《中国教育统计年鉴（2012)》，人民教育出版社 2013 年版。

［4］国家统计局农村社会经济调查司编:《中国县域统计年鉴（2013）》，中国统计出版社 2013 年版。

［5］国家统计局社会科技和文化产业统计司编：《中国社会统计年鉴（2013）》，中国统计出版社 2013 年版。

［6］国家民委编：《中国民族统计年鉴（2012）》，中国统计出版社 2013 年版。

［7］国家统计局编：《中国统计年鉴（2010）》，中国统计出版社 2011 年版。

（八）网站

［1］中国教育科学研究院：http：//www. nies. net. cn。

［2］国家统计局：http：//data. stats. gov. cn。

［3］国家民委网站：http：//www. seac. gov. cn。

［4］教育部：http：//www. mzgg8. cn。

［5］贵州省教育厅网站：http：//www. gzsjyt. gov. cn。

［6］广西壮族自治区教育厅网站：http：//www. gxedu. gov. cn。

［7］云南省教育厅网站：http：//www. ynjy. cn。

［8］贵州省民宗委网站：http：//www. gzmw. gov. cn。

［9］广西壮族自治区民委网站：http：//www. gxmw. gov. cn。

［10］云南民族宗教网：http：//www. ynethnic. gov. cn。

［11］少数民族高层次骨干人才信息网：http：//www. mzgg8. cn。

二 外文文献

[1] R Bénabou, F Kramarz, "*The French zones d'éducation prioritaire: Much ado about nothing?*" Prost – Economics of Education Review, 2009.

[2] Ruth Arber, *Race, Ethnicity and Education in Globalised Times*, Springer Netherlands, 2008.

[3] Prakash Shah, *Law and Ethnic Plurality: Socio – legal Perspectives*, Brill, 2007.

[4] *International Covenant on Civil and PoliticalRights*, http://www.ohchr.org/EN/ProfessionalInterest/Pages/CCPR.aspx.

[5] Ratna Ghosh, Abdi, *Education and the Polities of Difference — Canadian Perspective*, Toronro: Canadian Scholar's Press, 2004.

[6] Sandra Del Valle, *Language Rights and the Law in the United States*, Channel View Publications Ltd, 2003.

[7] Will Kymlicka, *Contemporary Political Philosophy: An Introduction (Second Edition)*, Oxford University Press, 2001.

[8] Franeis Paul Prueha, *Documents of the United States Indian Policy*, Lincoln University of Nebraska Press, 2000.

[9] Will Kymlicka, *Multicultural Citizenship: A Liberal Theory of Minority Rights*, Oxford University Press, 1995.

[10] George Smith, *Whatever Happened to Educational Priority Areas?*, *Oxford Review of Education*, 1987.

[11] Carter, L. F, *The Sustaining Effects Study of Compensation and Elementary Education, Educational Research*, 1984.

[12] National Institute of Education, *Compensatory Education Study: Executive Summary, Washington*, D C: U. S Government Printing Office, 1978.

[13] Halsey, A. H, *Educational Priority: EPA Problems and Policies*, London: HMSO, No1, 1972.

[14] Coleman, J. S. *Equality of Educational Opportunity*, U. S. Government Printing Office, 1967.

主题索引